행복할 권리

THE AGE OF ABSURDITY

by Michael Foley

행복할 권리

욕망과 좌절 사이에서 비틀거리는 21세기적 삶

The Age of Absurdity

마이클 폴리 지음 · 김병화 옮김

어크로스

차례

chapter 1
당신이 찾는 행복은 없다

그러므로 행복의 부조리란 그것이 규정될 수 없고 성취되지도 않으리라는 데 있다. 기껏해야 이따금씩 무의식적으로 달성된다. 직설적으로 추구한다면 정반대 상황이 될 수도 있지만, 다른 무언가를 추구하는 도중에 예기치 않게 등장하기도 한다. 이런 장난질만큼 울화가 치미는 일이 또 있을까.

마루에서 천장까지 벽면을 채운 책장으로 간다. 책이 마구 우겨 넣어져 있다. 읽고 싶은 게 한 권도 없다. 그 다음에는 CD가 마구잡이로 쌓여 있는 데로 간다. 고전음악, 재즈, 월드뮤직, 록음악 등 골고루 있지만, 틀어볼 만한 것은 하나도 없다. 자극이 필요하면 다른 데서 찾아봐야 한다. 《런던에서 외식하기*Time Out London Eating & Drinking*》를 뒤적이는데, 들러볼 만한 새로운 곳이 없다고 투덜댄다. 22개의 주요 지역과 국가별 요리 하나하나마다 상세히 소개하고 있는, 세계에서 가장 광범위하고 다양하게 레스토랑을 조사한 책일 텐데 말이다.

대답을 찾으려면 더 멀리 찾아봐야 한다. 해외 휴양지의 더없는 행복 같은 것 말이다. 하지만 웹사이트를 보아도 불신과 분노만 터져 나온다. 도대체 고색창연한 구시가지에는 왜 합리적인 가격의 아파트가 하나도 없단 말인가? 몇 분만 걸으면 바다가 나오고 주요 교통망이 연결되어 있는 집, 테라스에는 바비큐 시설이 있고, 활기 넘치고 시끌벅적하고 온갖 군상들이 모여 있는 시장이 내려다보이는 그런 집은 왜 없을까? 최소한 그 정도는 고려해야 하지 않을까?

이제 나는 거울에 비친 내 얼굴을 본다. 산성비에 부식된 성난 괴물상 같다. 1960년대에는 히피로 살던 내가 어찌 이리 될 수 있는가? 특히 히피들에게 약속되었던 다양한 섹스를 충분히 누려보지 못한 사람이? 온갖 새로운 기법들은 말할 필요도 없다. 오늘날 그룹 섹스, 족쇄 섹스와 여장 남자를 겪어보지 않고 충분히 살았다고 말할 수 있을까?

물론 이것은 미친 짓이다. 하지만 불만감, 불안정함, 욕망과 원망이 뒤섞인 독배를 마시고 발광해보지 않은 서구인이 있을까? 더 젊어지고 더 부자가 되기를, 더 재능이 많고 더 존경받기를, 더 유명해지고, 무엇보다도 관능적으로 더 매력적이기를 간절히 원해본 적이 없는 사람이 있을까? 더 많은 것을 가질 자격이 있다고 느끼고, 더 많은 것이 주어지지 않을 때 분노하지 않은 사람이 있을까? 굶고 있는 아프리카의 농부가 한 번도 구강성교를 해본 적이 없는 중년 서양 남자보다 세상이 불공평하다는 불만을 더 적게 느낄 수도 있다.

너무나 오염이 심한 단어, 행복

물론 모든 걸 다 갖겠다고 요구하는 것이 어리석다는 것은 많이들 알고 있다. 여기서 의문이 생긴다. 그런데도 왜들 그렇게 과도하게 기대하는가? 그 대안은 무엇인가? 대안이 있다면 어떻게 달성할 수 있는가? 과거와 현재의 최고 정신들은 어떤 유용한 조언을 해주는가? 그들이 말하는 내용에 합의점이 있는가? 만약 있다면 그것은 무엇이며, 21세기를 살아가는 데 어떻게 적용되는가? 이 책이 묻는 것은 바로 이런 물음들이지만, 간단한 대답은 없다.

목표를 규정하는 것부터 힘들다. 불만족스러운 광기의 대안은 만족한 정신 상태, 곧 행복happiness이다. 하지만 이 단어는 온갖 문제를

야기한다. 많은 이들이 그토록 심하게 오염된 단어는 입에 올리기조차 힘들어 한다. 자기계발self-help이라든가 행복해서 죽을 지경이라는 식의 이야기는 널리고 널렸으니 말이다. 그 말은 곧장 예쁘게 보이려는 웃음, 탬버린, '오늘은 당신 여생의 첫째 날입니다'라는 문구(시인 데릭 메헌Derek Mahon은 이 경구에 다음의 구절을 덧붙였다. '당신 간에게 그렇게 말해, 당신의 전 아내에게 그렇게 말해.'[1])가 프린트된 오렌지색 의상이나 티셔츠 같은 것을 떠올리게 한다.

우리는 이렇게 낡고 촌스러운 단어를 쓰기에는 아는 게 너무 많고 너무 현학적이고 너무 아이러니해졌고 뭐든 블로그에 올리는[*] 사람들이다. 철학자, 소설가, 시인, 택시 운전사에게 '행복'이라는 단어에 대해 물어봐도 똑같이 비웃음 섞인 반응을 보일 것이다. 그러면서도 모두들 내심 그것을 경험하고 싶어한다. 사는 게 쓰레기 같다고 주장은 할지 몰라도 다들 쓰레기 같은 기분은 싫어한다.

그 대안이 될 만한 단어는 더 한심하다. 학계는 '주관적 웰빙'이라는 단어를 제안했는데, 이는 SWBSubjective Well-Being라는 인상적인 약어로 축약되기는 해도 생명이 없는 전문용어가 되어버렸다. 더 최근에 대중추수주의자들은 '웰니스Wellness'라는 말을 제안했지만, 이는 매력은 있지만 온통 돌밖에 없는 어느 한적한 해변 마을의 이름처럼 들린다.

'행복'하다는 말을 쓰려면 낯이 뜨거워지게 마련이다. 또 그 단어를 쓰기가 괴로울 뿐만 아니라 정의 내리기도 불가능하다. 옥스퍼드 영어

---

[*] post-everything : 〈뉴욕타임스〉가 18~29세의 세대를 가리킬 때 쓴 용어. 부모 세대인 베이비붐 세대의 냉전 시대, 산업화 시대의 사고를 멀리하며 기존의 가치관을 부인하고 변화를 갈구하는 세대.

사전에 나와 있는 정의는 놀랍게도 2천 년도 더 전에 소크라테스가 이미 수정한 바 있는 잘못된 정의이다. '행운 혹은 좋은 운수. 성공, 번영'이 행복이라는 것이다. 행복을 정의해보려는 더 조심스러운 시도는 무수히 가지치기를 해나가던 중에 길을 잃었다. 히말라야 산중에 있는 불교 왕국 부탄은 전국행복위원회를 세웠는데, 그 위원회의 첫 번째 임무 중 하나는 행복을 정의하는 일이었다. 지금까지 기본적 특징 넷, 영역 아홉, 지표 72개를 확인했다. 하지만 이 통탄스러운 추세에 저항하는 문제에서 그 나라 역시 다른 나라들보다 나을 것이 없다. 이 위원회를 담당하는 대변인이 우울하게 인정했듯이, "지난 세기에는 젊은이들에게 영웅이 누구인지 말해보라고 하면 거의 예외 없이 왕을 꼽았을 것이다. 하지만 지금은 랩 음악가인 50센트를 꼽는다."[2]

실제 생활에서의 행복에 관한 쓸모 있는 증언을 찾는 일은 설득력 있는 이론을 찾는 것만큼이나 어렵다. 그 반대인 우울함과는 달리 행복은 정의 내리는 것을 싫어한다. 비참한 경험을 소재로 한 회고록은 이미 하나의 장르로서 잘 확립되어 있다. 하지만 행복한 회고록은 없다. (행복한 유년시절 같은 것은 작가가 되는 데 심각한 장애물이다.) 영감은 고통스러운 경험에서만 나오는 것 같다.

아마 행복해지려면 상태를 분석하지 않아야 할지도 모른다. 그것을 규정해보려고 시도하는 족족 행복은 죽어버릴 테니 말이다. 의식적으로 행복할 수 있는 가능성 자체가 없을지도 모른다. 행복이란 잃어버린 뒤 회고적으로만 인정되는 것인지도 모른다. 장 자크 루소는 다음의 견해를 처음 다듬어냈다. "황금시대의 행복한 삶은 인류에게는 항상 딴 세상의 것이었다. 인류가 행복을 누릴 수 있었을 때는 그것을 알 아차리지 못했기 때문이거나, 인류가 그것을 알았을 때는 이미 잃어버린 뒤였기 때문이다."[3] 다른 말로 하면 그것을 가지고 있다면 알아볼 수 없고, 알아본다면 가질 수 없다는 것이다.

행복은 일시적인 것일 텐데도 영속적인 상태로 여기는 경향이 있다. 철학자 한나 아렌트Hannah Arendt는 인간의 조건은 탈진과 쇄신의 순환이라고 주장했다. 그러므로 상승은 하강한 뒤에만 가능하며, 영구히 위쪽에만 있으려는 시도는 실패할 것이다. "고통스러운 탈진과 즐거운 재생의 순환 외에 지속적인 행복은 없다. 이 순환의 균형을 깨뜨리는 자(탈진 다음에 재생이 아니라 비참한 빈곤과 불행이든, 탈진 대신에 지루함을 느끼게 되는 전혀 힘들지 않은 삶과 엄청난 부이든)…… 살아 있다는 데서 오는 기초적인 행복을 망친다."[4]

행복한 상태란 어떤 지점이 아니라 하나의 범위, 맨 밑바닥에는 만족감이 있고 맨 위에는 고양감이 있는 범위이다.

달리 말하면, 행복은 하나의 상태가 아니라 과정이고, 계속 노력하는 것이다. 아리스토텔레스는 그것을 하나의 행위로 규정했다. 더 현세적인 로마 사람 마르쿠스 아우렐리우스는 그것을 레슬링에 비유했다. 아니면 그것은 상태이면서 과정인 것인지도 모른다. 고대 그리스어 단어인 에우다이모니아eudaimonia는 두 가지 해석을 모두 포착하여 번영flourishing이라는 뜻으로 거칠게 번역된다. 이는 설득력 있는 생각이다. 행복해지는 것은 번영하는 것이다. (에우다이모닉Eudaimonics이라는 단어는 행복 연구의 제목으로 근사할 것이다. 지적 무게를 더해주는 데는 그리스어 단어만 한 것이 없으니까.)

불행하고 싶다면, 행복을 갈망하라

이 규정 불가능한 것을 달성하려면 어찌해야 하는가. 미합중국 독립선언문에는 '행복의 추구pursuit of happiness' 라는 유명한 구절이 있다. 하지만 행복은 추구되는 것이 아니라고 여기는 사람들이 많다. 그것은 다른 일을 하다가 우연히 얻게 되는 산물이라는 것이다. 이를 처음 말한 것은 아마 19세기의 존 스튜어트 밀John Stuart Mill일 것이다. "그들 자신의 행복 이외에 다른 대상에 정신을 집중하는 사람들……만이 행복하다.…… 그렇게 다른 어떤 것을 목표로 하던 도중에 그들은 행복을 발견한다.…… 행복이 아니라 다른 어떤 목적을 삶의 목표로 설정하는 것만이 행복해지는 유일한 기회다."[5]

그렇다면, '그 다른 어떤 것', '그 외의 목적'이 무엇인가? 잘 살기? 덕성? 지혜? 그런 것은 행복만큼이나 규정하기 어렵다. 행복에 대한 사유가 내포한 문제 하나는 여러 사유 노선들이 광대한 영역에서 경합을 벌일 때 제각기 상충하는 이야기를 하는 문헌을 근거로 내세운다는 것이다. 그런 문헌들의 배경이 되는 수백 년간의 역사도 문제 해결에는 도움이 안 된다. 아렌트는 덕이 있는 행위는 그 정의상 원래 눈에 보이지 않는 것이라고 말했다. 그러니 불운은 이중으로 온다. 선함은 눈에 보이지 않고 행복은 말이 없다.

선함 역시 똑같은 문제에 봉착한다. 선해지려고 노력한다고 해서 선해지지는 않는다. 다른 수많은 욕구의 대상도 마찬가지다. 가령 독창성을 예로 들어보자. 독창적이 되려고 애쓴다고 독창적이 되지는 않는다. 예술에서 이런 시도를 하는 사람들은 아방가르드에 그치고 만다. 독창성은 관습을 깨부수고 뭔가 새로운 것을 만들어내는 심히 강렬하고 압도적인 충동의 산물이다. 이것 역시 계획이 아니라 우연에 의해 이루어진다. 지혜와 권위 역시 간접적으로만 달성되며, 유머와 사랑도 아마 그럴 것이다. 이 속에 욕구의 대상에 대한 일반이론 같은 것이 있는지?

추구함으로써 얻을 수 있는 것은 성공, 명성, 지위, 영향력, 재미, 즐거움 같은 행복의 대체물뿐이다. 행복 범위의 가장 낮은 층위인 만족감은 직접 얻어질 수도 있다. 플로베르는 그렇다고 생각했다. "행복은 이룰 수 없지만 평정tranquility은 이룰 수 있다."[6] 이는 오히려 패배와 굴복을 인정하는 것처럼 들린다. 하지만 철학자가 아니라 문인인 플로베르는 좀 변덕스러웠으므로, 빠져나갈 창문을 살짝 열어두었다. "어리석음, 이기심, 건강은 행복의 세 가지 선결조건이다. 하지만 어리석음이 부족하다면 다른 것이 있어도 소용없다."[7]

사실 이런 인용문은 플로베르의 전성기 시절의 글에서 따온 것들이다. 본질적으로 그는 그를 전후한 많은 사람들처럼 일종의 마니교 사상에 찬성했다. 인간은 절대로 행복해질 수 없는 전락한 존재라는 것이다.

그 다음에는 행복의 추구 그 자체가 불행의 주원인이라는 견해가 있다. 행복의 추구는 원천적으로 실패하도록 예정되어 있는 행동이라는 것이다. 칸트는 이를 이렇게 표현했다. "삶과 행복을 즐기는 목표에 몰두하는 더 세련된 이유를 찾아낼수록 진정한 만족감은 더 멀어진다."[8]

그러므로 행복의 부조리란 그것이 규정될 수 없고 성취되지도 않으리라는 데 있다. 기껏해야 이따금씩 무의식적으로 달성된다. 직설적으로 추구한다면 정반대 상황이 될 수도 있지만, 다른 무언가를 추구하는 도중에 예기치 않게 등장하기도 한다. 이런 장난질만큼 울화가 치미는 일이 또 있을까.

게다가 소크라테스 이후 모든 사상가가 이 문제를 다루었지만, 세상이 별반 더 현명해진 것도 아니지 않은가? 물음은 물음을 낳기만 하는 것 같다. 고뇌는 당혹감과 좌절감으로, 혹은 허영으로 이어질 뿐이다. 모든 것을 잊고 한손에는 리모컨을, 다른 손에는 맥주캔을 들고 안락의자에 주저앉아버리고 싶어진다.

하지만 삶을 위한 개인적 전략을 반드시 개발해야 하는 이유가 있다. 이슈를 거부하는 것은 해방감을 안겨주기는 하지만 실제로는 노예가 되는 행동이다. 자신만의 해결책을 만들지 못한다면 다른 사람의 것을 써야 한다. 니체가 경고했듯이, "자기 자신에게 복종하지 못하는 사람은 다른 사람의 명령을 받게 된다."[2] 더욱이 명령을 내리는 그 사람은 십중팔구 당대의 평균적 인간일 것이며, 그 해결책이라는 것도 별 신통치 않은 권고나 저주의 혼합물일 것이다. 이런 현상은 글에도 나타난다. 동시대인의 작품만 읽거나 그나마도 읽지 않는 소설가와 시인 지망생들이 많은데, 이런 게으름이 선배들의 영향력으로부터 해방되고자 하는 대담한 투자라고 정당화된다. 하지만 영향 받기를 기피하는 이런 시도는 일반적 영향력 가운데 최악의 것, 즉 현재 대중들의 취향에 굴복하는 결과를 낳는다.

물론 행복한 야만인이라는 현상도 있다. 그들의 본능과 재능은 당대의 요구에 완벽하게 일치하지만 감수성이나 망설임에 의해 금지되지 않으며, 그렇기 때문에 엄청나게 성공하고 찬사와 전리품, 궁전, 신하, 하인, 여자들 등을 즐겁게 누리게 된다. 예전 시대였더라면 전사戰士 계급이 여기에 해당되었겠지만 지금은 기업가가 그와 더 비슷하다. 자본주의가 가장 성공적으로 해낸 신용사기 가운데 하나는 누구나 부를 쌓을 수 있다는 환상을 조장하는 것이다. 하지만 그럴 여지는 꼭대기에 있는 극소수에게만 허용된다. 원하는 자리에 걸맞는 자격을 갖춘 사람은 거의 없다.

환상으로만 행복하게 살아가는 행복 환상론자들도 있다. 기분 좋게 살아가게 해주는 편리하고 해롭지도 않은 방법이 아닌가? 하지만 삶은 환상을 산산이 부숴버리는 사악한 즐거움을 느끼는 성질이 있으며, 그런 경험은 환상을 몰아내거나 애초에 커지기 전에 예방했을 때보다 더 고통스럽고 더 큰 피해를 입힌다는 것이 문제다. 환상이 현실과 무관해지려면 완전한 망상으로 변해야 한다. 자신이 정말 나폴레옹이라고 믿어야 한다. 그러므로 여기서 또다시 세계와 자아를 이해하고, 이둘이 어떻게 상호작용하는지를 이해해야 하는 문제로 돌아온다.

밝게 미소 짓는 우울증 환자

자연은 진공을 싫어한다. 그것도 인간의 마음속에 있는 진공을 가장 싫어한다. 마음을 어떻게 점령할 수 있는지 이해하는 문제에서 우리는 마르크스와 프로이트에게 감사해야 한다. 이들은 20세기에는 존경받았고 21세기에는 흔히 욕을 먹는 사상가들이다. 마르크스는 우리가 독립적 사유라고 여겨온 것 중의 많은 부분이 실제로는 사회가 부과한 것들임을, 프로이트는 무의식에서 얼마나 많은 사건이 실제로 생기는지를 보여주었다. 그러므로 안과 밖에서 모두 강력하고도 무자비한 압력이 가해지며, 그 결과는 전혀 독립적이지 않은 생각으로 나타날 수도 있다.

하지만 양쪽 압력에서 완전히, 혹은 대부분을 벗어날 희망은 없다. 세상의 편견에서 자유롭게, 그 속에서 살아간다는 것은 이룰 수 없는 이상理想이다. 우리는 시대 속에서 살지만 시대 또한 우리 속에서 살고 있다. 시대란 그것에 속한 인간들처럼 자기도취적이다. 저마다 자신이 말할 수 없이 우월하다고 믿으며, 다른 누구보다도 더 많이 사랑받아야 한다고 요구한다. 이런 요구는 대개 충족된다. 우리는 각자의 모국을 귀중하게 여기는 것처럼 우리가 속한 시대를 소중하게 여긴다. 우리가 그 속에서 만들어져 나왔으니 그건 분명히 좋은 것일 테니.

우리 시대는 시대에 대한 신의信義를 매우 성공적으로 고취시켜왔다. 또 욕구 충족이 가능할 뿐만 아니라 쉬운 일이며, 피할 길 없는 일이라는 환상을 조장하는 능력이 그 시대의 핵심 요인일 수도 있다. 규칙적으로 일어나는 경제 위기는 이런 환상을 폭로한다. 하지만 그 폭로를 접하는 것은 일부 사람들뿐이며, 그나마도 잠시 폭로되었다가 끝나버린다. 또 폭로되는 방식도 한정되어 있다. 시스템의 기계적 구조에 대해 의문을 제기하는 경우는 있지만, 그 기저에 놓인 가정, 즉 개인적 자유에 제약이 없고 선택의 여지가 무한하다면 인간은 어떤 존재든 될 수 있고 어떤 것이든 가질 수 있으리라는 가정에 대해서는 그렇지 않다. '생각이나 노력도 필요하지 않다. 그저 원하기만 하면 당신은 그렇게 되고 가질 수 있다.' 암묵적으로는 광고에 의해, 명시적으로는 자기계발 산업에 의해 조장된 메시지가 바로 이것이다.

이 시대의 이상은 '쾌활한 성품'이며 이 시대의 상징은 웃는 얼굴과 "오늘 하루, 즐겁게 지내세요"라는 주문이다. 하지만 여기서 고려할 만한 근본 원칙이 있다. 당신이 공연히 당신 자신인 척할 필요는 없는 법이라는 원칙이다. 호랑이는 공연히 호랑이인 척할 필요가 없다. 원래 쾌활한 사람은 쾌활해지려고 애쓰지 않는다. 그러므로 쾌활하고 미소 짓는 즐거운 하루의 시대에 항우울제가 점점 더 많이 처방되고 있다는 사실도 놀라운 일이 아닐 것이다. 환하게 웃고 있는 우울증 환자라는 것이 지금의 시대적 현상이 된 것 같다.

최근 우울증을 겪은 경험에 대해 회고한 샐리 브램프턴Sally Brampton은 자신이나 동료 환자들에 대해 이렇게 말했다. "우리는 모두 각자 속으로는 죽을 계획을 세우고 있으면서도 웃고 유쾌하게 이야기할 수 있다는 것을 알고 있었다."[10] 이런 증상이 너무 심해지면 사람들은 물에 빠져 죽는 순간에도 손을 흔들어 인사한다. 모두가 쾌활하게 살아가는 모습을 보면 자동적이고 보편적인 목표 따위가 있는 게 아닌가 싶기도 하다. 따라서 우울증 환자들은 무엇이 잘못되었는지 알지 못하면서 웃는 얼굴들 사이에서 참혹한 고립감을 느끼는 것이다. 그 자신도 밝은 미소를 띠고 있는 줄도 깨닫지 못하면서 말이다.

이것이 바로 에리히 프롬Erich Fromm이 현대 사회의 새로운 현상이라 규정한 '익명적 권위'의[11] 한 예다. 이 문화적 억압은 눈에 보이지 않기 때문에 더욱 효과적이고, 근원도 없기 때문에 탐지하고 저항하기도 힘들다. 권위는 마치 사탄처럼 자신이 존재하지 않는 것처럼 사람들이 느끼게 만드는 것이 영리한 노릇임을 알아차렸다.

그리고 익명의 권위는 점점 더 익명이 되어가며, 그 때문에 더 음흉해지고 상호작용하기가 더 힘들어진다. 서구 사회에서는 이제 공공연한 억압은 없다. 옛날의 터부는 거의 모두 사라졌다. 황금시간대의 TV에서는 열성적인 젊은 여성들이 둥글게 모여 앉아 경청하고 있고, 그 한복판에 나이는 지긋하지만 외모가 뛰어난 한 여성 박사님이 해부학 모형 같은 것을 무릎에 올려놓고 앉아 있다. 산파술의 고급과정 세미나인가? 아니다. 구강성교에 대한 강의이다. "그런데 하다 보면 항상 턱이 아파요." 젊은 여성 한 명이 불평한다. 박사는 오른손으로 긴장을 덜어주는 것이 비결이라고 부드럽게 설명하면서 모형으로 시범을 보인다. 한편 왼손은 흔히 간과되곤 하는 고환을 숙달된 솜씨로 다루고 있다. "난 그걸 의붓자식이라고 불러요. 항상 무시되니까요."

공공연한 권위에 대해 말하자면 최후의 잔재라 할 만한 것도 사라졌고, 대통령과 수상들이 대담 프로에 나가 소파에 앉아서 애완동물이나 좋아하는 축구팀에 대해 이야기하며, 종교지도자들이 자선 행사에서 봉고를 두드리고 낙하산을 타고 뛰어내리며, 기업체 회장들은 크리스마스 파티 때 바지를 내리고 크림치즈 범벅이 된 엉덩이 사진을 사보에 싣는다.

그러니 문제는 어디 있는가? 탄압 같은 것이 어디 있는가? 다들 쿨하다. 신도 분노를 터뜨리기 위해서는 분노 관리법 강의를 들어야 할 것 같다. 여성이나 다른 인종, 종교, 성적 지향성을 폄하하지 않고 환경을 훼손하지 않으며 동물을 괴롭히지 않는 한, 무슨 일이든 괜찮다.

익명의 권위가 가장 효과적으로 장난을 치려면 충고를 의심의 여지 없는 것으로 만들면 된다. 자명한 사실에 대해 반박할 수는 없으니까.

그런 짓을 하는 건 미치광이들뿐이다. 이 사실 역시 자명하다. 지금 우리가 사는 방식이 곧 자연법이다.

그러므로 저항은 곧 미쳤다는 비난을 초래한다. 더 큰 문제는 저항하는 사람은 그렇게 보이는 것만이 아니라 실제로 미친 사람이라는 데있다. 나는 야심찬 젊은 뉴욕 경찰관 프랭크 서피코Frank Serpico의 자서전을 바탕으로 한 영화*를 보다가 이 경악스러운 진실을 깨달았다. 서피코는 형사가 되었지만 새 동료들이 모두 부패했음을 알게 되었다. 그들은 팀을 이루어 마치 커피 회사를 경영하는 것처럼 침착하고 냉철하게 뇌물을 분배했다. 그렇다고 이들이 구역질 나는 부류도 아니었다. 그저 정상적이고 친근한 남자들로 프랭크를 좋아하고 자기들 무리에 끼워줄 자세가 되어 있었다. 그랬으니 그가 그 클럽에 가담하지 않겠다고 하자 그는 명백한 미치광이가 되었다. 하지만 강력한 흡인력을지닌 반전이 그 다음에 나온다. 프랭크의 사생활을 담은 장면은 그가정말로 미치광이였음을 보여준다. 매력적이고 헌신적이던 여자 친구는 그를 떠났다. 친구들은 그가 구제 불능이라고 여겼다.

이는 원칙에 따라 처신하려면 미치광이가 되어야 한다는 주장이다. 어떤 원칙이든 그에 입각하여 이 말을 반박해보라. 그리스도조차 미치광이가 아니었나.

그러니 이 냉랭하고 느슨하고 넥타이를 풀어헤친 무원칙의 시대에, 다른 사람들은 물론 상관들까지 그런 사람일 때, 누가 원칙을 지키는 미치광이가 되고 싶겠는가?

◆ 알 파치노 주연의 《서피코》.

그런가 하면 내부에서 오는 압력도 있다. 자아의 아래쪽에서 오는 압력은 욕망과 공격성을 가진 해로운 힘뿐만 아니라 그 위에 있는 자아를 설득하여 그 뜻대로 휘두르는 위험한 힘을 갖고 있어서, 원하기만 하면 그럴듯하고 세련되기까지 한 얄팍한 껍질을 뒤집어쓸 수도 있다. 그러므로 나는 TV를 조롱하면서도 이런 견해를 대담 프로에서 선전하는 꿈을 꾸고 있다. 다른 사람들의 의견에 대해 쿨하게 무관심하다는 인상을 주고 싶어하면서도, 그들에게 강한 인상을 주려면 어떤 방법이 가장 좋은지 냉철하게 계산하고 있다. 내가 원하는 것은 사랑받기를 절대로 원하지 않으면서도 사랑받는 것이다.

가능성의 전율

인간의 안과 밖에는 애드*와 이드**라는 지략이 풍부한 적들이 있다. 그들은 교활하고 무자비하고 항상 수용되기 쉬운 새로운 모습으로 위장하고 나타난다. 어느 것도 패배시킬 수 없고, 끊임없이 경계하지 않으면 멀찌감치 떼어놓기도 힘들다. 하지만 지난 수천 년 동안 다양한 종류의 사상가들이 경계해왔으므로, 그들로부터 얻어올 것들이 잔뜩 있다. 지난 세기에는 철학자들이 대부분 행복을 포기했다. 진지하지 않고 유행에 뒤처진 주제라는 것이다. 하지만 최근에 심리학자들과 신경과학자들이 아주 흥미로운 것을 발견하고 새로운 통찰을 해냈다.

◆ ad : 광고.

◆◆ id : 프로이트의 정신분석학 용어로, 인간 심리의 밑바닥에 있는 원시적, 동물적인 본능의 요소. 쾌락원리에 지배되며 즉각적인 욕구 충족을 목표로 한다.

그래서 이 책에서는 철학, 종교 교리, 문학, 심리학, 신경과학을 뒤져 행복의 달성에 관한 공통된 생각을 찾아낸 다음 그런 전략을 현대 생활에 적용하기가 얼마나 쉬운지, 어려운지를 살펴보며, 마지막으로는 그것들을 거의 보편적인 관심 영역에 적용해보려 한다. 우리 대부분은 먹고살기 위해 일을 해야 하며, 배우자와의 관계를 오래오래 누리고 싶어한다. 또 성형수술이 엄청나게 발전했지만 여전히 노화는 피할 길이 없다. 톨스토이는 이렇게 말했다. "일하고 사랑하고, 사랑하는 사람을 위해 일하고 자신의 일을 사랑하는 방법을 안다면, 인간은 이 세상에서 근사하게 살 수 있다."[12] 그리고 이렇게 덧붙일 수도 있었다. 인간은 아주 근사하게는 아니더라도 적어도 철저하게 하찮은 존재라는 기분은 느끼지 않으면서 늙을 수 있다고.

그러나 그런 자료들을 찾아본다고 해서 안내지침을 발견할 것 같지는 않다. 문학의 원리가 문학 바깥에도 일반적으로 적용된다. 즉 아무 처방도 없다는 것이 우리에게 있는 유일한 처방이다. 개인과 그들이 처한 상황의 복잡성은 보편적인 처방이라는 것을 있을 수 없는 것으로 만든다. 사실 처방을 요구하는 것 자체가 이 시대를 나타내는 또 한 가지 표시다. 어떻게 살아야 하는지를 짧고 간략하게 몇 가지 요점으로 정리하여 말해달라고 요구하는 것은 우리의 조급하고 탐욕스러운 시대뿐이다.

하지만 문제를 규정하는 것이 곧 해결책의 출발점이라는 또 다른 원리가 도움이 될 수 있다. 문제를 더 풍부하게 인식해나가는 것이 기적 같은 부산물인 행복을 간접적으로 만들어내는 방법인지도 모른다. 그렇게 되면 그것 자체에서도 기적적인 부산물이 만들어질 수 있다. 그렇게 되면 그것이 원본을 강화시켜줄지도 모른다. 행복은 우울처럼 자기심화적인 순환이기 때문이다. 우울증은 하강나선형이다. 우울해지면 의욕이 줄어들고, 그렇게 되면 우울증이 심화된다.…… 이런 식으로 계속 가라앉는다. 반대로 행복은 상승나선형이다. 행복해지는 것이 의욕을 고조시키고, 의욕은 또다시 다른 것을 증가시키고…… 이런 식으로 이어진다.

　행복이 주는 가장 큰 선물은 그런 기분 자체라기보다는 그것과 함께 오는 가능성의 전율인지도 모른다. 갑자기 세계가 다시 마법을 발휘하고 자아가 새롭게 태어난다. 모든 것이 더 풍부해지고 낯설어지고 더 흥미로워진다. 눈은 더 명료하게 보고, 마음은 더 예리하게 생각하며, 심장은 더 강하게 느낀다. 이 세 가지가 열광과 환희와 열정 속에서 통합된다.

chapter 2

욕망의 황금시대

어떤 행동을 하게 되는 이유 가운데 가장 설득력이 큰 것은 다들 그렇게 한다는 주장이다. 여기서는 누구나 쇼핑을 한다니까! 신도들과 함께 있으니 무척 마음 놓이는 데다 교회에서처럼 서약할 필요도 없다. 진짜 약속은 쇼윈도에 전시된 아이콘들과의 약속이다.

바람에 강타당하는 일도, 비에 쓸려 내려가는 일도 없는 도원경桃源境이 있다. 그곳에는 시계도, 닫힌 문도, 거지도, 어질러진 것도, 낙서도, 쓰레기도, 부랑배나 어두운 골목도 없으며, 온도는 항상 쾌적하며 어디나 밝고, 넓은 교차로 한복판 분수에서 물방울이 떨어지는 아름다운 소리와 함께 판Pan의 피리 소리가 달콤하게 울린다.

사방에서 옷가지, 신발, 내의, 크림, 로션, 향수, 초콜릿, 장난감, 휴대전화, 게임, TV, 꽃, 축음기, 보석, 운동 기구, 수초마다 화면이 바뀌는 디지털 액자를 전시하고 있다.

오르가슴에 도달하는 제일 쉬운 방법

쇼핑몰이라는 데는 거기서 뭐든 갖고 싶은 것이 없는 사람은 지독한 구두쇠라는 기분이 들도록 설계되어 있다. 먼저, 우중충한 날씨라든가 빠듯한 시간 따위의 쇼핑을 방해하는 요소는 모두 없애버린다. 여러 층짜리 건물에서는 천장이 높은 아트리움이나 채광용으로 지하층까지 트인 곳을 중앙에 설치하면 즉각적이고 깊은 인상을 줄 것이다. 고딕식 성당을 설계한 사람이든 현대의 기업 본부 건물을 짓는 사람들이든 설계자들이란 모두 경외감을 고취하려면 넉넉한 공간, 특히 머리 위 공간을 넉넉하게 만드는 것이 비결이라는 점을 이해했다. 그 자체의 창공을 가진 구조물은 신이 만드신 것이 아니겠는가. 종교적 분위기를 고조시키기 위해, 마음을 편안히 해주는 듯한 파이프오르간 음악이 흐를 수도 있다. 확신을 주는 동료 숭배자는 틀림없이 수없이 많을 것이다. 어떤 행동을 하게 되는 이유 가운데 가장 설득력이 큰 것은 다들 그렇게 한다는 주장이다. 여기서는 누구나 쇼핑을 한다니까! 신도들과 함께 있으니 무척 마음이 놓이는 데다, 교회에서처럼 서약할 필요도 없다. 진짜 약속은 쇼윈도에 전시된 아이콘들과의 약속이다. 즉 당신을 돋보이게 해주고 지위를 높여주고 성적 매력을 더해주겠다고 약속하는 것이다. 이런 물질적 상품은 종교적 감정을 고취시키기까지 한다. 두뇌 스캔 영상 연구에 따르면 고급 브랜드는 종교적 그림을 볼 때와 동일한 신경 반응을 촉발한다는 증거가 있다. 아이팟은 테레사 수녀와 같은 정도의 영향력을 행사한다.[13]

또 이런 물질적 아이콘을 전시하는 쇼윈도는 휘황한 내부를 그대로 보여주고 입구는 넓고 문도 없어서, 낯설고 폐쇄적인 공간에 들어갈 때 느끼는 본능적인 공포감이 극복된다. 안에 들어가면 젊고 매력적인 판매직원이 다가와서, 친근한 미소를 지으며 당신의 눈을 바라본다. 그렇게 하여 당신도 젊고 예쁘다고 착각하게 만든다. 돈을 쓰는 일은 오르가슴에 도달하는 제일 쉬운 방법이다. 지갑을 열고 반짝이는 카드를 휘두르라.

그래서 애드[ad]는 전통적인 방식으로, 감명을 주고 아부하고 자극하는 방법으로 이드[id]에게 구애한다.

AD : 하늘로 치솟은 장엄한 궁륭을 보라.

ID : 아아!

AD : 이제 저 많은 번쩍이는 상품을 보라.

ID : 갖고 싶다!

AD : 이 모든 것은 당신을 위해 마련되었어.

ID : 나를 위해!

AD : 당신은 정말 특별히 근사하군.

ID : 빛이여! 카메라여! 날 황금시간대에 내보내.

AD : 다른 사람에 대해 신경 쓸 필요도 없고, 죽을 때까지 아기로 살도록.

ID : (얼굴을 찌푸리면서) 영원히 아기로 살라는 말은 아니겠지?

AD : 나는 영원토록 아기가 되라고 말했다.

ID : 와우, 즐겁게 놀자!

AD : 절대로 욕망을 줄이거나 입맛이 사라지게 하지 말라.

ID : 더 많이!

애드는 만족스럽게 웃는다. 그럴 만하다. 애드가 요즘처럼 많아진 적도 없었다. 미국인들은 이제 평균적으로 매일 약 3천 건 이상의 광고에 노출되어 있다.[14] 광고가 이만큼 온갖 주제를 다룬 적도 없었다. 애드는 이미 유년시절을 식민지로 삼았고, 태중에 있는 기간에까지 브랜드 로열티를 매길 기술을 찾아내게 될 것이다. 또 애드가 지금처럼 교묘해진 적도 없었다. 이것이 다큐 프로그램인가. 아니, 광고다. 새 영화인가? 아니, 광고라니까. 유명한 런던 경기장인가? 아니, 자체 브랜드를 개발하려고 애쓰는 석유 재벌 중동 국가들을 위한 광고다.

이게 극장의 소변기인가? 그렇다. 하지만 고개를 젖혀보라. 천장에 '개봉박두! 스파이더맨3'라는 글귀가 적힌 빨강색 플라스틱 소변기가 붙어 있다. 그러니 이제는 마음 놓고 천장을 올려다볼 수도 없다. 그나마 하늘은 아직 자유롭다. 아, 경비행기가 있군! 누군가가 무한으로 탈출했다. 아니야, 광고 현수막을 끄는 견인용 비행기이군. 적어도 자연은 자유롭다. 아니야, 네덜란드의 호텔 체인 기업이 살아 있는 양에게 광고를 붙이기 시작했다. 그러니, 날로 콩꺼풀을 씌우는 솜씨가 향상되고 있는 애드는 이제 우리의 눈을 콩꺼풀 위로 잡아당기기도 한다.

애드가 지금처럼 교활하게 공격적이었던 적도 없다. '타깃 마케팅', '매복 마케팅', '게릴라 마케팅', '입소문 마케팅' 등이 있다. 애드는 전혀 주저하지 않고 생체전쟁을 구사한다. 무엇보다도 교활한 것은 신경 마케팅인데, 신경학을 사용하여 두뇌에 스며들게 하고, 그 방어막을 연구하여 우회로를 찾는다.

애드가 지금처럼 재미있었던 적도 없다. 내가 딸과 가장 시끄럽게 다투는 이유 가운데 하나는 TV에서 광고가 나오는 동안 소리를 줄이는 내 습관 때문이다. 딸아이가 이에 반대하자 나는 필요하지도 않은 물건을 사고 싶게 만드는 광고 기능의 나쁜 점에 대해 일장 연설을 늘어놓았다. 딸은 화를 내면서 되받았다. 물론 자기도 그런 줄 알고 있고 광고의 설득에 넘어갈 생각도 전혀 없지만, 친구들끼리 일반 오락 프로그램처럼 광고에 대해서도 이야기하기 때문에 봐야 한다는 것이다.

또 그저 오락 프로그램에 어울리게 만드는 정도가 아니라 광고는 '간접 광고'를 통해 영화와 TV 프로그램 속으로 침투하기 시작했다. 이야기가 드라마에 어떤 물품이 나올지 결정하는 것이 아니라 물품이 이야기를 결정하는 정도가 점점 더 커진다. 한 조사 결과에 따르면 어떤 물품이 줄거리의 본질에 속하도록 만드는 수법이 그 어떤 직접 광고보다도 더 효과적임이 밝혀졌다. 두뇌의 저항을 교묘하게 피해가기 때문이다.[15] '만족 마케팅'은 오로지 광고를 목적으로 한 소위 오락이라는 것을 만들어냄으로써 이 접근법의 논리적 극단에까지 도달한다.

애드는 이제 더 이상 수동적으로 보이는 데만 만족하지 않는다. 당신이 광고를 해독하는 것이 아니라 광고가 당신을 해독한다. 최신 디지털 광고판은 보고 있는 사람에게 어울리는 광고를 보여준다. 젊은 남자는 맥주를 선전하는 여자를 볼 것이고, 중년 여성은 온천 광고를 볼 것이다. 결국 이런 광고판은 개인을 인식하고 제안 내용을 개인화할 수 있게 될 것이다. 중국 시집과 하드밥 재즈 음반 두 가지를 1개 값에 준다고 하면 나는 구미가 당길 것 같다. 그렇다면 우리는 광고에 낚이지 않기 위해 위장을 해야 할지도, 심지어는 남녀 옷을 바꿔 입어야 할지도 모른다.

그런 속임수는 소비문화에 저항하는 새로운 운동인 '문화 방해culture jamming'의 사례가 될 것이다. 이 저항은 나쁜광고연구소BADvertising Institute라든가, 캐나다 잡지인 《애드버스터스Adbusters》 같은 웹사이트에 의해 운영되고 있다. 《애드버스터스》는 반反소비주의 기사와 패러디 광고를 실으며, 물건 사지 않는 날이라든가 TV 안 보기 주간 같은 운동을 후원한다. 영국에서는 모던 토스Modern Toss라는 조직이 전복적인 이벤트를 개최하고 '쓰레기 같은 물건을 더 사든가 우리 모두 망하든 가Buy More Shit or We're All Fucked' 따위의 인사말을 적은 티셔츠, 장바구니, 포스터, 머그잔을 판매한다.

이런 기획은 매우 재미있지만, 혁명의 기폭제가 되지는 못한다. 애드를 무찌르려고 시도하기보다는 발상을 바꾸어 이드를 통제해보려는 편이 더 현명할 것이다.

이것 역시 쉽지는 않다. 현대의 이드는 마구 설치는 중이고, 절대로 길들여질 분위기가 아니다. 이렇게 많은 사람이 이처럼 많은 것을 이토록 심하게 원한 적이 없었다. 이드가 지금처럼 대우받고 버릇이 나빠진 적도 없었다. 지금은 이드의 황금시대이다.

항상 부족하다

예전에는 이드가 멸시와 두려움의 대상이었다. 플라톤에게 이드는 우리 팀의 경주마 중에서도 나쁜 말이었다. "야단스럽게 자랑만 많고 버릇도 없는 그 녀석은 귀가 도무지 꽉 틀어막혔는지, 채찍질을 하면서 매로 때려도 말을 잘 안 듣는다."[16] 마르쿠스 아우렐리우스에게 이드는 '우리 속 깊은 곳에 숨어 있으면서 우리를 조종하는 비밀의 힘'이었다.[17] 불교도에게 그것은 마라[Mara, 幻]로서 바깥에 투영되고, 기독교도에게는 사탄이 된다. 수피교도에게 그것은 '자고, 먹고, 욕구를 채울 줄만 아는' 더 냉혹하고 저열한 영혼인 '알 나프 알 암마라♦'였다.[18] 중세 유럽에서 그것은 '잭과 콩나무'라든가 다른 동화에 나오는 폭력적이고 탐욕스러운 거인 괴물이었다. 아르투르 쇼펜하우어에게 그것은 생명에의 의지였고, 니체에게는 자아였다. 카프카는 그것을 인격화

♦ al-naf al-amara : 악행을 지시하는 혼령.

하여, 갑자기 갑판에 등장하여 정당한 수호자로부터 조종간을 빼앗아 가는 어둠의 존재로 묘사했다. 우리 시대의 것으로는 유물론적 설명이 있지만(그것은 새로운 두뇌의 밑바닥에 웅크리고 있는 옛날의 파충류 두뇌**이 다), 그것의 본성에 대해서는 다들 동의한다. 그것은 탐욕스럽고 충동적이고 화를 잘 내고, 교활하고 만족할 줄 모른다. 아무리 많이 갖더라도 항상 부족하다고 여긴다.

프로이트가 나오기 2500년 전 부처는 자아의 핵심 문제가 그 무의식적 욕구라는 것을 깨달았다. 부처와 이드의 화신인 마라 사이의 대면을 그린 놀라운 설화가 있다. 마라는 코끼리에 올라타고 일천 개의 팔에 무기를 하나씩 쥐고 휘두르는 모습으로 등장하는데, 그렇게 해서도 부처를 겁주지 못하자 신들도 무서워 달아날 정도로 무시무시한 폭풍우를 아홉 번이나 불러온다. 부처는 혼자 남았지만, 불굴의 '결가부좌結跏趺坐'로 좌선하고 있다. 그래서 마라는 부처에게 말을 걸지 않을 수 없다. "당신 것이 아니라 내 것인 그 자리에서 일어나시오."[19] 부처는 그대로 앉아 있으면서 마라에게는 이런저런 흉한 성격이 있으니 마라가 아니라 자신이 그 자리에 앉을 자격이 있다고 판단한다.

이것은 프로이트의 프로젝트를 드라마틱하게 만든 것과 비슷하다. "이드가 있는 곳에는 에고ego가 있게 마련이다."[20] 에고는 이드를 쫓아내고 그 자리를 차지한다. 무의식을 장악하는 것이 결정적인 승리이다.

부처에 의하면 근본 문제는 무지無知이다. 무지는 욕망과 갈망으로

** reptilian brain : 뇌의 기본 조직인 뇌간腦幹. 생존을 위해 환경에 적응하는 역할을 담당한다.

이어지는 집착을 부추긴다. 욕망과 갈망은 불평불만을 가져온다. 무지가 문제라면 해결책은 지知*일 수밖에 없다. 그러므로 통찰은 곧 죄로부터의 구속救贖이고, 이해가 곧 구원이다.

우선 필요한 것은 자기 인식인데, 이는 매우 힘든 과제이다. 그리스도가 나오기 오래전에 부처는 우리가 타인의 잘못은 똑똑히 보지만 자기 자신의 잘못에는 편리하게 눈을 감는다는 것을 알았다. 부처 식의 통찰력이 다른 사상가들의 것보다 더 낫다. 그는 자기 정당화가 무한히 교묘해질 수 있음을 알기 때문이다. "타인의 잘못은 바람에 까불린 왕겨처럼 잘 알아보지만 자신의 잘못은 교묘한 도박사가 자기 주사위를 숨기는 것처럼 숨긴다."[21]

무지의 문제는 이성적으로 감식될 수 있지만, 부처가 제시한 해법에는 명상을 통해서만 도달될 수 있는 더 깊고 전면적인 이해가 필요하다. 명상이란 불상佛像이 보여주는 것처럼 눈을 무겁게 내리깐 엄숙한 상태가 아니라 '항상 깨어 있음', '주의 깊게 지켜보기', '사려 깊음' 등으로 설명될 수 있는 강렬한 정신적 활동이다. 《법구경》에는 이런 개념만 다루는 장이 여러 개 있다. "주의 깊은 사람은 죽지 않는다. 지켜보지 않는 자는 이미 죽은 것이나 마찬가지다." 그러므로 명상의 목표는 고요함과 무관심이 아니라 인식, 주의 깊음, 예리한 합목적적 명료성이다. 부처는 칼집에서 뽑힌 칼을 해방된 마음의 은유로 삼았다.

부처는 명상의 실천을 토대로 현대 신경과학의 이론과 비슷한 의식 이론을 개발했다. 의식은 아무런 실체나 방향성도 없고 끝없이 깜빡거

◆ knowledge : 인식, 이해.

리고 요동치는, 지각과 환상과 망상과 연상과 기억의 그림자 연극과도 같다. "마음은 흔들리고 불안하고 까다롭고 변덕스럽다." 마음은 원숭이처럼 변덕스럽다. "한쪽 나뭇가지를 붙잡았다가 놓고 다른 가지를 잡는다." 그러니 통합된 자아라는 생각은 착각이다. "어떤 하나의 불변적 자아라는 것은 없다. 변화하는 것은 내 것이 아니고 나도 아니고 내 자아도 아니다." 이 그침 없는 변화에 대한 인식이 부처의 또 다른 중심 통찰이었다. 모든 것은 유전流轉한다. 모든 것은 덧없다. "모든 것은 불타고 있다."[22]

따라서 공격이나 억제의 대상이 될 영구적인 자아란 없다. 탐욕, 갈망, 육욕은 다른 모든 것들처럼 덧없고, 오랫동안 강한 비판의 밝은 빛을 받으면 시들어 없어진다. 그것들을 있는 그대로로 인식하면 그것에 탐닉할 수 없게 된다. 그래서 부처는 악덕을 비난하지 않았고 '엉성한' 행동으로 보아 무시했다. 기독교에서 흔히 보이는 자기혐오, 신체에 대한 증오와 공포, 살에 대한 광포한 고행은 불교에는 전혀 없다.

그리하여 급진적이던 생각이 더 급격히 확장되었다. 지식은 그저 해결법의 시작이 아니라 해결책 전체이다. 이해 그 자체가 변형이다. 하지만 변형은 즉각적이지도 쉽지도 않다. 지각되지도 않는다. "대양의 파도가 갑작스럽게 곤두서지 않고 서서히 기울어지는 것처럼, 이 방법에 따른 훈련, 규율, 실천은 서서히, 점진적으로 효과를 발한다. 궁극적 진리를 갑작스럽게 지각하는 일은 없다."[23] 비결은 '합리적이고 정확하고 명료하고 은혜로운' 행동이 버릇이 될 때까지 그 방법을 계속한다는 것이다. 존재한다는 것은 생성되는 것이므로, 깨달음을 추구하는 자는 '활기차고 단호하고 끈질겨야 한다.' 부처가 최후로 남긴 말

은 '모든 성취는 덧없는 것. 쉬지 말고 노력하라' 였다.[24]

또 다른 키워드는 '방법' 이다. 불교는 신앙이 아니라 하나의 방법이다. 그것은 무지로 인해 줄줄이 빚어지는 결과의 사슬을 처리하는 절차들의 조합이다. 하지만 부처는 무지 자체의 원인이 무엇인지 생각하기를 거부했다. 그렇기 때문에 불교에는 인간의 전락에 관한, 혹은 원죄를 다루는 이론이 없다. 사실 그는 일체의 형이상학적 질문에 대답하기를 거부했다. 형이상학적 질문에 대해 성찰하지 않았기 때문이 아니라, 그런 성찰이 도움이 되지 않기 때문이었다. 부처는 이렇게 비유했다. "마치 어떤 사람이 독이 잔뜩 묻은 화살을 맞아 부상당하여 친구들이 서둘러 의사를 데려오려고 하는데, 부상자가 '누가 내게 상처를 입혔는지 그의 이름을 알기 전에는 화살을 빼내지 않겠다' 고 말하는 것과도 같다."[25]

만물에 대한 대통합이론을 구축하지 않겠다는 이런 태도는 매우 현명하다. 어떤 교리도 없다면 교리 논쟁도 없고 이단 논쟁이나 분열도 없을 것이기 때문이다. 그러므로 종교재판도, 고문도, 화형도 없을 것이다. 불교의 두 주요 계파인 대승불교와 소승불교는 항상 조화롭게 공존했다. 이를 가톨릭과 개신교의 역사와 비교 대조해보라. 불교에는 그 어떤 초자연적 힘의 개입도, 신도, 기적도, 신의 계시도, 신의 은혜나 신의 화신도 없었다. 그러므로 신앙이 필요하지 않다. 사실 부처는 신앙이란 개인적 책임감을 포기하는 것으로 여기고 명확히 거부했다. 어떤 사람도 그저 누군가가 무슨 말을 했다는 이유만으로 그것을 믿으면 안 된다. 각자 개인적 해결책을 궁리해야 한다.

합리적 서양의 종교인 기독교가 사실은 완전히 비합리적이고, 일관성이 없고 터무니없기까지 한 데 비해, 신비적 동양의 종교인 불교가 완전히 합리적이고 일관성이 있고 실용적이기까지 하다는 것은 아이러니하다. 그것은 부조리한 영역으로의 신앙의 도약이 필요한 교의敎義가 아니라 효과를 확인할 수 있는 하나의 방법이다. 또 이런 매력적인 특징을 가진 불교가 오히려 그 때문에 현대에 와서는 오히려 매력 없는 것으로 여겨진다는 사실은 더욱 아이러니하다. 다른 주요 종교는 신자들이 늘어나는데 불교는 설 자리를 잃어가고 있다.[26]

기독교의 교리는 인간이 가진 결함을 원죄 탓으로 돌리는데, 원죄는 신의 은총의 신비스러운 작동에 의해서만 구제될 수 있다. 천 년 이상 이것은 지상에서의 모든 성취에 대한 믿음이나 자아에 대한 조사의 여지를 배제해왔다. 계몽주의가 올 때까지는 사상가들이 개인에게 희망과 활동의 여지를 허용하지 않았다.

가장 끈질기고 위험한 적

17세기의 네덜란드 철학자인 바루흐 드 스피노자Baruch de Spinoza의 생각은 부처의 생각과 깜짝 놀랄 정도로 비슷하다. 계몽주의 사상가들은 이성을 숭배했지만 스피노자는 이성이 호랑이 등에 올라탄 상태임을 알았다. 인간의 본성은 대체로 '욕망'으로, 의식 속에 들어오는 무의식적인 '입맛'에 의해 내몰리고 있는 것이다. 이 통찰력에 대한 그의 표현은 그대로 《법구경》의 글이나 프로이트의 글이라고 해도 좋을 정도다. "욕망은 인간의 본질 바로 그것이다."[27] 의식에 대한 그의 견해도 오늘날의 신경생물학자의 생각이나 마찬가지다. "인간의 마음은 인체에 대한 생각 자체 혹은 지식이다."[28] 하지만 이해만 된다면 충동drive은 통제될 수 있다고 믿은 점도 부처와 같다. "감정은 그것에 대해 우리가 명료하게 알게 되면 더 이상 열정이 아니게 된다."[29]

스피노자 또한 흔히 단순히 정적을 찾는 사람으로 취급되곤 한다. 하지만 그가 가장 높이 평가한 것은 기쁨joy이었다. 그는 기쁨을 마음을 이해하는 데서 생기는 일종의 권능 부여의 느낌sense of empowerment이라고 규정했다. 하지만 부처의 가르침과 마찬가지로 이해는 수동적인 최종 상태가 아니라 중단 없는 노력이 필요한 하나의 과정이다. 신경생물학을 예고하는 듯한 또 다른 직관에서 스피노자는 생명유기체를 삶의 조건을 최적화하는 시스템이라 규정하면서, 우리의 본성 자체가 최선을 다해 노력하는 것이라고 주장했다. 그가 인간본성을 가리키는 데 사용한 라틴어 단어인 '코나투스conatus'는 '매진하기' 또는 '노력하기'라는 뜻이다. "모든 사물이 계속 그 존재로 남아 있기 위해 시도하는 노력은 존재의 실제 본질 바로 그것이다."[30] 그리고 귀중한 존재가 되려면 그 노력은 힘들지 않을 수 없다. "구원이 별 힘도 안 들이고 언제든 얻을 수 있는 것이라면, 어찌 거의 모든 사람의 눈에 띄지 않고 넘어갈 수 있겠는가? 탁월한 모든 것은 희귀하기 때문에 얻기 힘든 것이다."[31]

17세기의 유럽은 이런 사상을 받아들일 준비가 되어 있지 않았다. 부처는 스승으로 존경받았지만 스피노자는 이단자 취급을 받고 욕을 먹었다. 그가 속했던 네덜란드의 유대인 공동체는 처음에는 그를 매수하여(매년 연금 1천 플로린) 입을 닫게 하려고 했다가 다음에는 죽이려 했다(스피노자의 옷이 워낙 두꺼워 칼날이 제대로 박히지 않았다). 마지막으로 그들은 충실한 구약성서 스타일로 그를 파문했다. "천사와 성인들의 판단으로 우리는 바루흐 드 에스피노자를 제명하고, 차단하고, 저주하고, 파문한다.…… 요수아가 예리코에 퍼부은 저주로, 엘리샤가 아이들에게 내린 저주로, 율법에 기록된 모든 저주로 에스피노자를 저주한다. 그는 밤낮으로 저주당할 것이고, 누울 때나 일어설 때나 저주받는다. 집을 나서거나 돌아올 때도 저주당할 것이다." 그 파문장은 이런식으로 계속 선언하면서 그 누구도 스피노자의 글을 읽거나 그와 소식을 나누거나 그 주변 4큐빗* 이내로 다가가는 것을 금지했다. 스피노자는 이렇게 반응했다. "이런 조처는 내가 하지 말았어야 할 그 어떤일도 억지로 하게 만들지 못한다."[32]

스피노자가 죽은 뒤 그의 글과 생각은 무자비하게 탄압당하여, 19세기에 쇼펜하우어가 나오기까지는 그와 조금이라도 비슷한 일체의 통찰이 전혀 표명되지 못했다. 쇼펜하우어는 이드를 의지라는 말로 나타냈다. 그는 이것을 '인간이 스스로 그것을 알지도 못하고 인식하는 바도거의 없는 충동에 지배당하게 만드는 맹목의 돌진력' 이라 규정했다.[33] 그리고 아주 웅변적으로 입맛의 충족 불가능성을 역설했다. "의지의 욕망은 무한하다. 그 요구는 끝이 없다. 충족된 욕망은 새로운 욕망을 낳는다. 세상의 그 어떤 만족도 그 갈망을 굴복시키고 무한한 갈망에 한도를 설정하고 그 심장의 바닥없는 심연을 채우기에는 부족하다."[34]

이런 입맛 가운데 무엇보다도 강한 것이 성적 충동이다. "자신이 성

◆ 1큐빗은 46~56센티미터.

적 본능을 부정할 수 있다고 생각한다면 그는 착각하고 있다. 그는 자신이 할 수 있다고 생각은 할지 몰라도 실제로 지성은 성적 충동에 사주당하며, 그런 의미에서 의지는 '지성의 은밀한 적대자'다." 섹스는 인간이 행하는 거의 모든 노력의 궁극적 목표다. 성적 억압은 신경증을 유발할 것이다. 쇼펜하우어는 놀랄 만큼 통찰력이 뛰어난 심리학자였지만, 사회의 진보나 개인적 완성 같은 것은 믿지 않았다. "안정이라는 것이 애당초 있을 수 없는…… 세계에서, 모든 것은 초조하게 변화하며 혼란스럽고, 항상 앞으로 돌진함으로써만 외줄 위에서 떨어지지 않을 수 있다. 그런 세상에서 행복은 별로 고려의 대상이 아니다."[35]

니체 역시 비슷한 생각을 품었다. 그는 그런 생각이 몸이 오싹할 정도로 새로운 것이라고 생각했지만 실제로는 대부분 수천 년씩 묵은 생각이었다. 그 역시 '자아'라 부른 무의식적인 돌진력의 존재를 인정했다. "당신의 자아는 당신의 에고와 그 자랑스러운 노력을 비웃는다. 이런 정신적 체조가 내게 무슨 의미냐? 이렇게 자문한다. 그저 내 목표에 도달하는 우회로일 뿐이다. '자아'는 에고의 제1바이올린 주자이고, 그것이 하는 모든 생각을 '자아'가 촉발한다."[36]

이렇게 웅크리고 있는 '자아'는 가장 끈질기고 위험한 적이다. "당신이 만날 수 있는 적들 가운데 가장 위험한 적은 항상 당신 자신일 것이다. 숲과 동굴에서 당신 앞에 매복하고 기다리고 있는 것은 바로 당신이다."[37] 니체는 또 효과를 극대화하기 위한 돌진이 모든 생명체의 정수라고 직관적으로 파악했다. "내가 만나는 모든 생명체 속에서 나는 권력에의 의지를 본다."[38] 인간 유기체의 중단 없는 매진을 그는 '자기 극복'이라 규정했다. "삶은 이 비밀을 내게 열어 보여주었다. 그것은 말한다, '보라, 나는 그 자신을 계속하여, 거듭 극복해가야 하는 바로 그런 존재다.'"[39] 그리고 자아가 자아를 극복하려는 마찰은 삶을 충만하게 만들기에 충분한 열기와 빛을 발생시킨다. 니체는 그답게 호 언장담하면서 고난을 환영했다. "나를 죽이지 않는 것은 모두 나를 더 강하게 만든다."[40]

나의 전전두엽 피질이 슬퍼지려 한다

20세기에 프로이트는 이와 비슷한 에고와 이드라는 자아의 모델을 제 시했다. 그는 이것이 새로울 뿐만 아니라 엄격하게 과학적이라고 단언 했다. 이드에 대한 에고의 지배를 확립하는 것이 정신분석요법이라는 과학적 방법인데, 이는 신경증이나 자유 연상, 꿈(하루 종일 에고를 조종 하느라 힘들었으니 이드는 밤새도록 놀기를 좋아한다) 등으로 노출된 이드의 무방비상태를 포착하여 그것의 교활함을 처리하려는 것이다.

하지만 치료사는 특별한 사람이어야 한다. "분석가는 어떤 분석적 상황에서 환자를 위해서는 모델 역할을, 또 다른 사람들에게는 교사 노릇을 해야 한다면, 어떤 의미에서는 우월한 위치에 서야 한다."[41] 분 석가는 불교의 고승들처럼 사람을 고취시키는 존재가 되어야 한다. 하 지만 세상에서 스승은 언제나 대단히 부족하다. 모델이나 교사 노릇을 기꺼이 하려 하거나 할 수 있는 분석가는 거의 없고, 대부분은 그저 부 유한 신경증 환자들의 이야기를 매주 한 시간씩 들어주면서 좋은 보수 를 받는 것으로 낙착을 보았다. 더 심한 경우에는 심리적 성형수술을 해주는 역할을 맡기도 했다. 나는 연극평론가 케네스 타이넌Kenneth

Tynan이 인터뷰 중에, 아내를 버렸다는 죄책감을 없애기 위해 어떤 정신분석가에게 돈을 내고 상담한 일을 부끄러워하는 기색도 없이 털어놓는 것을 보고 경악한 적이 있다.

최근의 신경과학 연구는 사상가들이 제안한 자아 모델을 확인해준다. 다만 이성과 감정 사이, 또는 에고와 이드 사이의 구분선은 프로이트와 그 선배들이 믿었던 것만큼 선명하지 않다. 조지프 르두Joseph LeDoux 같은 신경학자에 따르면, 두뇌의 감정적 반응은 대체로 편도체(오래된 파충류 두뇌에서 생긴 변연계 속에 있는)에 의해 활성화되고 이성적 반응은 전전두엽 피질(눈 바로 뒤쪽에 있는)에 의해 활성화된다고 한다.[42] 간단히 말해, 에고는 전전두엽 피질이고 이드는 편도체다.

하지만 감정적 두뇌도 생각을 할 수 있고, 편도체에 직접 닿는 자동 우회로를 가진 이성적 두뇌도 감정의 영향을 엄청나게 받는다. 감정적 두뇌의 충동적 반응(예를 들면 직관 같은 것)은 좋은 것이지만, 이성적 두뇌가 숙고한 반응 가운데 많은 수(자기기만 같은 것)가 나쁜 것이다. 그러니 에고가 영웅이고 이드가 악당이라는 설정은 항상 참은 아니다. 하지만 일반적으로는 이성적 두뇌가 감정적 두뇌보다 더 현명하게 결정한다.

메리 잭슨이라는 여학생의 경우를 예로 들어보자. 똑똑하고 의욕 많았던 이 19세의 학생은 의과대학에 입학하고 남자 친구와 결혼하고 도심의 빈민 지역에서 소아과를 개업할 계획을 갖고 있었다. 그런데 갑자기 수업에 들어가지 않고 술을 마시기 시작하더니, 코카인을 맞고, 아무 데서나 자고, 누가 뭐라고 하면 불같이 화를 냈다. 결국 신경학자인 케네스 헤일만Kenneth Heilman이 그녀를 진찰하여 뇌영상을 찍어보았더니, 커다란 종양이 생겨 전전두엽 피질을 파괴했기 때문에 충동에 저항하거나 장기적인 목표를 추구할 수 없게 되었음이 밝혀졌다.[43]

20세기 중반에는 많은 외과의사들이 실제로 전두엽 절제술frontal-lobe lobotomy을 시행하여 이와 비슷한 결과를 초래한 적이 있다. 그 수술은 간질에서부터 정신분열증에 이르는 여러 가지 증세를 치료해준다고 추측된 방법이었다. 이 조야한 기법은 감옥과 정신병원에 수용된 수천 명의 사람들에게 시술되었는데, 눈꺼풀 밑으로 외과용 메스를 집어넣고 그것으로 뼈를 두드려 전전두엽 피질과 그 외 두뇌의 연결을 잘라버리는 방식이었다(노벨상에 대해 경외감을 느끼는 사람들은 이 전두엽 절제술을 개발한 외과의사 두 명에게 1949년의 노벨 의학상이 시상되었다는 사실을 기억해두어야 할 것이다).

신경과학자 조너선 코언Jonathan Cohen은 실험 대상자를 스캐너에 앉히고, 그에게 선물 교환증을 지금 당장 받는 것과 두어 주일 뒤에 선물 교환증을 더 많이 받는 것 사이에서 선택하도록 한 다음, 감정적 두뇌와 이성적 두뇌 사이에서 일어나는 갈등을 실제로 관찰했다. 지금 당장 선물 교환권을 받을 전망은 감정적 두뇌를 활성화시켰고, 더 많은 선물을 장래에 받을 전망은 이성적 두뇌인 전전두엽 피질을 활성화시켰다. 둘 중에서 더 강하게 활성화된 구역이 결정권을 쥐었다. 그러므로 코언은 인간 역사에서 가장 오래된 투쟁을 목격한 최초의 인간일지도 모른다. 에고가 이드를 강박하는 투쟁 말이다. 그리고, 그 투쟁에서 대부분의 경우에는 이드가 이긴다는 사실을 고백하려니 나의 전전두엽 피질이 슬퍼지려 한다.[44]

chapter 3

영원한 기대 속에 살아가다

가능성에 대한 숭배는 항상 뭔가 더 나은 것이 미래에 기다리고 있을 것이라고 믿는 일종의 탐욕이다. 하지만 가능성의 마법은 미래에 마법을 거는 대가로 현재에 대한 환멸을 요구한다.

자아에 대해 생각을 많이 하게 되면 자아를 하나의 고립되고 불변적인 실체처럼, 개인의 역사와 사회 환경에서 독립된 실체처럼 여기게 되는 한계가 생긴다. 하지만 물론 그런 자아는 없다. 모든 사람은 기질과 역사와 지배적인 사회의 분위기에 영향을 받는다.

마르크스는 문화적 여건의 중요성을 최초로 인정한 사람이었다. "인간의 의식이 그들의 사회적 존재를 결정하는 것이 아니다. 그와 반대로 사회적 존재가 인간의 의식을 결정한다."[45] 프로이트는 이드와 에고 외에 슈퍼에고superego라는 개념을 추가했다. 이것은 사회적 전제가 내면화된 저장고이며, 이드처럼 의식 아래에서 작동한다. 하지만 이런 모델은 지나치게 단순화되었다.

조건형성conditioning*은 단순한 일방적인 전이轉移가 아니라 복잡한 순환 과정이며, 끊임없는 피드백의 과정이다. 흔히 일이 진행되는 방식은 변화하는 사회적 태도 때문에 몇몇 사람들이 새로운 필요를 개발하거나 낡은 필요의 새 버전을 개발하며, 영리한 사업가는 그 발전을 알

◆ 생리학에서 바람직한 반응에 대해 자연스러운 자극이나 보상을 줌으로써 주어진 환경 안에서 일어나는 반응이 더 잦아지거나 더 예측 가능한 형태로 나타나는 행동 과정을 가리키는 말. 여기서는 상부구조가 하부구조에 영향을 미쳐 변화를 초래하는 문화적 조건형성의 의미로 주로 사용된다.

아차리고 적절한 생산이나 서비스를 제공하는 식이다. 그런 생산이나 서비스는 새로운 태도를 정당화하고 강화하고 확산시키기 때문에, 더 많은 사람들이 더 공개적으로 그 필요를 표출하고 더 많은 사업가들이 그 서비스를 제공한다. 얼마 안 가서 그 현상은 새로운 규범이 된다. 누구나 그것을 따라 하고 있다. 결국 그것은 자연법칙이 되고, 그럴 필요를 느끼지 않았고 전혀 하고 싶지 않았던 사람에게까지 영향을 주게 된다.

마르크스 역시 너무 단순하게, 조건형성이 언제나 우파에서 시작된다고 추정했다. 하지만 최근 들어 그것은 걸핏하면 좌파에서도 나온다. 1970년대는 해방의 십 년이었고 정의롭지 못함에 대한 분노의 십 년이었고 인정과 권리를 요구하는 십 년이었다. 하지만 시간이 흐르면서 특정한 권리의 요구는 타락하여 권리 요구entitlement의 일반화로 변질됐다. 특정한 어떤 것을 인정하라는 요구는 그저 관심을 보이라는 일반화된 요구로 퇴화했고, 특정한 부정의不正義에 대한 분노는 원통함과 원한이라는 일반화된 느낌으로 퇴화했다. 그 결과, 권리 요구의 문화a culture of entitlement, 관심을 요구하고 불평하는 문화가 형성되었다.

현대의 기도문

관심을 보이라는 요구는 점점 더 강해지고 다양해지는데, 이는 내면이 공허하다 보니 외부에서 부여되는 정체성이 필요해지는 증상이다. 나는 보인다, 따라서 나는 존재한다. 가장 낮은 층위에서 말하자면, 이는 신체적으로 남에게 보여야 하는 필요로 표현된다. 그러므로 피드백의 전형적인 사례에서 사회적 공간은 점점 더 가시성可視性이 커지는 쪽으로 조직되고 있다.

이제는 가정이나 사무실, 레스토랑, 술집에서 열린 설계 디자인이 원칙이 되었다. 1년 내내 야외에서 식사하고 마신다. 점점 더 많은 공공 구역이 '인간 관찰people watching◆'이 쉽도록 설계되며, 그런 곳에서는 '관찰의 대상'이 되는 것도 똑같이 즐겁다. 격리하지 않을 수 없는 곳이라면 벽이라도 투명해야 한다. 그런 추세를 따르자면 집도 투명하게 짓지 않을 수 없다. 그러므로 맨해튼에서 유리벽은 1920년대의 붉은 벽돌과 석회암만큼이나 건축의 전형적 특징이 되었다.

이런 온갖 가시성이 끌어다주는 관심으로도 충분하지 않다면, 여윳돈이 충분한 사람들은 감시되거나 스토킹 당하기 위해 돈을 쓴다. 그런 서비스의 인기가 갈수록 높아진다. 고객들에게 각자가 특별히 중요한 사람이라는 느낌을 갖게 해주기 때문이다. 그런 서비스를 처음 고안해낸 사람 중의 하나는 이렇게 말했다. "우리 고객 중에는 자신들이 관찰되고 있음을 안다는 그런 이유 하나로 더 고급스런 속옷을 입거나 자신을 더 잘 관리하는 사람들이 있다. 누가 관심을 보인다는 사실을 아는 것만으로도 그들에게는 충분할 수 있다."[46]

관심을 추구하고 나면 그 다음에는 한 개인으로 인정받고 싶어진다. 이 필요가 극단적으로 치달으면 명성에 대한 갈망, 그것도 지금 당장, 그리고 소수의 사람들에게 인정받는 것이 아니라 보편적인 인정과 찬탄과 질투와 욕망의 따뜻한 광휘 속에 항상 흠씬 젖어 있고 싶고 싶어하게

◆ 들새 관찰bird watching을 변조한 말.

된다. 현대의 기도문은 이렇게 읊어진다. 영원한 명성의 빛, 스포트라이트가 우리에게 내려쬐게 하소서. 이런 명성에의 요구는 지금은 압도적이어서(미국 십대들 가운데 31%는 자기들이 유명해질 거라고 진지하게 믿는다[47]) 명성을 가져다주는 전통적인 수단(미디어가 찬양하는 종류의 재능을 갖는 것)만으로는 도저히 감당할 수 없게 되었다. 재능 없는 사람도 명성을 누릴 수 있어야 한다는(예를 들면 리얼리티 TV의 스타 주인공이 됨으로써) 요구라든가, 모든 사람들에게 열려 있는 새로운 채널(인터넷에서 하는 자기선전 같은 것)을 개발해야 할 필요가 생기지 않을 수 없었다.

개인을 넘어선 차원이 되면 집단 정체성을 인정하라는 요구도 생긴다. 최근 들어 사회 어디서나 화를 내는 태도를 보기가 점점 더 쉬워지는데, 이런 태도는 관심의 추구와 권리의 요구와 불평이 한데 뒤섞인 결과이다. 예를 들면 어떤 강력한 집단이 적절한 존경을 담아 인정받을 자신들의 권리가 거부당했다고 여기고 보복할 필요가 있다고 판단하는 경우를 생각할 수 있다. 화를 내는 데는 좋은 점이 있다. 설사 폭력배의 협박이라 하더라도 희생자 입장에서 제기하는 항의로 보일 수 있으니, 그렇게 되면 이드는 공격하는 데서 큰 기쁨을 맛보는 한편 에고는 착하다는 칭찬을 즐길 수 있는 것이다. 제멋대로 구는 태도도 매력적으로 보인다. 누구라도 무엇에 대해서든 화를 내기로 결심할 수 있으며, 누구라도 항상 화를 낼 수 있는 이 가능성으로 인해 폭력배들이 흡족해할 만한 공포 분위기가 조성된다.

물론 1970년대에, 여성, 동성애자, 흑인, 청년, 섹스의 격렬한 해방이 전개되고 있을 때 사태가 이런 방향으로 발전하리라고 예견한 사람은 아무도 없다. 억압의 족쇄가 벗겨지고 나면 다들 반드시 번영을 누리게 되어 있다고 생각했으니까.

정치적 우파에서는 다수가 이에 대해 경악했다. 그러나 다른 사람들은 이를 기회로 보았다. 돈 역시 해방시켜달라고 요구했다. 주요 금융 규제가 철폐됨으로써 그 소원은 이루어졌다. 마침내 그 영혼 속에 있는 떠돌이 취향을 마음껏 표출할 수 있게 된 돈은 불안정해졌고 마구잡이로 짝을 지었고 무책임해졌다. 그것은 매력만 있으면 누구와도 동침했지만 오래가는 법이 없었다. 투자자들은 더 이상 장기적인 배당금 환수를 기다리지 않고 단타 매매로 빠르게 이익을 보려 했다. 그래서 회사의 성공 척도는 업무 능력보다 주가가 기준이 되었다. 또 주가는 그 회사가 뭔가 새롭고 신나는 일을 하는 것처럼 보일 때 오르는 경향이 있다. 그러니 재정적으로 섹시하게 보이려면 역동적이고 유연하고 혁신적인 것처럼 보여야 했다. 안정성이라는 덕성은 조신하지 못한 구닥다리 여자 같은 신세가 되었다.

똑똑하게 굴고 싶다면 자신의 조직을 인정사정 없이 공격하면 된다. 그리하여 구조조정의 광풍이 시작되었다. 심지어는 주주가 없는 정부 부처나 대학, BBC 같은 기관에서도 그랬다. 하지만 조정될 수 있는 구조의 수는 한계가 있으니, 어떤 조직에 오래 남아 있는 사람들은 오래전에 구식이라고 폐기되었던 구조가 최신 구조랍시고 다시 등장하는 것을 보게 된다. 나는 직장에서 오랫동안 일을 한 뒤에야 니체의 영원회귀라는 개념이 뭔가 의미 있는 것인 줄 알게 되었다.

새롭게 해방된 돈은 해방된 여성보다 더 섹시했다. 그리하여 가장 중요한 변화는 변화 그 자체를 숭배하는 것이다. 그런 숭배는 점차 더 넓은 문화로 확산되어 가능성이라는 마법에 대한 미신적인 신앙이 되어버렸다. 이제는 변화란 워낙 원천적으로 좋은 것이라고 믿다 보니, 정치인들이 오로지 변화하겠다는 약속만으로 선거운동을 할 수 있게 된 것도 그 결과 중 하나이다.

쇼펜하우어가 지적했듯이, 인간 본성은 항상 기대하면서 살아가는 경향이 있다. 이것은 이드의 또 한 가지 특징이다. 하지만 변화할 권리와 그에 대한 숭배가 뒤섞이게 되자 현대는 완전히 잠재력의 마법, 절박함의 매혹에 굴복하게 되었다. 그 결과, 수단 그 자체가 목표가 되어버렸다.

그리하여 보편적 수단인 화폐가 보편적 목표가 되었다. 하지만 그 영향은 다양하게 나타난다. 가령 인간관계에서 성적 매력이 섹스 자체에서 분리되는 경향이 생겼다. 원래는 섹스에 도움이 되라고 성적 매력이 있는 것인데 말이다. 갈수록 매력은 만져지기보다는 찬미받고 싶어한다. 그것이 애써 수고해야 하는 상황을 전혀 기대하지 않는다는 것은 확실하다. 성적 매력이 더 커질수록 성적 행위가 게을러진다는 이론을 심리학에 제시해볼까 한다. 이 가설이 사실이 아니라고 판명될지도 모르지만, 시험해보면 재미는 분명히 있지 않겠는가.

직장에서는 구조조정, 혁신, 유연성, 재능, 훈련, 유동성이 모두 좋은 것으로 떠받들어진다. 다들 훈련 프로그램에 왜 그리 집착하는지 (직원들은 흔히 필요가 있건 없건 훈련 할당량을 채워야 할 때가 있다). 또 디자이너, 박물관 큐레이터, 그래픽 아티스트, 요리사 등 재능 있는 전문가의 지위가 상승하는 현상도 이것으로 설명된다.

가능성에 대한 숭배는 항상 뭔가 더 나은 것이 미래에 기다리고 있을 것이라고 믿는 일종의 탐욕이다. 하지만 가능성의 마법은 미래에 마법을 거는 대가로 현재에 대한 환멸을 요구한다. 오늘 실제로 일어나는 일은 어제도 이미 일어났으니, 진정으로 흥분할 만한 유일한 일은 다음번에 있을 큰 건수이다. 다음번 연인, 다음번 직업, 프로젝트, 휴가, 행선지, 식사가 기대되는 것이다. 그리하여 문제가 생기면 도피하는 것이 가장 매력적인 해결책이다. 인간관계에서나 업무에서나 어려움이 닥치면 자리를 옮기고자 하는 유혹이 생긴다. 그런 태도는 상황을 직면하여 문제를 넘어서는 데서 오는 만족감을 차단하며 고난을 활용할 중요한 능력, 무슨 일이 생기든 그것을 유리하게 돌려놓는 능력을 파괴한다.

물론 문제가 생기는 것을 혐오하는 사람들에게는 무슨 일이 일어나든 모두 자신에게 유리한 것이어야 한다. 운이라는 것은 오로지 행운뿐이어야 한다. 무작위적인 불운은 도저히 받아들일 수 없다. 철학자 줄리언 바지니Julian Baggini가 최근에 사람들이 하는 불평의 성격에 관해 조사해보았더니 가장 흔한 불평이 자기들이 손을 쓸 여지가 없는 불운, 운명에 관한 불평임이 밝혀졌다.[48] 신스토아주의자가 간명하게 표현했듯이, 쓰레기 같은 일이 일어난다는 사실을 기꺼이 받아들이는 사람은 거의 없다. 비극에는 무엇이든 의미가 있어야 한다. 뭔가 좋은 결과가 그로부터 나와야 한다. 그러므로 어떤 참혹한 사건이 다시는 일어나면 안 된다는 것을 확인시켜주기 위해 가족을 잃은 사람들이 TV에 나온다. "우리처럼 고통 받는 사람이 또 생기기를 원치 않습니다."

이루어질 수 있다고 믿어버리다

여가의 세계에서 쇼핑과 여행은 그 자체가 목적이 되었다. 순수한 가능성의 행동이기 때문이다. 어떤 일이든 이루어질 수 있고 가망이 있다. 쇼핑은 여러 가지 형태의 가능성을 한데 합친 것이다. 모험의 중독성, 탐색의 신비, 도박의 위험성, 창조적 노동의 우연한 발견, 종교적 믿음의 초월성, 전희前戱의 감성적 민감성 등등. 다들 쇼핑을 좋아하는 것도 무리가 아니다. 가능성이 주는 흥분은 구매가 완료된 뒤까지 연장될 수 있다. 몇 년 전, 닉 베일리라는 17세 소년은 새로 산 닌텐도 위 게임기가 어찌나 좋은지, 그것을 상자에서 꺼내는 과정을 촬영하여 그 동영상을 유튜브에 올렸다. 그것이 무슨 인생이 바뀌는 경험이기나 한 것처럼 말이다. 십대 소년이 방금 산 물건의 포장을 푸는 모습을 누가 지켜보고 싶어할까? 그런데 첫 주에만 7만 1천 명이 그 영상을 보았다. 얼마 지나지 않아 오로지 포장 풀기의 스릴만 다루는 웹사이트들이 생겼다.[42] 이렇게 하여 실제의 상품에서 한 단계 더 멀어진, 새로운 대리 쇼핑 경험이 태어난 것이다.

이것은 쇼핑의 쾌락이 실재 및 상품의 효용성과 분리되는 경향을 보여주는 극단적인 사례다. 쇼핑은 이제 욕구의 충족이라기보다는 욕구 그 자체의 스릴을 위한 행동이 되었고, 그 스릴은 항상 새로워져야 한다. 실제의 구매는 점점 만족도가 낮아졌다. 가능성은 항상 무한하지만 선택된 것은 유한하다. 가능성의 중독자에게 모든 클라이맥스는 항상 동시에 안티클라이맥스이다. 마법의 부적은 사실은 현세의 것이었고 초월계에서 노닐던 쇼핑객은 익숙하고 실망스러운 자신으로 돌아온다. 근사한 의상은 한 번도 입히지 않고, 굉장한 도구는 한 번도 사용되지 않는다. 아주 흥미로운 책은 끝내 읽히지 않고 전율을 안겨주던 CD는 한 번도 연주되지 않는다.

내 경우에는 비밀스러운 지식을 구하고 황홀경을 얻고 싶어서 책과 CD를 사고 싶은 충동을 절제하지 못한다. 하지만 내 책장에는 한 번도 틀어보지 않은 CD가 있다. (그래도 셀로판지에 싸인 것은 없다. 셀로판지를 뜯는 일이 그 가능성, 전희의 일부이기 때문이다.) 또 고작 한 번 듣고 만 CD는 더 많다. 음악이 스피커에서 울려나오는 순간 그 CD는 마법적인 광휘를 잃고 그저 또 하나의 CD가 되어버린다. 책은 값이 더 싸지만 읽는 데는 시간이 더 많이 걸리니, 읽지 않은 책은 더 많다. 새 책이 그 가능성의 광휘를 유지하는 기간은 대략 6주인데, 그 뒤에는 원래는 비밀 이야기를 담고 있는 운반자일 수 있던 것이 책임감을 상기시키고 비난과 민망함과 부끄러움을 안겨주는 원천으로 변해버린다.

불필요한 구매의 문제를 해결하는 한 가지 방법은 그것을 수집이라고 정당화하는 것이다. 그러니, 놀랄 일도 아니지만 모든 종류의 수집 열풍은 커져만 간다. 수집가로 재분류되는 것이 보통의 쇼핑객에게 얼마나 더 흡족한 일이겠는가. 그 용어는 학자인 체하는 전문성, 고급 감상자의 감식안이라는 분위기를 풍긴다. 또 하찮은 물건들이 수집품 대접을 받으면 얼마나 더 만족스러운 것이 될까. 수집품이란 정당화될 수 없는 사치가 아니라 영리한 투자일 수도 있다는 의미가 함축된 용어이다. 하지만 책과 CD를 강박적으로 사들이는 사람들에게는 더 근사한 핑계가 있다. 이런 물건을 사는 것은 쇼핑이 아니라 '서재를 꾸미는 일'로 정당화 된다.

여행 역시 기대를 토대로 한다. 새로운 장소는 여러 가지 예상치 못한 면에서 다를 것이고, 이국적인 영감을 주고, 새로 변형된 자신이 태어날 것이다. 하지만 새로운 장소는 날씨는 더 따뜻할지는 몰라도 역시 또 하나의 장소에 불과하다. 하늘과 건물과 사람과 나무가 있는 장소일 뿐이고, 나 자신은 따분하게 투덜대면서 여행을 계속하겠다고 고집한다. 알랭 드 보통은 《여행의 기술*The Art of Travel*》에서 여자 친구와 갔던 카리브 해 휴가 여행에 대해 이야기한다. 떠나기 전 그들은 해변과 푸른 하늘, 야자나무, 황홀한 일몰 등으로 분위기가 좋아지고 새로이 조화로운 관계를 맺을 수 있으리라고 꿈꾸었다. 하지만 휴가지에 도착하자마자 그들은 레스토랑 디저트가 많으니 적으니, 모양이 좋으니 나쁘니 하면서 싸우기 시작했다. 같은 디저트를 주문했는데 그의 것이 모양은 더 좋은 데 비해 여자 친구의 것은 양이 더 많았던 것이다. 그들은 말다툼을 하고, 뿌루퉁해져 돌아오면서 황홀한 일몰에는 눈도 돌리지 않았다.[50] 누구나 이런 경험을 한다. 또 편리하게도 그런 일을 잊어버린다. 다음번 휴가가 기다리고 있으니, 그때는 진정한 기쁨을 누릴 것이라 기대한다.

여행과 쇼핑은 워낙 죽이 잘 맞다 보니 점점 더 함께 진행되는 추세에 있다. 공항에서, 비행기에서, 기차역에서, 호텔 로비에서, 심지어는 호텔방에서도 인터넷을 통해 쇼핑할 기회는 많이 있다. 물론 이런 것은 메인 코스, 즉 완전히 새로운 장소에서의 새로운 쇼핑 기회가 대두될 때까지 상황이 별 탈 없이 유지되게 하는 용도에 지나지 않지만.

여행과 쇼핑의 완벽한 결합은 호화 크루즈 여행이다. 사실 크루즈 경험에는 끊임없는 여흥과 응석 받아주기가 포함되어 있으므로, 호화

유람선은 우리 시대의 완벽한 상징물이다. 그것은 파스텔 색상의 여가 의상을 입은 덩치만 큰 아이들을 연이어 쇼핑센터로 데려다주는, 거대하고 움직이는 놀이궁전이다.

데이비드 포스터 월리스David Foster Wallace가 카리브 해의 유람선을 우스꽝스럽고도 끔찍한 모습으로 묘사한《원래는 재미있어야 했지만 다시는 하지 않을 일A Supposedly Fun Thing I'll Never Do Again》은 꼼꼼하게 만든 리얼리즘 다큐멘터리이지만, 우리 시대의 우화이기도 하다. 크루즈선은 모든 새로운 문화 트렌드를 과장된 형태로 전시하기 때문이다. 그런 트렌드를 들어보자. (1)직접 경험을 하지 못하는 무능력과, 어떤 일이 일어났다고 믿기 위해서는 모든 것을 촬영해야 한다는 생각. 승객들은 다들 복잡한 카메라 장비를 짊어지고 있다. (2)권리 요구라는 보편적인 의미. 다들 자기들은 이 휴가를 누릴 권리가 완벽하게 있다고 믿는다. (3)응석을 부리고 싶어하는 유치한 요구. 크루즈선에서는 열성적인 하인 군단이 24시간 서비스를 제공한다. 승무원들은 광신적이라 할 정도로, 무자비하게 쾌활하게 행동한다. 어린애 같은 승객들 사이에는 생각하기를 거부하는 분위기가 있다. 월리스는 이렇게 지적한다. "나는 미국의 상류층 성인들이 안내 데스크에 가서 스노클링을 하자면 반드시 몸이 젖어야 하는지, 스키트 사격◆이 실외에서 열릴 것인지, 승무원들이 배에서 자는지, 심야 뷔페는 몇 시에 시작되는지 물어보는 소리를 들었다."**51**

선상에서든 항구에서든 쇼핑 기회는 끝없이 있고, 기분전환거리와

◆ skeet shooting : 점토로 만든 과녁을 공중으로 쏘아올리고 산탄총으로 맞히는 사격 종목.

오락이 무한정 제공된다. 수영장, 체력단련 시설, 다양한 스포츠 시설(심지어 운전도 할 수 있다), 카지노, 피아노가 있는 바, 디스코장, 영화관이 있고 야간의 쇼 무대에서는 유명인사를 흉내내는 연예인, 전기톱 곡예사, 브로드웨이 뮤지컬 곡목들을 메들리로 부르는 부부 가수 팀, 엘리자베스 2세와 달라이 라마에게 최면술을 걸었다고 주장하는 최면술사까지 출연한다.

어른의 책임감을 회피하는 시대

현대적인 추세에는 서로 연결되는 것들이 많다. 그중 하나인 유아적 성향은 분명 해방의 시대에 대한 반동이다. 해방 그 자체만으로도 충분한 성취라고 여기는 것은 흔한 착각이다. 영혼을 망가뜨리는 노동에서 해방되면, 억압적인 인간관계와 지루한 도시에서 벗어나기만 하면 모든 게 다 좋아질 것이라는 착각 말이다. 하지만 알고 보면 자유가 자동적으로 성취를 가져다주지 않는다. 오히려 자유는 무자비한 힘든 노동으로 이어진다. 옛날의 전통은 억압적이었을지는 몰라도 그것 없이 살아가려니 불확실하고 복잡하고 혼란스럽고 스트레스가 쌓인다. 결정을 내릴 때마다 제1원리에서부터 모두 새로 생각하여 판단해야 한다면 번거롭고 지치게 된다. 무한한 기회가 부여하는 가능성은 무한한 선택으로 인한 당혹스러움이 된다.

다른 역풍도 있다. 신중하게 행동하지 않고 충동적으로 행동하고 싶은 갈망, 이성보다는 감정을 따르고 싶은 갈망, 확실하고 단순하고 쉽고 수동적인 것을 선택하고 싶은 욕구가 치솟는 것이다. 어른으로서

져야 하는 고된 책임감은 무조건적 사랑, 음식, 깨끗한 잠자리에서 자장가를 들으며 잠드는 사치스럽던 시간에 대한 깊은 향수를 불러일으킨다.

시대의 추세가 감정과 충동에 영합하게 되었으니, 또 다 큰 아기들에게도 자장가를 불러 재워줘야 하니, 광고산업은 물론 오락산업도 좋아 죽을 지경이다. 새로운 유아적 성향에서 유일하게 좋은 점 하나는 이런 아이 같은 성향을 보호해줄 필요 때문에 각자 무엇에든 탐닉해야 하는 필요가 상쇄될 때가 많다는 것이다.

애완견 결혼식이나 겨자 소믈리에 따위의 혁신적인 서비스를 하기로 유명한 런던의 어떤 호텔은 호화 크루즈 여행에 맞먹을 만한 아이디어를 냈다. 돈을 내면 직원 두 명이 객실에 와서, 한 명은 손님과 베개 싸움을 시작하고 다른 한 명은 심판 노릇을 해주는 것이다. 이 새 서비스는 엄청난 인기를 끌었지만, 당연히 '건강상의 이유로, 또 안전 때문에' 계속될 수는 없었다. 그러나 응석을 받아주고 관심을 보여주기를 원하는 요구가 충족되지 않으면 덩치만 큰 아기는 심각하게 화를 낼 것이다. 새로운 유아적 성향으로 인해 자기중심주의와 권리 요구의 의식은 커지고, 자기 인식과 의무감은 줄어들었으며, 원망과 분개에 점점 더 많이 호소하게 되었다. 덩치만 큰 아기는 걸핏하면 얼굴이 벌게진다.

그리고 이런 새로운 유아적 경향은 PC, 즉 직업적 쾌활함Professional Cheeriness을 성장시킨 한 가지 원인이기도 하다. 섬세함과 미묘한 뉘앙스는 다 빠져나가고 과장된 밝음이 주입된 쾌활한 표현은 어른이 아이에게 보여주는 행동거지이다. PC가 발달한 또 다른 원인은 경제의 본류가 제조업에서 서비스업으로 이동한 데 있다. 그 때문에 사용자 인터페이스◆가 갈수록 중요해졌다. 고객은 항상 옳을 뿐만 아니라 항상 밝은 얼굴의 서비스를 받아야 한다. 이 의무는 미국의 서비스산업에 확산되었다가 전 세계로 퍼졌다. 심지어 숭고하리만큼 콧대 높은 파리의 웨이터들까지도 이에 적응해야 했다. 원래 경멸이라는 분야에서는 프랑스인을 따를 사람이 없었다. 포도주와 치즈처럼 그것 역시 오랜 전통의 바탕 위에 서 있는 것이다. 하지만 그들 역시 경멸받아 마땅한 고객들에게까지 좋은 시간 보내라고 말하는 법을 배워야 했다. 장 폴 사르트르Jean-Paul Sartre는 파리가 '나치의 독액'에 저항한 것에 대해 그토록 자랑스러워했지만, 미국의 설탕에 파리가 굴복한 모습을 봤더라면 기절초풍했을 것이다.

또 다른 추세는 우리가 상품 세계 속의 상품이 되어버리는 경향, 한 개인이 브랜드로 개발되어가는 경향이다. 요즘의 시장 거리에서는 이것이 말도 많이 하고 미소도 지어야 한다는 뜻이 된다.[52]

이런 마케팅 지향성은 팀제라는 것이 등장함으로써 더 권장되었다. 새로운 '유연한' 조직들은 흔히 기존의 부서와 장기간 한자리에 있던 직원들을 내보내고 단기 계약에 의거하여 특정 프로젝트에 집중하는 사람들을 대신 들여놓았다. 그리하여 개인들에게는 기관에 대한 충성심은 무의미해졌고 어디에서든 '팀플레이어'로서 일할 수 있는 능력이 중요한 기술이 되었다. 협동은 개인의 노력만큼 중요하며, 적응 능력은 수행 능력만큼이나 중요해졌다.

◆ user interface : 사용자와 프로그램이 상호작용하는 프로그램의 일부분.

1970년대에 두 미국인이 웃는 얼굴 모습을 '좋은 하루 보내세요Have a Nice Day'라는 운명적인 슬로건과 결합시켜 상표등록을 했는데, 전 세계적으로 그 로고가 끈 인기는 십자가의 인기를 따라잡을 정도였다. 사실 원래의 웃는 얼굴은 광고업에 종사하던 미국인 하비 볼Harvey R. Ball이 처음 만들었다. 하지만 그것은 돈이 섹스보다 더 섹시해지기 전인 순진한 1964년의 일이었다. 그랬으니 볼은 그 상징을 등록할 생각을 전혀 하지 않았고, 그가 받은 대가는 고작 45달러였다. 광고인이기는 하지만 구식 남자인 볼은 엄청난 소득을 쓸어 담을 기회를 놓친 데 대해 기분이 어떠냐는 질문을 받자 스토아 철학자와 비슷한 대답을 했다. "이봐요, 내가 먹어봤자 한 끼에 스테이크 하나 이상 더 먹겠어요?"

이런 사태 변화가 모두 합쳐져 가치의 변동을 만들어냈다. 안정성보다는 변화를 더 좋아하고, 성취보다는 가능성을, 올바른 평가를 하기보다는 기대를, 개별성보다는 협동을, 충성심보다는 기회주의를, 관계보다는 거래를, 성숙함보다는 유아적 성향을, 참여보다는 수동성을, 적응보다는 회피를, 의무보다는 권리 요구를, 내향성보다는 외향성을, 걱정보다는 쾌활함을 더 높이 평가하는 분위기이다.

왼쪽에서는 권리 요구란 당연한 것이라는 생각에, 오른쪽에서는 가능성의 휘황한 빛에 홀리게 되면, 욕구 충족이란 기본권일 뿐만 아니라 당연히 주어져야 하는 것이며, 그것에 도달하는 데는 그저 쇼핑센터에서 에스컬레이터를 타고 올라가는 것처럼 생각이나 노력이나 인내심을 들이지 않아도 된다고 믿기 쉽다.

문제는 이 변화들이 모두 예후가 좋은 것처럼 보인다는 것이다. '자유'는 가장 크게 영감을 불러일으키는, 또 현대 사회의 심장부를 차지하고 있으면서도 공격받을 여지가 없는 단어가 아닌가? 가능성이라는 의미는 곧 행복의 본질이 아닌가? 우리는 스스로 변화할 의무가 있지 않은가? 타인들에게서 바라는 그대로 우리는 타인들을 대해야 하지 않는가?

하지만 원래 정부에 참여할 자유라는 의미이던 자유가 이제는 정부의 개입에 저항할 자유를 뜻하게 되었다. 개인적 가능성이란 실로 삶을 살 만한 것으로 만드는 데 필요하지만, 삶에 필요한 것은 내면적 가능성이다. 그에 비해 지금 세상의 가능성은 완전히 외부적인 것으로, 성적 모험, 승진, 쇼핑, 여행 같은 활동에 관련된다. '당신은 자신을 변화시켜야 한다'라는 것은 근본적인 명령이지만, 변화 그 자체를 숭배하라는 뜻은 아니다. 변화는 책임감과 헌신의 필요에 대해 균형이 잡혀야 한다. 쾌활함은 좋은 것이지만, 음울하고 무례한 태도를 좋아하는 사람은 아무도 없지만, 실질적 알맹이가 없이 겉으로만 선의일 때가 많으며, 아이러니, 회의주의, 동의하지 않기 등의 더 깊은 반응을 보일 용기를 빼앗는다. 그것은 열광을 심한 과잉반응으로 보이게 만듦으로써 열정을 가질 의욕마저 잃게 만든다. 가장 심한 문제는 그로 인해 미소 그 자체가 진실하지 못하고 조작된 것으로 보이게 되어, 진지한 표정을 찾으려다 보면 그저 괴물처럼 분노하고 찡그린 얼굴 외에는 남은 것이 없어진다는 것이다.

어찌 해야 할까? 문화를 바꿀 가망은 거의 없다. 자본주의 최대의 강점은 누구든 그것이 구상한 프로젝트로 끌어들여 협동하게 만들고,

각자 재산소유자, 주주, 기업가가 되도록 권장하는 능력이었다. 또 누구나 백만장자가 될 수 있다는 약속에, 최근에는 누구나 유명인사가 될 수 있다는 약속이 추가되었다. 또 다른 힘은 반대자를 흡수하여 반대를 무력화시키는 능력이다. 그렇기 때문에 자본주의는 너무나 손쉽게 노동계급과 동화하게 되었고, 나중에는 1950년대의 비트음악, 60년대의 반문화 운동, 70년대의 펑크족, 더 최근에는 문화 방해 운동◆까지 삼켜버렸다. 어린 소년들의 목을 매다는 재미를 주제로 하는 소설을 출판한다면 혹시 범죄로 처벌될까? 썩기 시작한 두개골에 과꽃 다발을 꽂아 전시하거나 연주회 청중에게 돼지 내장을 내던지거나 살아 있는 박쥐 머리를 물어뜯는다면 범죄자로 처벌받게 될까?[53] 아니, 처벌이 아니라 재산과 명성이 쏟아질 것이다. 실제로 자본주의는 소화되지 않는 식이섬유를 건강 식단에 포함시키는 것처럼 반문화를 찾아다닌다.

이와 비슷하게, TV와 광고는 아이러니한 자기 비하를 써서 반대를 약화시키는 수법을 배웠다. 최근에 가장 성공한 TV 시트콤에는 멍청하고 수동적인 가족이 등장하는데, 그들은 거실에 쭈그리고 앉아 TV를 보는 것 외에 아무것도 하지 않는다. 하지만 물론 자기 집 거실에 앉아 TV를 보는 이 가족을 각자의 거실에서 TV로 보는 시청자 가족들은 자기들이 멍청하고 수동적인 사람들이 아니라 TV 속의 그들보다 더 영리하고 우월하다고 여긴다. 그들은 시트콤의 농담에 걸려든 것이다. 또 광고는 광고물을 패러디하기도 하고, 심지어는 광고라는 생각

◆ culture-jamming movement : 광고감시운동.

자체를 조롱하기까지 한다.

스토아적 미덕의 열쇠

사상가들은 조건형성을 유도하는 세계의 압력에 저항하라고 조언하는가? 아니, 거의 하지 않는다. 사상가들은 기겁하여 경멸하면서 내면으로 물러나는 경향이 있다. 부처가 제시한 해법은 세계를 포기하는 길이었다.

하지만 에픽테투스, 세네카, 마르쿠스 아우렐리우스 등 그리스와 로마의 스토아 사상가들은 현세에 발을 매우 튼튼히 디디고 있는 사람들이었다. 아우렐리우스는 황제였고, 세네카는 부유한 금융업자였는데, 아마 철학책을 쓴 유일한 금융업자가 아닐까 싶다. 에픽테투스는 해방 노예였다. 그들이 활동한 세계는 우리 시대와 비슷한 점이 많은, 세워진 지 오래된 풍요로운 문명이었다. 그들의 글 역시 놀랄 만큼 생생하고, 전혀 오늘날 우리가 연상하는 것 같은 '스토아적'인 분위기가 아니다. 곤경에 처해 우울하게 체념하는 그런 분위기가 아니라는 말이다. 이들은 우울하지도 않았고(세네카: "삶 앞에서 한탄하기보다는 즐기는 편이 더 문명인이다."[54]), 체념하지도 않았고(마르쿠스 아우렐리우스: "삶의 기술은 춤보다는 레슬링과 더 비슷하다."[55]), 곤경을 감내하는 것에 못지않게 번영을 보존하는 데 더 관련이 있다(세네카: "모든 과잉이 일면으로는 해로운 것이지만, 가장 위험한 것은 무한정한 행운이다."[56]).

그들이 주장하기로는, 문제는 풍요가 그 자체로 나쁜 것이 아니라 자만심이나 경멸, 원한, 조급함, 성급함, 무엇보다도 더 많은 부에 대한 욕망 같은 성격적 결함을 조장하는 것이다. 아무리 많아도 결코 충분치 않다고 느끼게 만드는 광기가 어떤 것인지 그들은 너무나 잘 알고 있었다. 에픽테투스는 이를 물을 아무리 마시더라도 갈증이 가시지 않는 열병의 증세에 비유했다. 세네카는 정복할 새 영토를 원하는 알렉산더 대왕의 채울 길 없는 욕망을 예로 들었다. "그는 여전히 대양을 건너 태양 아래에서 나아가고 싶어한다."[57] 예나 지금이나 문제는 풍요로운 사회가 가진 가능성이라는 마법이다. 세네카의 말을 들어보자. "삶에 있는 가장 큰 장애물은 기대이다. 그것은 내일에 의지하여 오늘을 허비한다."[58] 그러니, 스토아학파의 글에는 공공연히 21세기를 위해 쓰인 것처럼 관심 추구, 쇼핑, 분노, 화내기, 목적 그 자체가 되어버린 여행의 무용성("여기 있는 것들도 언덕 너머나 바닷가에 있는 것들과 전혀 다르지 않다."[59])을 상기시키는 내용이 잔뜩 있다.

스토아적 미덕의 열쇠는 거리 두기, 혹은 초연함이다. 그런 방법으로 세계에 영향을 줄 수는 없을지 몰라도 적어도 자아에 미치는 세계의 영향을 줄일 수는 있다. 하지만 이 거리 두기의 목적은 경멸하려는 것이 아니라 이해하려는 데 있다. 또 체념도, 운명론적인 무관심도 아니다. 스토아적인 전략은 경험을 기피하는 것도 수동적으로 받아들이는 것도 아니며, 그것을 어떻게든 활용하려는 데 있다. "우리의 내적 힘이 본성에 진실하다면, 그것은 항상 상황이 제공하는 가능성에 적응할 것이다. 미리 결정되어 있어야 할 것은 하나도 없으며, 기꺼이 타협할 자세가 되어 있다. 장애물은 활용할 수 있는 재료로 전환된다. 쓰레기 더미를 집어삼키는 모닥불과 같은 것이다."[60] 물론 불평할 생각은 전혀 없다. 에픽테투스는 말했다. "우리 활동의 올바른 목표는 자기 삶에서 슬픔과 비탄과 '아야' 라든가 '불쌍한 아무개' 따위의 비명을 없 애는 방법을 훈련하는 것이다."[61] 하지만 머그잔에 써둘 만한 금언을 만든 것은 아우렐리우스이다. "모방하지 않는 것이 최고의 복수다."[62]

불행하게도, 세상에서 어찌 살아가야 하는지에 대한 이 충실한 성찰 은 기독교가 지상에서 행복해질 가능성을 거부한 덕분에 천 년 이상 망각되어왔다. 하지만 흔히 누구보다도 비현세적인 인간으로 여겨져 온 그리스도는 실상은 세상에 대해 매우 관심을 가졌고 그것을 어떻게 상대해야 할지 쓸모 있는 조언을 많이 한 사람이었다. 먼저 그는 가족 과 종족에 대한 충성을 거부하면서 그에 대해 놀랄 만큼 일관성 있게 분노했다. "한 사람의 적은 그의 가족 내에 있을 것이다."[63] 다음으로 그는 바리새인, 율법학자들이라는 현상을 검토했다. 이들은 권력은 갖 고 있지만 권위는 없는 사람들이었다. 이 두 가지는 매우 중요한 구분 이다. 권위는 존경을 받고 권력은 그것을 요구한다. 권위는 겉치레가 필요 없고 권력은 거창한 의상이 필요하다. 권위는 솔직하고 권력은 비밀주의이다. 권위는 열린 마음이고 권력은 닫힌 주먹이다. 그래서 마태오는 그리스도에 대해 이렇게 말한다. "그는 율법학자들과 다르 게, 권위를 가지고 가르쳤다."[64] 율법학자들은 원리가 아니라 율법을 믿었고, 업적보다는 지위를, 덕성보다는 위선을 믿었다. 그래서 그들 은 항상 그리스도를 관습법에 끌어넣고, 그가 규제를 위반하게 만들려 고 애썼다. 그리고 그리스도는 항상 율법을 거부하고 모든 경우에 자 신은 제1의 원리에 따라 판단한다고 주장했다. 양이 안식일에 함정에 빠진다면 그대는 일하지 말라는 금지를 따를 것인가, 아니면 양을 끌어닐 것인가?[65] 그는 계속하여 위선을 비난했는데, 이는 신약성서의 주요 테마인데도 기독교도들은 이를 거의 언급하지 않는다.

그리스도와 바리새인들 간의 갈등은 언제라도 의미 있는 문제이다. 어떤 시대나 문화에도 바리새인은 있게 마련이기 때문이다. 빈민도 그렇지만 바리새인이 없는 곳은 없다. 그들이 권력을 쥐거나 사회 주류의 이데올로기를 규정하는 일은 별로 없지만 어떤 체제든 섬기고 어떤 계획이든 이행한다. 그들은 같은 시민이던 유대인들을 나치에게 잡아다 바친 프랑스 공무원들이며, 이웃을 배신하여 비밀경찰에 고발한 공산당원들이고, 20세기의 막바지에 정치적 올바름을 내세운 청렴 강직한 열성당원들이다. 또 모임이 있을 때마다 비판적 독립을 주장하며 큰 목소리로 장황하게 떠들지만, 공식 노선을 벗어나는 일은 절대로 하지 않는 동료들이다.

바리새인들은 문화적 규범의 가장 중요한 전달자에 속하며, 새로운 가치가 주도권을 잡으면 전혀 힘들이지 않고, 또 그런 줄을 미처 의식하지도 못하는 채로 새로운 가치로 갈아탈 것이다. 그래서 그들은 두 가지 의미의 PC*로 살기를 배웠다. 여러 세기 동안 그들은 엄숙하게 굴었지만, 지금 그들은 유머감각이 없는 것은 여전한데도 직업적 쾌활함을 발휘하고 있다. 그리스도가 알고 있었듯이, 그들은 절대로 패배하지 않는다. 항상 권력을 쥐고 있고 공식적 이념을 선전하며 공식적 절차에 따르기 때문이다. 이에 대해 그리스도는 "그러므로 카이사르의 것은 카이사르에게 돌리라"라고 조언했다.[66] 권력에게는 꼭 필요한

◆　정치적 올바름과 직업적 쾌활함.

최소한의 것만 주고 더 이상은 주지 말라.

바리새인은 에리히 프롬이 '권위주의적 성격'이라 규정한 유형의 인간이다.[67] 이런 유형은 권력 그 자체를 숭배하며 권력자를 존경하고 약자를 경멸한다. 그들의 방향성은 사도마조히즘적이다. 위로는 아부하고 아래로는 짓밟는다. 이 유형은 권위를 지니고 있으면서도 권력을 추구하지 않고 권력이 필요하지도 않은 인물을 두려워하고 혐오하고 탄압하려 한다.

이런 생각, 불가피한 곤경을 이용하는 데 대한 스토아식의 믿음, 법규보다는 원리에 의거하는 도덕성을 강조하는 그리스도, 권력의 사도마조히즘적 성격에 대한 프로이트 식 이해 등이 20세기 중반에 한데 합쳐져서 실존주의가 되었다. 실존주의는 자아와 세계의 관계를 완전하게 고려한 극소수의 철학적 운동 가운데 하나이다.

실존주의의 핵심 개념은 개인의 책임감이다. 사르트르의 표현을 보자. "인간은 자신의 본성과 선택에 대해 전적으로 책임을 진다."[68] 하지만 이것이 물러나고 스스로 고립되도 좋다는 핑계는 아니다. 그와 반대로 그것은 개인 관계로부터 어떤 집단의 가입 자격에 이르기까지 모든 층위에서 참여를 필수적인 것으로 만든다. 책임감이란 물러서는 일 없이 선택권을 행사하라고 요구하는데, 이는 고통스러울 때가 많기는 해도 여건과 자아를 초월하는 유일한 길이다.

하지만 모든 선택은 유한한 결과를 낳으므로, 그것을 넘어서고자 하는 영원한 기대 속에서 살아가야 한다는 것은 물어볼 필요도 없이 뻔한 사실이다. 실존주의자의 원형인 쇠렌 키르케고르는 이렇게 썼다. "이는 가능성의 절망이다. 자아의 눈에 가능성은 점점 더 크게 보이게 되며, 점점 더 많은 것이 가능해진다. 아무것도 실현되지 않기 때문이다. 결국은 모든 일이 가능할 것 같다."[69] 키르케고르는 자아에는 필연성과 가능성의 균형이 필요하다고 주장했다. 그것은 필연성이 지나치게 많으면 질식할 것이고 가능성이 지나치게 많을 때는 증발할 것이다. 모든 역사에 걸쳐 필연성이 압살되는 것이 흔히 있는 문제였지만 현대의 자아는 무한한 가능성 때문에 미칠 지경이 되어간다. 필연성의 거부는 현대의 질병이다.

사르트르는 가능성이 아니라 유한성을 자유의 본질로 규정했다. "유한하다는 것……은 다른 가능성들을 배제하면서 어느 하나의 가능성으로 자신을 투사함으로써 자신이 어떤 존재인지를 스스로에게 알리도록…… 선택하는 것이다."[70] 하지만 그렇게 선택된 유한성은 반드시 전면적으로 받아들여져야 한다. 항상 끝까지 따를 필요가 있다. 이런 책임감의 수행에서 비탄이 설 자리는 없다. "외부의 그 어떤 것도 우리가 어떤 것을 느끼는지, 무엇을 살아가는지, 우리가 어떤 존재인지를 결정해주지 않으니, 불평이란 무의미하다."[71]

그러므로 일어나는 일을 활용하라는 스토아 스타일의 주장은 핵심 신념의 지위로까지 승격되었다. 어떤 곳에 존재하게 되었든 간에 그대는 그곳에서 뭔가를 얻어낼 수 있다. 실제로 그렇게 하는 것은 의무이다. 사르트르는 사회적 역할과 문화적 조건을 수동적으로 받아들이는 태도는 '나쁜 신념', '정통성'의 결여, "난 원래 이래"라는 게으른 핑계라고 비난했다. 자아는 끊임없이 만들어져야 하며, 이런 만듦이 자아를 초월하는 길이 된다. 삶은 영원한 자기 초월이다.

타인들과의 관계에 대해 말하자면, 결정적인 요인은 개인의 자유이다. 그러므로 사랑에서는 항복하는지 항복을 요구하는지, 마조히즘인지 사디즘인지 하는 문제가 없다. 어떤 형태이든 약간의 권력투쟁의 요소가 없는 관계가 성립하기는 힘들고, 파트너의 자율성이 항상 존중되는 관계가 이상적 관계다. (하지만 이 이상을 준수하다 보면 영원한 축복이 아니라 영원한 갈등이 빚어진다.) 위험과 모험은 피할 수 없는 일이지만 관계에 강렬한 느낌을 준다. 그리고 실존주의의 목표는 고요함보다는 강렬함이다.

이와 비슷하게 집단 관계에서는 사르트르가 '우리-의식us-consciousness' 이라 규정한 집단의 에토스ethos에 굴복하는 일, 그리고 타인의 자유를 복종시키기 위해 권력을 사용하는 일은 없어야 한다. 사랑에서처럼 집단에서 권력의 행사는 흔히 사도마조히즘적이곤 하다. 권위주의적인 바리새인들이 대개 요구하는 것은 계층 질서에 대해, 규제와 절차에 대해 고분고분하게 굴라는 것이다. 하지만 그들이 실제로 가장 절실하게 바라는 것은 내면적 자유까지 굴복시키는 것이다. 따라서 자기들이 얻는 것이 외면적인 순종뿐이라는 데 대해 그들은 항상 좌절감을 느끼고 있을지도 모른다. 이것은 실존주의자의 승리, 카이사르에게 속하는 것만 카이사르에게 돌려줌으로써 확보되는 비밀스러운 자아와 개인의 자유이다.

따라서 실존주의는 팀플레이어의 유연성을 거부하고, 가능성보다는 확정성을 강조하며, 무슨 일이 일어나든 그것을 활용하도록 조언하고 어려움을 끌어안는다. 거기서 강렬함이 생기기 때문이다. 그러니 어찌 이 철학이 인기가 있겠는가.

또 다른 핵심 개념은 부조리인데, 이것 역시 스토아 사상의 연장이다. 삶이 무의미하고 하찮은 것이라면 그것은 부조리하다. 따라서 지금 역시 철학적 의미에서의 부조리의 시대이다.

항상 엄숙하고 불길해 하던 사르트르에게 부조리는 비극적이고, 심지어는 자살을 정당화하는 것이며, 행복과는 확실하게 양립하지 못한다. 하지만 알베르 카뮈는 행복이 가능할 뿐만 아니라 부조리와 공생적으로 연결되어 있다고 보았다. 행복과 부조리는 서로를 강화해줄 수 있다. "행복과 부조리는 같은 땅의 두 아들이다. 그것들은 서로 분리될 수 없다. 행복이 반드시 부조리한 발견에서 솟아난다고 말한다면 잘못이겠지만, 부조리한 감정이 행복에서 솟아나는 수도 있다."[72]

카뮈는 이를 시시포스의 상황에 적용했다. 시시포스는 바윗덩이를 언덕 위로 굴려 올리는 영원한 처벌을 받았는데, 이는 살기 위해 일해야만 하는 모든 이들이 깊이 공감하는 신화이다. "시시포스는 신을 부정하며 바윗덩이를 밀어 올리는 더 높은 수준의 충실성을 가르친다. 그 역시 모든 것이 좋다고 결론짓는다. 그럼으로써 주인이 없는 이 우주는 그에게는 불모不毛도, 무용지물도 아닌 것으로 보인다. 그 바위의 모든 분자는, 밤이 내려앉은 산의 모든 광물 부스러기는, 그 자체가 하나의 세계를 형성한다. 고지를 향해 나아가는 투쟁 그 자체가 한 인간의 심장을 가득 채우기에 충분하다. 우리는 시시포스가 행복하다고 생각해야 한다."[73]

그렇기는 한데, 애석하게도 실존주의자들은 유머감각이 전혀 없었다. 《시시포스의 신화Le Mythe de Sisyph》는 부조리를 다룬 카뮈의 고전적 저작이지만, 거기에도 불길하게 느껴지는 순간들이 있다. 특히 자살을 다루는 부분이 그렇다. 사실 카뮈의 죽음도 그에 어울리게 부조리했다. 원래는 기차편으로 마르세유에서 파리로 돌아가려고 했던 카뮈는 그의 편집자가 함께 차를 타고 가자고 하자 승낙했다. 도중에 그 차는 길을 벗어나서 나무에 충돌해버렸다. 그리하여 카뮈는 호주머니에 기차표를 넣은 채 자동차에서 죽었다. 부조리 작가가 썼을 만한, 다른 누군가가 가는 길에 함께 가기로 승낙했다가는 어떤 일이 일어날 수 있는지를 빗대는 우화 같은 결말이 아닌가.

카뮈가 죽었으니, 사르트르와는 반대되는 결론을 끌어내는 것은 이제 다른 작가들의 몫으로 넘어갔다. 부조리함이 비극이 아니라 희극이며, 삶을 거부할 이유가 아니라 그것으로부터 이상하지만 새로운 자양분과 풍미를 끌어내는 원인일 수 있다는 결론은 다른 사람이 끌어내야 하는 것이다. 사뮈엘 베케트Samuel Beckett의 희곡에 나오는 한 배역은 이렇게 말한다. "전능하신 분을 창대하게 만들려면 그의 사소한 장난을, 특히 빈약한 장난을 비웃는 것 외에 달리 어떤 방법이 있겠는가?" 그 배역은 《행복한 나날들Happy Days》이라는 희곡(달리 어떤 제목을 붙일 수 있겠는가?)에 나오는 위니인데, 그녀는 처음에는 허리까지 파묻혔다가 다음에는 목까지 묻힌다. "아, 행복한 하루예요!" 그녀는 소리친다. "또 하루가 행복한 날이 될 모양이에요!"[74]

chapter 4
행복의 심리학

삶은 만족에서 만족으로 나아가는 전진이 아니라 욕망에서 욕망으로 나아가는 길이라는 것이다. …… 어느 한 가지가 얻어지자마자 곧 거기에 익숙해지고 그것을 당연한 것으로 받아들이며 그 다음 것을 원하게 된다.

원하는 것은 무엇이든 가질 수 있고 어떤 사람이든 원하는 대로 될 수 있다. 가능성과 성취와 보상에는 한계가 없다. 우주는 끝없이 돌아가는 상품의 컨베이어 벨트이다. 그런 것이 매년 《너무 많은 것의 기쁨:거창한 삶을 지향하라—위대한 직업, 완벽한 남자, 당신이 원했던 것 이상의 모든 것들*The Joy of Much Too Much: go For The Big Life—The Great Career, The Perfect Guy, And Everything Else You've Ever Wanted*》 따위의 그럴듯한 제목을 단 책들을 쏟아내는 자기계발 산업의 유혹적 주장이다.

책표지는 총천연색이며 제목은 욕심꾸러기처럼 길고 어조는 미친 듯이 쾌활하다. 이런 논의에는 기본 가정이 셋 있다. 첫째, 성취는 현세적 성공의 결과이다. 둘째, 성취를 달성하기 위한 기본 3단계 이론이 많이 있다. 셋째, 처방된 단계를 충실히 밟아나간다면 누구나 사람 손이 닿지 않은 광대한 잠재력을 발견하게 된다는 것이다. 자기계발을 설파하는 책들은 성취가 쉽다는 착각을 키웠다는 비난을 어느 정도는 받아들여야 한다.

자기계발 책들의 쾌활함에 싫증이 난 나머지 거꾸로 모든 심리학을 경박하고 무가치한 것으로 간주하여 퇴짜 놓는 태도가 조장될 수도 있다. 하지만 진지한 심리학이 전하려는 메시지는 자기계발 책들과 정반대이다. 성취는 결코 쉬운 일이 아니며, 지쳐 나가떨어질 정도로 어렵다는 것이다. 자아의 이론가들은 이해와 변신을 주장하지만 심리학은 그것이 얼마나 어려운 일인지를 보여주었다. 스스로를 이해하려고 노력할 때마다 자기기만과 자기 정당화와 독선을 교활하게 활용하는 이드가 전투적으로 반대할 것이다. 이드의 관점에서는 그 어떤 부조리한 착각도 받아들일 수 있고, 그 어떤 비합리적인 자기 정당화도 지나치지 않으며, 아무리 독선적으로 굴어도 극단적이라 비난할 것까지는 없어 보인다.

착각

행복이라는 관념 자체에서 착각은 시작된다. 각자가 행복하다고 느끼는 수준을 1에서 10까지의 단계로 나눌 때, 어디에 사는 누구든, 나이, 성별, 사회적 지위나 재산에 상관없이, 모두 자신이 5 이상이라고 말한다. 더욱 이상한 것은 다들 미래에는 더 큰 행복이 기다리고 있다고 확신한다는 것이다. 미국의 심리학자 조너선 하이트Jonathan Haidt는 그게 무엇이든 진정으로 바라는 것에 관해서는 항상 이와 비슷한 착각이 있다고 주장한다. 유럽인과 미국인 대부분은 덕성, 지성, 성적 능력 등 모든 분야를 포괄하는 광범위한 재능에 관한 평가에서 자기들이 평균 수준 이상이라고 본다. 이 테스트 결과를 보니 내 친구들 가운데 자존심이 강한 교수들이 생각났다. 하이트도 대학교수들에 대해 말한다. "우리 중의 94%는 자신이 평균 수준 이상으로 잘하고 있다고 생각한다."[75] 나도 이 94%에 포함된다. 또 알고 보면 교사들은 학생들보다 착각이 더 심하다. 학생들은 자기들이 평균 이상이라고 생각하는 비율이 70%밖에 안 되니 말이다. 또 다른 골치 아픈 문제가 있다. 내 동료들 대부분은 자기가 지독하게 재미있는 사람이라고 믿고 있다는 것이다. 모든 사람은 자기가 평균 이상의 유머감각이 있다고 믿는다.

하지만 예외는 있다. 하이트는 동아시아 국가들에서는 자신이 진정 무엇을 원하는지 착각하는 일이 적다고 주장한다. 일본에서는 그런 착각이 아예 없을 수도 있다. 이것이 불교문화가 주는 자비로운 영향의 증거인가, 착각을 물리치고 자아에 대한 집착을 줄이도록 한다는?

하지만 우리가 과대평가하는 것은 자기 자신의 장점뿐이다. 타인들의 덕성에 대해서는 현실적으로 판단한다. 심리학자인 니컬러스 에플리Nicholas Epley와 데이비드 더닝David Dunning은 사람들에게 돈을 걸고 하는 게임에서 자기들이 이기적으로 행동할지 협동적으로 행동할지 예측해보라고 했다. 어떤 결과가 나왔을까. 84%는 협동적으로 행동할 것이라고 주장했다. 하지만 다른 사람들이 그렇게 할 것이라는 예측은 64%에 그쳤다. 그리고 실제로 협동적으로 행동한 것은 61%였다.[76] 부처와 그리스도가 거듭 말했듯이 우리는 위선자이다.

심리학자들이 발견한 내용 가운데 많은 것이 종교와 철학 사상가들의 통찰력을 뒷받침한다는 데서 최소한 위안을 찾을 수는 있다. 성공과 풍요만으로는 행복해지지 않는다는 결론이 그러하다. 물론 아리스토텔레스가 인정했듯이 어느 정도의 풍요는 기본적인 것을 마련하는 데 필요하지만, 그 이상이 있다고 해서 만족감이 더해지지는 않는다. 전문가들이 소득에 따른 행복감의 수준을 그래프로 만든 것이 있다. 이 그래프는 처음에는 가파르게 상승했다가 평평해진다. 어느 지점을 지나고 나면 더 많이 가져봤자 아무런 차이가 없다. 여러 나라 간의 등가 그래프도 있다. 그 그래프는 행복 수준이 처음에는 경제 발달 단계에 비례하여 상승했다가 곧 완만해지는 것을 보여준다. 그러므로 부가 늘어난다고 해도 개인이나 국가 수준의 행복에는 별 도움이 안 된다. 시간대에 상관없이 같은 현상이 관찰될 것이다. 지난 몇 세기 동안 서구의 부는 증가했지만 행복은 그에 상응하여 증가하지 않았다.[77]

또 부처와 스피노자가 주장했듯이, 지금 당장의 만족을 원하는 욕구에 저항하는 것이 더 장기적인 충족감을 가져올 수 있다는 증거도 있다. 1970년에 월터 미셸Walter Mischel은 네 살짜리 아이들 앞에 마시멜로를 담은 접시를 놓고 실험을 한 적이 있다. 그는 아이들에게, 자신이 잠시 방을 비울 텐데 돌아올 때까지 마시멜로에 손대지 않은 사람에게는 그 보상으로 한 사람당 하나가 아니라 두 개를 줄 것이라고 말했다. 아이들 중의 3분의 1가량은 마시멜로를 그 자리에서 먹어치웠고, 3분의 1은 잠시 참아보려 했지만 다양한 시간차를 두고 유혹에 굴복했으며, 3분의 1은 끝까지 기다려 두 배의 보상을 받는 데 성공했다. 15년 뒤에 미셸이 그 아이들에 대해 조사해보았더니, 자제력이 있었던 아이들은 교육면에서나 성격적으로나 모든 면에서 더 성공해 있었다. 만족을 유보하지 못했던 아이들은 성취도가 낮았고 마약이나 알코올중독 문제를 겪는 경우가 더 많았다. 또 흥미 있는 일은 그들이 폭력배가 된 사례가 많았다는 것인데, 이는 권력에 대한 욕구란 채워지지 않는 것에 탐닉하는 일종의 탐욕이라는 것을 확증해주는 사례다. 조사를 더 진행해나가자 자제력 있는 아이들의 핵심적 재능은 의지력이라기보다는 거리 두기라는 사실이 밝혀졌다. 즉 눈앞에 있는 맛있는 것보다 다른 것을 생각할 줄 아는 능력이 중요한 것이다.[78] 네 살짜리 아이들 중의 3분의 1이 어린 부처라는 사실은 고무적이다. 하지만 이 고전적인 실험이 행해진 때는 1970년이었고, 광적인 소비의 시대가 시작되기 직전이었다. 오늘날의 네 살짜리 아이들이라면 아마 마시멜로를 마구 집어먹고 나서는 마시멜로는 맛이 없다고 투덜댈 것이다.

또 다른 실험들에서는 가진 것이 많을수록 원하는 것도 더 많아진다는 해묵은 통찰력이 확인되었다. 삶은 만족에서 만족으로 나아가는 전진이 아니라 욕망에서 욕망으로 나아가는 길이라는 것이다. 경제학자 리처드 이스털린Richard Easterlin은 젊은이들에게 각자 좋은 삶을 위해 필수적이라고 생각하는 소비재를 말해보라고 했다. 16년 뒤 그는 같은 사람들에게 같은 질문을 했다. 결과만 말하자면, 그들은 욕망의 사다리에서 더 높이 올라가 있었다. TV, 자동차, 집, 해외 휴가 여행, 수영장, 별장 등등. 그리고 도달한 곳이 어디이든 항상 그 다음 항목이 있어야 행복해질 수 있을 것 같다. 어느 한 가지를 얻자마자 곧 거기에 익숙해지고 그것을 당연한 것으로 받아들이며 그 다음 것을 원하게 된다.[79]

이 연구는 소비재에 대한 태도만 조사했지만, 그 효과는 바람직한 모든 것에 적용된다. 복지 혜택이나 봉급 인상, 승진, 휴가, 미식美食, 섹스에 대해서도 마찬가지다. 쇼펜하우어는 이렇게 말했다. "소유함으로써, 혹은 소유에 대한 기대만으로도 우리의 요구는 즉시 증가하며, 이것은 더 큰 소유와 더 큰 기대를 하는 우리의 능력을 증가시킨다.…… 뭔가 바라던 것을 얻는 순간 그것이 얼마나 무의미한 것인지를 알게 된다."[80] 심리학자들은 이것을 '적응', '습관화', '쾌락주의의 쳇바퀴'라 부른다.

자기 정당화의 재능

부정적인 적응도 있다. 우리는 불쾌한 일을 더 줄일 수 있다면 덜 불행해질 것이라고 생각한다. 하지만 그런 일을 줄일수록 점점 더 줄이고 싶어진다. 지독하게 과로한다고 느낄 때, 일감을 줄이는 데 성공하더라도 곧 다시 지독하게 과로한다는 느낌이 올 때 일어나는 일이다. 사실 구원에 대한 기대는 일을 더 적게 해도 되는 상황이 곧 더 심하게 짜증나기 때문에 생기는 것일 수도 있다.

습관화는 돈, 물건, 쾌락만이 아니라 명성에도 적용된다고 할 수 있다. 예술가들은 대개 출판, 전시회, 공연 기회 등 그저 소박한 수준의 인정만 원한다고 주장한다. 하지만 그런 수준이 달성되는 즉시 그들은 더 이상을 갈망한다. 상한선은 없다. 굉장한 유명인사도 자신을 인정하지 않는 사람을 한 명이라도 보게 되면 언짢아한다. 이는 기억해둘 만한 취약점이다. 아주 변변찮은 일반인도 찬양에 가담하기를 거부하는 방법으로 유명인사를 화나게 만들 수 있는 것이다.

그러므로 인간의 자기기만 능력은 대단히 크다. 하지만 그보다 더 대단한 능력이 있다. 자기 정당화의 재능은 인간의 진화에서 가장 아름답게 피어난 꽃임이 분명하다. 그것은 인간 두뇌가 달성한 가장 위대한 업적이다. 어떤 행동을 정당화해야 하는 상황이 되면 모든 인간은 아인슈타인 수준의 지성과 셰익스피어와 같은 상상력, 예수회 신도 같은 섬세함을 지니게 된다. 내가 특히 강한 인상을 받았던 사례는 아내를 때리는 남편이 했던 변명이다. 그의 아내는 심한 타박상을 입어 병원에 입원해야 할 정도였는데도, 그는 인내심 깊게 그 상처가 자기가 아니라 아내의 극악한 행위 때문에 생긴 것이라고 설명했다. 자기처럼 온화한 영혼의 소유자가 참지 못하고 폭력에 호소할 정도라면 아내가 얼마나 심하게 도발했겠느냐는 것이다. 그는 지적이고 예민한 사람이었고, 정직성, 관용, 여성에 대한 사랑의 시로 유명한 시인이었다.

50년도 더 전에 레온 페스팅거Leon Festinger라는 심리학자가 자기 정당화의 고전적인 실험을 행한 바 있다. 어떤 종교집단이 비행접시가 1954년 12월 20일 자정에 당도하여, 참된 신도들을 세계의 종말로부터 구해낼 것이라는 믿음을 퍼뜨렸는데, 페스팅거는 그 단체에 몰래 들어갔다. 많은 신도들이 직장도 버리고 저축한 돈을 바쳤으며, 12월 20일 저녁에 지도자 주위에 모여 구원을 기다렸다. 자정이 되었고, 아무런 우주선도 오지 않은 채 시간이 지나가자 당연히 다들 상당히 걱정하기 시작했다. 하지만 오전 4시 45분에 그 지도자는 마침내 무슨 일이 일어났는지 알아냈다. 진정한 신도들의 불굴의 신앙 덕분에 세계가 파괴를 모면한 것이다. "지구상에 시간이 시작된 이후 이 방을 지금 가득 채우고 있는 것처럼 강한 선한 힘과 빛은 있은 적이 없다."[81] 할렐루야! 황홀경에 빠진 집단은 언론에 연락하여 기적이 일어났다고 전하고, 불신하는 세계를 전도시키려고 길거리로 몰려나갔다.

그러니 반박 불가능한 증거를 들이대도 그것으로는 착각을 무너뜨리지 못할 뿐만 아니라 실제로는 오히려 거짓 믿음을 보강하고 강화할 수도 있다. 이런 정신적 잔재주의 순환 운동이 이룬 놀라운 위업에 대해 페스팅거는 '인지부조화cognitive dissonance'라는 칙칙한 용어를 고안해 냈다. 서로 조화하지 않는 두 가지 신념을 감당할 수 없는 정신은 둘 중에서 더 불편한 쪽을 그냥 없애버린다. 그리고 그 뒤로는 상충하는 증거는 무비판적으로 거부하고, 확인해주는 증거는 무비판적으로 받아들인다. 어떤 쪽으로도 증거가 없는 상황 역시 확인으로 받아들인다. 이 사실을 나는 직접 알아냈다. 북아일랜드 사태가 발생했을 때 어떤 의기양양한 민족주의자 집단 하나가 내게 IRA가 성공적으로 활동한 결과 그 지역 병원 영안실이 탄환 자국으로 벌집처럼 된 영국군의 시신으로 넘친다고 알려주었다. "하지만 TV나 신문에서는 그런 이야기가 전혀 없었는데"라고 나는 반박했다. 그들은 이 순진한 대답을 경멸시하면서 웃어댔다. "바로 그게 문제라니까."

자기 정당화를 할 수 없을 정도로 까다로운 정신적인 묘기 따위는 없다. 기억의 왜곡은 그중에서는 쉬운 재주에 속한다. 모든 독재자가 알고 있듯이, 미래를 바꾸고자 하는 자는 먼저 과거부터 바꾸어야 한다. 그러니, 미래를 감당하는 능력은 과거에 극복된 문제점들을 과장함으로써 고무된다. 그 때문에 부모들이 아이들을 윽박지르거나 무시했다고 비난하는 수법이 인기를 얻는 것이다. 그렇게 하면 아이들이 더 유능해 보일 뿐 아니라 미처 해결되지 않고 남아 있는 부족한 점들도 부모들 탓으로 돌리기에 편리한 방법이기 때문이다. 과거의 나쁜 행실도 물론 편리하게 감춰진다. 니체는 이 사실을 알았다. "'난 그렇게 한 적이 있다.' 내 기억은 말한다. '난 그런 일을 했을 수가 없다.' 내 자부심은 이렇게 말하고, 더 이상 굽히지 않는다. 결국은 기억이 항복한다."[82]

아무리 괴상망측하고 터무니없는 것일지라도 기억을 창작하는 일은 왜곡하는 것보다 조금밖에 더 어렵지 않다. 자신들이 외계인에 의해 납치되었다고 진심으로 믿는 미국인들이 수백만 명 있다.[83] 이런 '경험자들' 수백 명을 정신과 의사인 수전 클랜시Susan Clancy가 인터뷰했는데, 그들에게서 모두 똑같은 양식을 발견했다. 그들은 모두 정신적 불행과 기능장애로 시달렸는데, 잠자다가 놀라운 경험을 했다. (이는 사실 수면마비sleep paralysis라 알려진 현상이다.) 그들은 이것을 납치 이야기로 설명했다. 그들이 처음에 겪었던 어려움도 외계인들 때문이었다. 성 불능으로 고통을 겪어오던 한 여성은 이렇게 설명했다. "나는 이 증세가 그들이 내게 한 짓 때문임을 안다. 어렸을 때부터 나는 그들의 성적 실험 도구였다."[84] 이것은 책임 회피의 극단적인 방식이지만, 부모 탓을 하는 것보다는 피해가 적을지도 모른다. 외계인들이 클랜시의 인터뷰 소식을 듣고, 자신들은 죄 없는 희생자이니 미국을 침공할 전적으로 정당한 이유가 있다고 생각하지 않는 한 별 문제는 없지 않겠는가.

경험자들은 물론 과학적 설명에 대해서도 잘 알고 있지만, 이를 맹렬하게 거부한다.("신을 걸고 맹세하는데, 누가 수면마비라는 이야기를 한 번만 더 한다면 난 토해버릴 거다.") 이런 거부를 대단하게 뒷받침해주는 것이 동료 경험자들과 어울리면서 이야기를 나누는 것이다. 정당화란 집단 수준에서도 작동하는 것이니 말이다.

사르트르가 묘사한 '우리-의식'은 '우리'가 행한 일이면 무엇이든 정당화하고, '그들'이 행한 모든 일을 비난하려는 압도적인 충동을 발생시킨다. 그런 우리/그들의 구분의 기초는 온갖 사소한 차이(또 연구자들이 인위적으로 만든 것)일 수 있지만 그 구분에 오랜 역사가 있을 때는 무척 강한 힘을 발휘한다. 물론 종교는 신에 의해 기름 부음 받은 '우리'와 신에 의해 저주받은 '그들'로 나뉘는, 차별화 중에서도 극단적인 형태이다. 분쟁 지역에서 오래 살아본 사람이라면 누구나 그 구분선을 잘 알게 된다. "그들의 잔학 행위는 항상 우리의 행동보다 더 저질이다." 더 열렬한 집단 옹호자들의 말을 빌리자면, "우리의 잔학 행위란 사실은 우리의 명예를 실추시키려고 그들이 행한 짓이었다."

폭력은 흔히 순환 형태로 진행된다. 즉 제물이 무죄임을 밝히려면 지독하게 굴욕스러운 정당화가 필요한데, 그 정당화가 실제로는 가해자들의 증오와 분노를 심화시키기 때문이다. 따라서 제물이 더 절망적일수록 공격은 더 폭력적이 되며, 더 필사적으로 도덕적 우위를 재확립해야 한다. 독재자들은 예외 없이 자신들을 자기희생적인 애국자로, 밤낮없이 나라를 위해 일하는 애국자로 그린다. 작가인 루이 메낭Louis Menand은 아이티의 악명 높은 장 클로드 베베독 뒤발리에Jean-Claude 'Bébé Doc' Duvalier의 한 놀라운 포스터를 주목했다. "나는 아이티에서 민주주의를 퇴보하지 못하게 확립시킨 인물로 역사의 법정에 서고 싶다. 서명—장 클로드 뒤발리에, 종신대통령."[85]

물론 소설가들은 언제나 자기 정당화의 미묘한 부분을 이해했다. 《전쟁과 평화》에 나오는 작은 일화 하나는 설득력이 어찌나 강력하고 끔찍한지, 다른 전쟁 장면들이 모두 잊힌 뒤에도 오랫동안 기억에 남았다. 보로디노 전투가 끝난 뒤 러시아 군대는 엄숙한 맹세를 읊으면서 모스크바를 나폴레옹에게 넘겨주고 물러난다. 타고 갈 것이 있는 사람은 모두 그 도시에서 달아났다. 속고 버림받은 데 분노한 군중이 모스크바 지사 로스토프친 백작의 관저 밖에 모인다. 이 교활한 관리는 희생양이 필요함을 알아차리고, 병사들에게 당국을 비판하는 호외를 돌리다가 붙잡힌 한 젊은이를 데려오라고 시켰다. 로스토프친은 군중에게 외친다. "이 남자가 모스크바를 잃게 만든 악당이오." 하지만 붙들려 나온 그 젊은이는 불쌍한 몰골이었다. 추레하고 여위었으며 철제 의족을 질질 끌고 있었다. 설상가상으로 그는 정의와 자비를 기대하는 것 같았다. "백작님, 우리를 심판하시는 한 분 신이 계십니다." 그는 꺼져가는 목소리로 애걸했다. 하지만 로스토프친은 감동하여 자비를 베풀기보다는 광기로 돌진했다. "그를 베어라." 그는 부하들에게 고함질렀고, 한 장교가 중얼거리는 소리로 지시를 내리자 한 기마보병이 칼등으로 젊은이의 머리를 내리쳤다. 충격을 받은 젊은이가 고통의 비명을 지르자 자극받은 군중이 그 작업을 끝내버렸다. 그들이 젊은이를 때리고 차서 죽이는 데 정신이 팔려 있는 동안 로스토프친은 관저의 뒤편으로 나가서 '빠른 말'이 끄는 마차를 타고 빠져나갔다.

그 다음에 자기 정당화가 시작된다. 처음에 로스토프친은 자신의 비겁함과 잔인함에 역겨움을 느꼈고, 그 젊은이가 말한 신이 겁이 났다. 하지만 차츰 그는 자신의 행동이 비난할 여지가 없는 것일 뿐만 아니라 공공선을 위해 필요한 일이었다고 스스로를 납득시켰다. 일개 개인이었더라면 다르게 행동했겠지만 지사로서는 관직의 존엄성과 현재 그 소유자의 생명을 지킬 필요가 있었다는 것이다. 얼마 안 가서 그는 그토록 솜씨 있게 일을 처리한 자신을 칭찬했다. 일석이조로 군중의 비위를 맞추고 범죄자도 처벌했으니 말이다. 시골 영지에 도착할 무렵, 그는 '평소의 침착성을 완전히 회복'하고 있었다.[86]

행복의 세트포인트

하지만 모든 일이 정당화될 수 있다면 자기인식이나 자기 변화에 무슨 희망이 있을까? 심리학자들은 착각, 정당화, 독선은 의식 밑에서 작동하기 때문에 성공한다고 지적한다. 일단 인식의 차원으로 떠오르고 나면 그것들은 그 힘을 대부분 잃는다. 물론 이것이 부처, 스피노자, 프로이트가 강조한 이해理解*이다.

하지만 심리학은 일종의 자아의 기본 설정값, 혹은 평형상태인 '세트포인트set point' 내에 변화에 저항하는 또 다른 장애물이 있음을 밝혀냈다.[87] 쇼펜하우어의 규정에 따르면 이것은 '우리의 일차적이고 내재적인 성격'이다.[88] 그리하여 복권에 당첨되는 것처럼 긍정적인 일이든 신체 마비처럼 부정적인 것이든 그 효과는 언젠가는 닳아 없어질 것이다. 극단적인 효과라 하더라도 시한은 기껏해야 1년가량이다. 장애 요소가 그만큼 극단적이지 않으면 그보다 더 빨리 환원된다. 미래의 사건이 미칠 충격에 대한 예상이 항상 과장되는 것은 이 때문이다. 우리는 절대로 예상했던 것만큼 행복하지도, 비참하지도 않다. 다른 말로 하면 우리의 타고난 기질은 항상 그 자신을 다시 주장하고 나온다. 사람들은 거의 무엇에든 적응할 수 있다. 카프카의 《변신Metamorphosis》에서 그레고르는 잠자는 곤충으로 변하는 데 대해 '약간의 불쾌감'만 느낀 뒤, 곧 침실의 천장을 가로질러 행복하게 돌아다닌다.

하지만 그런 세트포인트의 자기복원력에 저항하는 흥미로운 예외가 있다. 긍정적인 예를 하나 들어보면, 성형수술이 가져다주는 장기적인 혜택은 좀처럼 사라지지 않는다고 한다.[89] 한편, 부정적인 측면을 보면, 가령 지나친 소음을 참아내는 방법 같은 것은 아무도 배우지 못한

◆ 지력, 이해력, 오성.

다. 나는 자신을 어떤 막중한 심리적 압박감도 감당할 수 있는 강한 정신력의 소유자로 생각하고 싶지만, 나를 무너뜨리고 싶어하는 사악한 체제가 있다면 나를 그냥 방에 가두어두고 시끄러운 랩음악을 틀어주기만 해도 목적을 달성할 수 있다. 두어 시간만 지나면 나는 제정신을 잃고 아내도, 딸도, 친구도, 내가 소중히 여겼던 그 어떤 이상도 다 내던져버릴 것이다.

이런 세트포인트의 명백한 불변성은 그것이 유전학적으로 결정되어 있다는 주장으로 이어졌다. 데이비드 리켄David Lykken과 오우크 텔레겐 Auke Tellegen은 쌍둥이 수천 쌍을 대상으로 장기적인 기분과 특성을 분석한 뒤, 일란성 쌍둥이의 주관적 행복은 그들이 함께 자랐든 아니든 상관없이 비슷하다고 결론지었다. 하지만 이란성 쌍둥이들은 그렇지 않았다. 리켄의 결론은 분명했다. "각자 나름대로 갖고 있는 행복의 기본값이 보이는 차이는 거의 100%가 유전적 구성에서의 개인차 탓인 것 같다."[90] 그리하여 또 다른 결론이 나왔다. "행복해지려고 노력하는 것은 키가 더 커지려고 애쓰는 것과 같다."《뉴요커 The New Yorker》의 만화에 레저용 옷을 입은 두 중년 남자가 성처럼 만들어진 건물 앞에서 칵테일을 홀짝이고 있는 장면이 있는데, 한 명이 다른 사람에게 말한다. "내가 돈을 모으려고 허비한 시간을 생각하면 울고 싶어진다네. 알고 보니 난 유전적으로 즐겁게 살게 되어 있다는데 말이야."[91]

리켄의 결론에 대해서는 여러 가지 반박이 나올 수 있다. 먼저, 심리학적 세트포인트라는 추상적인 것을 정확하게 측정한다는 어려움이 있다. 다음으로, 그 연구는 세트포인트를 옮기려는 고의적인 시도에 대해서는 고려하지 않았거나 조사도 하지 않았던 것 같다. 연구에 참여한 사람들이 대부분의 사람들처럼 운명론적으로 자신들의 기질을 받아들였을 수도 있겠지만, 그런 기본 설정값을 변경하려는 시도가 넓은 견문을 바탕으로 의식적이고 단호하고 장기적으로 행해진다면 그 효과는 어떻게 될까?

사실 심리적인 세트포인트에 상응하는 신체적인 상태가 있다. 일종의 온도 조절 효과인 평형상태라고 알려진 조절 체계 속에서 우리 신체가 유지하는 생리화학적 평형상태가 그것이다. 하지만 신경생물학자 스티븐 로즈Steven Rose는 이런 평균값은 영구적인 것이 아니라고 설명했다. "한 개인의 생리화학적 구조 속에서 나타나는 순간순간의 동요가 세트포인트 주위에서 미세한 수준에서 진동하는데, 세트포인트 자체도 평생 동안 계속 변한다."[92]

그러므로 만약 신체적 세트포인트가 변할 수 있다면 그 정신적 상응물도 변하지 않겠는가? 성형수술과 소음의 사례는 이미 이것이 가능하다는 증거이다. 또 최근의 어떤 조사에서는 세트포인트가 평생에 걸쳐 U곡선을 그린다고 주장한다. 처음에는 높은 곳에서 시작했다가 중년에는 최하점으로 떨어지지만 그 다음에는 다시 놀랄 정도로 상승하여 유년기의 높은 수준을 회복한다는 것이다.[93]

연령 이외의 다른 요인들도 차이를 낳는다. 종교를 가진 사람들은 신앙이 없는 사람들보다 더 행복하다. 기혼자는 독신자보다 더 행복하다.[94] 하지만 이것은 원인과 결과를 혼동한 것인가? 원래 더 행복했던 사람들이 더 좋은 배우자가 될지도 모른다. 또 국가별로 행복 수준이 다른데, 과거의 공산권 국가들은 최하 수준을 기록했다. 이는 집단적 행복을 추구하려던 프로젝트가 집단적 비참함을 낳았음을 확인해주는 사실이다.

또한, 일부 지위에서는 의미 있는 혜택이 생기기도 한다. 전문직 종사자들은 더 행복한데, 이는 그들의 소득이나 특권이 더 크기 때문이 아니라 자신이 하는 일을 더 잘 통제할 수 있기 때문이다. 그들은 값을 따질 수 없이 귀중한 자율성이라는 선물을 받았으며, 개인적 책임을 자유롭게 행사할 수 있다.

하지만 어떤 형태이든 지위의 중요성은 상대적이다. 다른 모든 사람이 나보다 조금 더 적게 가졌다면 그 차이가 아주 적더라도 우리는 행복해진다. 또 이 차이가 없어지거나 뒤집힌다면 비참해질 것이다. 따라서 노동조합의 저항은 '차별화의 축소'라는 점에서 정당한 일이었다. 차별화란 진실로 뼈아픈 괴로움이다. 봉급 인상이 오히려 직원들을 분노로 울부짖게 만들 수도 있는 이유는 이것으로 설명된다. 같은 반열에 있는 누군가가 더 많이 받는다면, 그보다 인상 폭이 작은 사람은 그만큼 가치가 없다는 정도가 아니라 모욕을 당하는 것이다. 문제는 돈이 아니라 그것이 상징하는 서열이다. 예전에는 돈이 지위를 사는 데 사용되었지만 이제는 그것이 곧 지위이다.

하지만 인간 심리에서 단순한 것은 거의 없다. 올림픽 메달리스트들을 조사해보니 동메달리스트가 은메달리스트들보다 더 행복한 경향이 있었다.[95] 어찌 된 일일까? 동메달리스트는 자신과 메달을 따지 못한, 시상대 근처에도 가지 못한 수많은 사람들 사이의 어마어마한 차이만 알 뿐이다. 그에 비해 은메달리스트의 눈에는 한 계단 위에 있는 금메달만 보인다.

그리고, 진정한 구분이 없다면 인위적인 차이라도 만들어져야 한다. 모든 공동체에 사회적 우월성을 기준으로 미세한 등급이 매겨져 있다. 그저 거리나 구역 단위가 아니라 거의 한 집 한 집이 모두 다르다. 장담하건대, 심지어 판자촌에서도 치명적인 속물주의는 존재한다. 초기에 정착한 자들은 자신들을 귀족으로, 신참자들을 쓰레기 같은 존재로 여긴다.

권리 요구의 시대에 모든 사람은 자기 이외의 모든 사람들보다 더 우월하게 보이고 싶어한다. 하지만 우월함의 전통적 표시인 태생이나 부, 전문적 지위, 배타적 거주 구역 등은 정의하기 힘들거나 획득하는 것이 불가능하다. 새로운 형태의 우월성을 확립하는 것이 해결책이 된다. 예를 들면 쿨하게 행동하는 사람은 쿨하지 못한 대중에 비해 무한히 우월해진다. 내 경우에는 문화적 속물주의라고 해야 할 테지만, 쿨함은 누구나 쓸 수 있는 값싼 형태의 배타성이다. 실리주의적인 속물들에 비해 우월해지면 비용도 별로 들지 않을 뿐만 아니라 상대적으로 공격받는 일도 없고 안전해진다. 사람들이 우르르 달려가서 프루스트를 읽고 헛소리를 할 가능성은 거의 없지 않겠는가. 하지만 쿨하게 있기란 쉽지 않다. 쿨함 자체는 대중들에게 채택되는 순간부터 끊임없이 파괴되기 때문이다. 위험한 무법자들이 문신을 새겨 징표로 삼는 시절에는 문신을 새기는 것이 쿨하다. 하지만 이제는 교외에 사는 주부들까지 문신을 새긴다.

소비자 문화는 차별화에 대한 만인의 갈증을 알고 있으므로 브랜드라는 것으로 배타성의 인위적 형태를 제공했다. 브랜딩이라는 것의 천재적인 점은 소비의 바람직하지 못한 성질인 똑같음을 매우 바람직한 반대 성질인 차별성으로 위장하는 것이었다. 따라서 모든 사람이 같은 방식으로 차별성을 갈망하다 보면 모두가 똑같아진다는 결과가 나온다.

이따금씩 브랜드는 누구나 다른 사람이 가질 수 없는 것을 갖고 싶어하게 만들려 한다는 자체 모순에 갇히곤 한다. 영국 지주계급의 이미지를 토대로 한 의류 브랜드인 버버리는 판매량을 늘리기 위한 마케팅 작전을 시작했지만 축구의 훌리건들이 입는 바람에 그 이미지가 망가졌다. 하지만 전반적으로 브랜딩이라는 분야는 계속 번영을 누리고 있다. 소비자들은 원래는 자신들을 군중과 구별하려고 구매하지만 결과적으로는 그가 군중의 일부임을 확인해줄 뿐인 것에 대해 엄청난 가격을 지불하고 있다. 소비를 계속 밀어주는 힘은 대부분 무리보다 앞서 가기 위한 무익한 시도이거나, 너무 뒤처지지 않기 위한 방어적 필요성이다.

힘껏 노력해야 하는 존재

심리학이 이룬 또 다른 발견은 감정의 비대칭성, 즉 부정적인 감정이 긍정적 감정에 비해 더 강력하고 더 오래간다는 사실이다. 쇼펜하우어 역시 이 점을 이해했다. "고통의 강함에 대조되는 웰빙과 행복의 허약함."[96] 긍정적 감정은 변덕스러운 당일치기 여행객이지만, 부정적 감정은 침입하고 압도하고 점령하고 정복할 작정으로 들어오는 제국주의자이다. 그리고 제국주의의 열쇠는 당신의 궂은일을 토착민들에게 떠넘기는 데 있다. 분노가 존재 전체를 어떻게 집어삼키는지, 온갖 방법을 동원하여 최대한 오래 유지되려 하는지, 지성을 어떻게 강요하여 자기 정당화를 달성하고, 기억을 강요하여 태곳적부터 있던 불평거리를 되살려내려 하는지를 생각해보라.

긍정적 감정은 날갯짓하며 잠깐 내려앉았다가 곧 날아가버리는 나비이다. 보는 자의 눈도 그에 상응하게 균형을 잃는다. 사람들은 은혜는 금방 잊어버리고 더러운 술수는 영원히 기억하는 경향이 있다. 결혼의 어려움 중의 하나도 이것이다. 한 번 저지른 잘못을 만회하기 위해서는 좋은 일을 엄청나게 많이 해야 한다. 죄를 짓기는 쉽지만 그 대가를 치르기는 무척 싫다. 조너선 하이트는 돈을 따는 쾌감은 같은 액수의 돈을 잃는 고통보다 강하지 않다면서, 이 원리를 금융과 도박에도 확대 적용한다. 나쁜 것은 항상 좋은 것보다 더 강하다. 셰익스피어는 이 사실을 오래전에 다룬 바 있다. "인간의 나쁜 매너는 황동에 새겨져 있지만, 그들의 덕성은 물에 기록된다."[27]

왜 불안과 우울이 그토록 쉽게 만성화되는지는 이로써 설명된다. 그것들은 마음을 점령하여, 부정적인 생각을 지배적인 감정으로 만들라고 설득한다. 심리학자 아론 베크Aaron Beck는 수많은 우울증 환자들이 공통적으로 가진 견해 세 가지, 세속적 삼위일체를 밝혔다. "난 아무짝에도 쓸모없어", "세상은 황량해", "앞날엔 희망이 없어"가 그것이다.[28] 이 일반적 견해의 삼위일체를 떠받치는 것은 구체적 상황에 대한 부정적 반응의 사중주, 즉 개인화, 지나친 일반화, 확대해석, 임의적 추론이다. 개인화란 불운이나 사고가 날 때 자기 자신을 탓하는 것이며, 지나친 일반화는 자기 자신이 항상 끔찍한 사건의 희생자라고 믿는 것, 확대해석은 나쁜 효과를 과장하는 것, 임의적 추론이란 근거도 없이 부정적인 결론을 끌어내는 것이다. 다음으로 베크는 인지치료법 Cognitive Therapy을 개발했다. 그것은 고통 받는 사람들에게 그런 생각을 식별하게 하고, 글로 써보고, 위의 네 악당 가운데 어느 하나가 못살게 구는 것으로 분류하도록 훈련시키는 것이다. 이는 불교나 프로이트 학설에서 이해에 의한 변신을 달성하기 위한 기술로 사용되던 것의 심리학적 버전이다.

심리학자 앨버트 엘리스Albert Ellis는 베크와는 별개로 합리적 정서적 행동치료법Rational Emotive Behavior Therapy이라 알려진 인지치료법의 또 다른 버전을 개발했다. 이것은 우울증으로 고통 받는 다수보다는 비현실적인 기대로 시달리는 더 많은 대중을 상대하기 위해 개발되었다. 엘리스가 제시하는 세속적 삼위일체는 사람을 불구로 만드는 '해야 한다'의 삼총사이다. 즉 "난 성공해야 하고", "누구나 내게 잘 대해주어야 하고", "세상은 반드시 살기 쉬워야 한다"는 것이다.[22] 그는 이런 세 가지에 대한 신념을 자위행위라 불렀다. 그것은 실제 자위행위보다 더 널리 퍼져 있을 수도 있는 자기 학대의 한 형태이다. 이런 요구의 한탄은 정말 귀에 익지 않은가! 첫 번째 '해야 한다'는 완벽주의의 저주이며, 두 번째는 결핍의 저주이고, 세 번째는 어리석음의 저주이다.

거대한 풍선 둘에다 '성공보다는 실패하는 일이 더 많다', '당신이 어떻게 행동하든 상관없이 당신을 싫어하는 사람도 많다'라고 쓰고, 이 둘보다 더 큰 풍선 하나에는 '세상은 그리 만만한 것이 아니다'라고 써서 길거리에 띄워둔다면 엄청난 고뇌와 굴욕감을 예방할 수 있을 텐데. 엘리스의 접근법의 본질은 사건 자체가 아니라 그것에 관한 우리의 착각이, 그리고 그에 대한 우리의 반응이 문제이며, 그것들은 모두 통제 가능하다는 사실에 있다.

이 전략은 물론 고전적인 스토아 사상이며, 엘리스의 견해와 스타일은 에픽테투스의 것과 놀랄 만큼 비슷하다. 두 사람 모두 인간의 야만적이고 비뚤어진 본성을 알고 있었지만 합리성을 믿었고 징징대는 것을 혐오했다. 둘 다 자신들의 눈부신 선배들에게 존경심을 표하기를 거부했다. 에픽테투스는 에피쿠로스를 '저 입버릇 나쁜 개자식'이라 불렀으며, 엘리스는 프로이트를 '온통 허튼소리'만 한다고 욕했다.<u>100</u> 아마 그들의 확고한 실용주의는 험난한 어린 시절을 겪은 데 기인할 것이다. 에픽테투스는 노예로 태어났고, 엘리스는 부모에게 버림받았고 대공황시대에 헌옷을 사고팔아 생계를 이었다. 그는 나이가 든 뒤에 학계에 들어왔으며, 지적 속물주의에 전혀 물들지 않았고, 《스스로 행복해지면서 덜 방해받을 수 있는 방법*How to Make Yourself Happy and Remarkably Less Disturbable*》, 《자신을 무엇에 대해서도, 그래, 어떤 일에 대해서도 비참해지지 않도록 완강하게 버틸 수 있는 방법*How to Stubbornly Refuse to Make Yourself Miserable about Anything-Yes Anything*》 식의 제목을 붙인 책을 냈다.

인지행동치료법이 보편적으로 받아들여지지는 않았다. 정신과 의사인 올리버 제임스*Oliver James*는 그 효과가 표면적이고 일시적일 뿐이라고 주장한다. 특히 그것은 유년 시절에 받았던 나쁜 대우에 기인하는 뿌리 깊은 문제를 해결해주지 않는다는 것이다.<u>101</u> 아마 그 말이 맞을 것이다. 부처, 스피노자, 프로이트는 모두 자기 이해와 변신에는 오랜 시간이 필요하다는 데 동의하며, 인지행동치료법 몇 차례를 받는다고 해서 인생이 바뀌기는 힘들다. 하지만 착각을 물리치는 것이라면 무엇이든 귀중한 것임은 분명하다. 또 이 치료법을 받은 사람들이 자기기 만과 자기 정당화의 여러 가지 편견에 덜 걸리게 되었다는 증거도 있 다.[102]

심리학자 대니얼 네틀Daniel Nettle은 여러 과거 사상가들의 말을 받아 들인 위에, 투쟁이 곧 의미라는 이론을 내세운다. "인간 심리에서 행복 프로그램의 목적은 인간의 행복을 늘리려는 것이 아니라 계속 투쟁하 게 만들려는 데 있다."[103] 인간이라는 존재는 힘껏 노력하도록 설계되 어 있다. 특히 부처, 스피노자, 쇼펜하우어는 이에 동의했다. 쇼펜하우 어는 특유의 명료한 말투로 이렇게 말했다. "우리는 무엇인가를 향해 힘껏 노력할 때 외에는 존재하는 즐거움을 느끼지 못한다."[104] 신경학 자 안토니오 다마지오Antonio Damasio는 이 노력이 우리의 신경생물학적 구조에 근거한다고 주장한다. "생명 조절의 내재적 장비는 이도 저도 아닌 중립적 상태를 목표로 하지 않는다.…… 평형을 이루려는 노력 의 목표는 중립적 생명 상태보다 더 나은 것, 우리가 사유하는 존재, 풍요로운 존재로서 행복한 삶이라고 규정하는 어떤 것을 제공하려는 것이다."[105]

그러므로 우리는 노력하도록 태어났을 뿐만 아니라 행복한 삶을 향 해 노력하도록 태어난 존재다.

노력은 시간을 들이고 장애를 넘고 어려움을 극복하는 것과, 실패할 가능성, 매우 큰 실패의 가능성까지도 의미한다. 애쓰지 않고도 좋은 기분이 될 수 있다면 그것을 더 이상 좋은 기분이라 할 수는 없다. 가 상현실이 발명되기 전인 1970년대에 철학자 로버트 노직Robert Nozick은 모든 면에서 실제처럼 느껴지지만 오직 즐거운 경험만 맛보는 삶을 제공하는 기계가 있다고 가정할 때, 그런 삶에는 진실성이 없기 때문에 그런 삶을 원하는 사람은 아무도 없을 것이라고 주장했다.[106] 하지만 그것에 정말 결여된 것은 진실성이 아니라 노력일 것이다. 결정적인 요인은 그것이 어렵다는 점이다. 귀중한 것은 모두 애써 얻어야 한다.

chapter 5
위대한 여행

그들은 끊임없이 물음을 던졌고 캐고 다녔고 자극했고 불안정했고 방해했다. 수동성을 옹호하기는커녕 그들은 아무도 편히 쉬지 못하게 했다. 그리스도는 "나는 평화가 아니라 칼을 주러 왔다"라고 했으며, 부처는 "부단히 노력하라"라고 말했다.

"마침내 과학은 파랑이 남자아이에게 맞는 색깔이며, 실
제로도 여자아이들이 분홍을 더 좋아하는 이유를 알아냈다."

《타임스*The Times*》의 머리기사는 이렇게 선언했다.[107] 관련 기사는 이
런 성별의 차이가 정말로 존재함을 입증한 연구에 대해 보도하는 내용
이었다. 하지만 그 이유란 무엇인가? 요즘 대세가 되어 있는 진화심리
학 이론을 들어보자. 그것은 인간의 행동을 홍적세 때 발전해 나온 생
존 기제라고 설명한다. "소녀들은 딸기를 더 잘 찾아내야 하니까 분홍
색을 더 좋아한다."《타임스》의 기자들이나 기사의 필자들 모두 문화
가 형성한 문화적 조건형성의 가능성은 고려하지도 않았다. 비록 그
분명치 않은 근원에도 문화적 영향력의 증거가 있음이 인정되어야 하
겠지만 말이다. 가령 1918년의 《레이디스 홈 저널*Ladies' Home Journal*》에
는 이런 글이 나온다. "통상적인 규칙에 따르면 남자아이에게 분홍색,
여자아이에게 파랑색을 준다. 이유는 분홍색이 더 단호하며 강인한 색
이기 때문에 남자아이에게 더 잘 어울리는 반면, 파란색은 더 연약하
고 섬세하기 때문에 여자아이들이 입을 때 더 예쁘게 보인다." 문화적
으로 설명해보자면, 20세기가 흘러가는 동안 취향이 변하여 파란색이
남자들의 군복이나 작업복과, 분홍색은 동성애와 결부된 것이다. 하지

만 문화적 조건화의 이론은 이미 유행에 뒤떨어졌다.

그 대신에 진화심리학이 보편적 설명 도구가 되었다. 이론이란 이런 게 문제다. 모든 거창한 이념은 세계 지배에 관심이 있는 과대망상증 환자들이다. 마르크스주의자들은 계급을 기준으로 해석했고, 프로이트주의자들은 유년 시절을 기준으로, 페미니스트들은 성별을 기준으로 해석했다. 결국은 사태를 보는 새로운 방식이 새로운 눈가리개가 된다. 이런 큰 이념 가운데 셋은 이미 유행이 지나가버렸다. 하지만 지적 제국주의를 추구하는 새로운 경합자는 항상 있게 마련이다.

또, 오래된 경합자들도 여전히 패권을 잡으려는 노력을 포기하지 않는다. 종교는 가장 맹렬하고 지적인 제국주의자였다. 종교는 그 정의상 만물의 대통합이론으로서, 절대적인 충성심을 바칠 준비가 되어 있는 자들의 모든 지적 정신적 요구 사항을 한자리에서 해결해준다. (불교는 명예롭게도 여기서 제외된다.) 문제마다 해결책이 기성품으로 마련되어 있다니, 대단한 사치 아닌가.

믿음이 우리를 구원하지 못한다면

체계에 항복하고 싶은 유혹은 강렬하고, 독립하려다 보면 앞날이 무서워질 수도 있다. 신앙이 있는 자들이 더 행복하다는 증거도 있다. 그러니 신앙을 안 가질 이유가 있겠는가? 신앙이 부조리하다는 것을 알면서 믿을 수도 있다. 키르케고르가 말한 저 유명한 믿음의 도약은 부조리함으로의 의식적인 도약이었다.

그런 도약을 할 수 없는 자들은 이념을 선택하고 혼합하기라도 해야 한다. 그럴 책임이 있다. 프로이트는 말한다. "모든 사람은 자신을 구원할 방식을 혼자 힘으로 찾아내야 한다."[108] 영국의 철학자 존 암스트롱John Armstrong은 이런 접근법을 판독시*라 불렀다.[109] 여기서도 그리스어를 쓰면 근사한 용어를 만들 수 있다. 그러니 믿음에 대해 질문을 받을 때 어깨를 한 번 으쓱하고 이렇게 말할 수 있다면 만족스럽지 않겠는가. "아, 난 물론 판독시주의자야." 그러나 이는 어떤 이념들을 고르고 어떻게 혼합할까 하는 근본적인 문제라든가, 그 혼합물을 일상생활에 어떤 방식으로 응용하는가 하는 더욱더 곤혹스러운 문제에는 도움이 되지 않는다.

부처의 생각은 매력적이다. 하지만 다음과 같은 성스럽지 못한 네 가지 진리에 흠뻑 젖은 서구 세계의 주민들 중에 누가 과연 깨달음을 얻을 수 있을까?

1. 고요히 앉아 있을 수 없다.

2. 침묵할 수 없다.

3. 자기 강박을 떨칠 수가 없다.

4. 뭔가를 원하지 않기가 불가능하다.

니체를 읽으면 기운이 난다. 하지만 누가 그의 생각을 실천하려 하겠는가? 초인超人으로 산다는 것은 기독교도로 사는 것만큼이나 불가능할 것이다.

---

* pandoxy : 범교조汎教條.

어떻게 살아야 하는지 알아내려 했던 사람들의 노력에서 우리는 모순점을 여러 가지 발견한다. 대개 삶에 대한 최고의 안내자들 본인은 모든 사람들이 생활이라고 여기는 것을 까탈스럽게 거부하고 살았다는 사실도 그중 하나다. 가령 스피노자가 렌즈 가는 일을 생업으로 삼았다고들 이야기하지만, 그가 일상에 시달린 기간은 고작 몇 년밖에 안 된다. 부처는 가정이 있었지만 아내와 아이를 포기했을 뿐만 아니라 밤중에 몰래 달아나기까지 했다. 그러니 그의 정직성이라는 것도 알 만하다. 소크라테스는 달아나지는 않았지만 가족을 무시한 것으로 악명이 높다. 카를 야스퍼스Karl Jaspers는 공자에 대해 무미건조하게 이렇게 말한다. "그는 아내 및 자식들에게 따뜻하게 대해주지 않았다." **110** 사르트르와 그를 둘러싼 여성들의 이야기는 그보다도 더 한심하다. 사르트르의 실존주의자 연인인 시몬 드 보부아르Simone de Beauvoir는 젊고 매력적이고 감수성 풍부한 여학생들을 유혹한 다음 그들을 사르트르에게 넘겼고, 사르트르는 놀 만큼 놀고 나서는 그들을 버렸다. 그들 중에는 이런 일을 겪고 평생 삶이 피폐해진 사람이 여럿 있었다. 심지어는 축軸의 시대에 등장한 사상가들은 여성 혐오증의 기색도 보였으며, 쇼펜하우어와 니체는 특히 심했다. 그러니 이런 남자들이 처자식을 거느리고 가족을 부양하며 먹고살기 위해 일하는 사람들에게 무슨 할 말이 있을까?

그리고 성찰적 사유는 참으로 포착하기도 힘들고 붙잡고 있기도 어려운 것이니 그것을 응용할 생각은 하지도 말라. 그것은 나무 사이로 빠져나가는 바람처럼 마음속을 스쳐 지나간다. 잠시 흥분하여 동요가 일고 나면 잎사귀들은 다시 꿈속으로 빠져든다.

하지만 에리히 프롬Erich Fromm을 30년 만에 다시 읽으니 눈이 다시 뜨이는 느낌이었다. 예전에 읽은 그의 책 내용이 전혀 기억나지 않는다고 확신했지만, 계속 만나는 문장들이 지금까지 내 것이 아닌 줄도 모르는 채 단어 하나하나까지 그대로 되풀이하여 말해온 것들이었다. 그러니 생각은 마음속에 남는 것이며(알아차리지 못하는 형태로, 의식 아래쪽에서), 또 같은 방식으로 행동에 영향을 반드시 미치는 법이다. 그것은 처세술 책들이 주장하듯이 처방전을 받아들이고 적용하는 문제가 아니라, 이념을 흡수하고 그것들이 실효성 있는 행동에 무의식적으로 영양분을 공급하게 만드는 일이다.

늙은 나무도 그 뿌리가 흔들릴 수 있다. 이것 역시 오래된 이념이다. 소크라테스는 사람들이 그저 정직성이나 정의 같은 개념에 대해 생각하고 논의하는 것만으로도 더 정직하고 정의로워진다고 믿었다. 이런 생각은 이해한다는 것은 이미 변형을 내포하고 있다는 뜻이라는 부처의 통찰력의 본보기이다. 설사 변화가 점진적이고 감지할 수 없는 방식으로 일어날 확률이 크더라도 마찬가지다. 그러므로 관념들이 아무런 구체적인 지시 사항도 제시하지 않고 별로 알아볼 만한 효과를 내지 못하는 것처럼 보일지라도 관념을 탐구하는 것은 유용하다. 또 같은 관념이 매우 오랜 시간이 지난 뒤에 재등장한다면 그것들은 엄청나게 강화된 형태이다.

미국 심리학자인 크리스토퍼 피터슨Christopher Peterson과 마틴 셀리그먼Martin Seligman은 잘 살아가는 데 필수적이라고 믿는 덕성을 찾아내기 위해 여러 문화와 전통을 검토했다. 그들의 목적은 어떤 합의점, 보편적으로 받아들이지 않을 수 없는 어떤 덕성에 도달하려는 것이었다.

이 작업에서 결론은 나지 않았지만, 다음의 여섯 가지 덕성은 계속 후보에 올랐다. 그것은 정의, 박애, 절제, 지혜, 용기, 초월이다. 초월이라는 항목은 약간 의외다. 연구자들은 이것이 꼭 종교적이지는 않지만 전통을 융합시키는 일종의 의미나 목표라는 점에서 좀 생경하고 '가장 암묵적인 항목'이라고 인정했다.[111] 그러니 엄밀하게 말하자면 그것은 특정한 처신을 요구하는 그런 의미의 덕성은 아니다.

다른 다섯 가지의 경우, 너무 친숙하다는 것이 문제다. 누구라도 그런 것은 부정할 수 없는 선이라고 인정한다. 하지만 '덕성'이라는 단어는 유머감각도 없고 경건성이나 정의로움 같은 것과 도저히 뗄 길 없이 결부되어 있다. 덕성이라는 단어를 듣기만 해도 다들 지겨워 죽으려 하거나, 듣지도 않고 일어나서 달아나버린다. 연구자들이 입증했듯이,[112] 뭔가를 이루는 과정에서 덕성이 주요 요소인 건 분명하지만, 사람들에게 덕성을 호소해봤자 시간 낭비일 것이다.

피터슨과 셀리그먼의 접근법은 너무 광범위하고 산만하다. 덕성 따위의 일반적인 것을 연구한다는 점에서, 또 모든 전통(보이스카우트 행동 수칙까지 포함)을 연구 대상으로 삼는다는 점에서 그렇다. 모든 출처를 따져보고 공통분모를 찾아보더라도 결과는 십중팔구 평범한 이야기에 그칠 것이다. 대안을 한 가지 들자면 독창적인 사상가와 작가의 글만 읽고, 신나는 통찰력만 찾아보는 방법이 있다. 그런데 이것은 독립적인 탐구자일 때 누릴 수 있는 사치이다. 포괄적이어야 한다거나 지루한 것까지 참아줘야 한다는 주문은 없다. 또 하나의 통찰력을 기억에 남고 쓸모 있는 것으로 만들려면, 그것이 사람들의 뇌리를 뚫고 기억에 남아 있게 만들려면 놀랄 만한 요소가 좀 있어야 한다.

전혀 다른 시대와 문화와 전문 분야의 독창적인 사상가가 동일한 전략을 가지고 등장하면 좀 신이 난다. 여행안내서 여러 권이 이구동성으로 추천하는 식당이 있다면 거기 가서 먹으면 되는 것처럼.

그런 전략이 정말로 있다는 것은 좋은 소식이고, 현대의 서구 문화에서는 그 전략들이 모조리 좌절된다는 것은 나쁜 소식이다. 그 어느 때보다도 소원 성취가 쉬워 보이게 만들었다는 것이 우리 시대가 이룬 위대한 업적인데, 그것을 실제로 성취하기는 어느 때보다도 더 어려워졌다는 것이 문제다.

잘 산다는 것에 대한 보편적인 권장 사항

다음의 개념들은 철학, 종교적 가르침, 문학, 심리학과 신경과학에서 계속 등장한다. 즉 개인적 책임감, 자율성, 초연함, 이해, 배려, 초월, 어려움을 감수하는 것, 부단한 노력, 죽음의 인식 등이다.

이런 개념 대부분은 사상가들이 되풀이하여 거론해왔고 몇 개는 보편적으로 인정된다. 가령 부처 이후 사르트르까지 모든 사람이 죽음을 인식하라고 설파해왔다. 죽음을 항상 강렬하게 의식해야만 관습의 공허함을 폭로하고 일상의 딱딱한 껍질을 깨뜨릴 수 있다는 것이다. 강렬한 삶을 보장해주는 것은 죽음뿐이다. 하지만 이처럼 보편적인 권장 사항도 갈수록 거부당하고 있다. 우디 앨런도 그런 추세에 장단을 맞추었다. 그는 자신이 원하는 것은 작품을 통해 불멸의 존재가 되는 것이 아니라 더 직접적인 전략을 써서 실제로 죽지 않는 것이라고 했다. 뜻이 있으면 길이 있는 법. 유기농 블루베리와 석류 주스를 충분히 먹으면 인간은 영생을 누릴 수 있다니 말이다.

하지만 모든 것이 쉬워지기를 기대하는 시대에 가장 결정적인 계시는 가치 있는 모든 것은 얻기가 어렵다는 깨달음이다. 사실 쉬운 해결책을 찾겠다는 시도는 그 시도가 피하려 했던 바로 그 문제를 유발하게 된다. 시인 릴케Rilke는 현대가 '수고가 필요 없음' 을 점점 더 요구한다는 사실을 알았다. "사람들은 모든 문제에서 쉬운 해결책을 찾는다. 쉬운 것 중에서도 가장 쉬운 것. 하지만 우리가 힘든 일을 붙들고 있어야 한다는 것은 분명하다. 모든 생명체는 그것을 단단히 고수한다."[113]

이는 스피노자가 한 말의 반복이며, 신경과학이 발견하게 되는 내용의 기묘한 선구적 형태라 할 만하다. 릴케는 고난이 고귀하기 때문이 아니라 필요하기 때문에 그것을 주장했다. "고난을 받아들이는 것이 당신의 임무라고 말한다면 잘못이다. 그렇게 하도록 당신을 밀어붙이는 것은 생존 본능이다."[114]

살아남는다는 것은 힘껏 노력하는 것이다. 하지만 잘못된 방향으로 노력하려는 경향이 문제다. 세속적 성공을 이룬 자들을 모방하려는 경향이 특히 그렇다. 인간이라는 존재는 대단한 동력과 지적 소양을 가진 검색엔진이지만 검색의 매개변수를 어떻게 선택할지, 결과를 어찌 평가할지에 대해서는 아는 바가 전혀 없는 상태다. 그러니 방향을 잘못 잡은 노력이 만족을 가져다주지 못할 경우에는 노력 전체를 거부하는 것밖에 달리 대안이 없다고 생각하여 카리브 해의 해변에 누워 코코넛 오일 마사지나 하기로 작정해버리는 경향이 있다.

노력은 힘들 뿐만 아니라 그 목표도 불분명하다. 이것 역시 기원전제1천년대의 중반쯤인 축의 시대 이후 수없이 되풀이되어온 주제다. 그때쯤 인간이라는 영장류가 우연히 의식이 깨어나서, 지금까지도 신이 개설한 웹사이트의 표준 질문과 응답FAQ 항목에 있을 만한 물음들을 던지기 시작한 것이다. 그때 그리스에는 소크라테스가 있었고, 중동에는 히브리의 예언자들이, 인도에는 불타, 중국에는 노자와 공자가 있었다.

〈전도서Ecclesiastes〉의 시인은 진리를 찾아 헤매는 일의 필요성과 어려움을 지극히 아름답게 표현했다. "내 온 마음을 다하여 하늘 아래서 행하는 모든 일을 궁구하며 살피니 이는 괴로운 것이라, 하느님이 인간의 아들들에게 주셔서 수고하게 하신 것이니라." 그 결과는 대개 좌절이다. "이것 역시 분노한 영혼인 줄 알겠다." 하지만 시인은 이해를 향한 이 탐사를 포기할 수 없다. "누가 현자처럼 구는가? 사리의 해석을 아는 자는 누군가? 인간의 지혜는 그의 얼굴에 광채가 나게 하나니, 그 얼굴의 사나움이 변할 것이다."

영웅과 현자가 길을 떠나는 이유

이런 고대 사상가들은 노력할 필요성을 추상적인 문체로 표현했지만, 설화說話에서는 그것이 이미 표현되고 있었다. 기원전 1천 년경의 《길가메시 서사시The Epic of Gilgamesh》에서부터 20세기의 이야기인 《오즈의 마법사The Wizard of Oz》에 이르기까지, 탐구 여행 문학quest literature의 풍부한 전통은 면면히 이어지고 있다.

신화학자인 조지프 캠벨Joseph Campbell은 탐구 여행의 전설이 모든 시대와 문화에서 중요한 요소이며, 지방에 따라 세부 사항은 조금씩 다르지만 기본 구조는 항상 동일했음을 보여주었다. 각 이야기는 영웅이 모험의 부름을 받는 것으로 시작한다. 부름을 받은 그는 가족과 안전한 환경을 포기하고 위험한 미지의 세계로 들어가는 모험을 떠나게 된다. 그곳에서 그는 일련의 시험과 시련을 겪으며, 수많은 난관을 만나 협상하고, 수많은 괴물을 죽인다. 그 보상으로 그는 마법의 상품을 획득하는데, 그것은 황금 양털일 수도 있고, 공주일 수도 있고, 성수, 신성한 불꽃, 영생의 묘약 등일 수도 있다. 마침내 그는 그 상을 손에 넣고 공포의 왕국을 벗어나 자신의 공동체로 돌아온다.[115]

이것이 《오즈의 마법사》, 그리고 3천 년 전 《길가메시 서사시》의 플롯이다. 주인공인 메소포타미아 왕 길가메시는 자신의 왕국과 생활에 환멸을 느껴 탐구 여행을 떠난다. 그 여행에서 그는 사나운 사자와 전갈 남자와 싸우며, 자신을 묶어두려 하는 아름다운 여신을 만나 놀랄 만큼 현대적인 유혹을 받는다. "밤낮으로 흥겹고 즐겁게 해줄게. 아름다운 옷을 입혀주고 머리를 씻겨주고 목욕도 시켜줄게."[116] 하지만 주인공은 탐구 여행을 계속하며, 깊은 바다 속으로 들어가고, 불멸의 식물을 딴다. 그러나 결말은 영화로 만든다면 어떤 버전에서든 바꾸지 않으면 안 될 정도로 나쁜 쪽으로 맺어진다. 길가메시가 누워서 쉬고 있을 때 뱀이 그 식물을 훔쳐 먹어 영원한 젊음을 얻는다는 결말이니 말이다. 신화에서 뱀은 항상 악당이다.

캠벨은 이런 서술 구조가 본질적으로 내면의 여정을 상징한다고 주장한다. 영웅은 자기 시대의 관습적인 사유로부터 자유로워지며, 사변적 사유의 어둠 속으로 모험을 떠나고, 창조적 힘을 발견하여 자신을 변화시키고 이를 타인들과 공유하기를 원한다. 수많은 불확실성과 위험을 겪은 뒤 얻는 상품은 인식이다. "영웅은 깨닫게 되는 자이다."[117] 그러므로 이야기 구조에는 출발, 시련, 상, 귀환이라는 네 단계가 있다. 추상적 탐구자의 목표도 그와 마찬가지로 네 단계를 거쳐 도달된다. 그것은 거리 두기, 어려움, 이해, 변형이라는 단계이다.

이와 비슷한 네 단계가 '원시' 문화의 성년 의례에도 공통적으로 들어 있다. 그것은 격리, 제례적 상처 입음, 통과의례, 귀환이라는 형태이다. 젊은이는 마을에서 격리되고, 어떤 식으로든 상징적인 상처를 입으며, 제례에서 뭔가를 배우고, 공동체로 귀환한다. 그러므로 성인이 되는 데는 동일한 네 단계, 곧 거리 두기, 시련, 이해, 변형이 필요하다. 사춘기를 평생 연장하려 하는 것은 우리 문화뿐이다. 현대식 모험담에서는 영웅이 부모들의 집을 떠나는 것이 아니라, 1층 방에 앉아 온라인 게임 속에서 위험을 무릅쓰고 모험에 나선다.

캠벨이 지적하듯이, 부처와 그리스도의 이야기 역시 탐구 여행 이야기의 구조를 따른다. 두 사람은 모두 가족을 거부하고, 세상으로 나가서 수많은 시련을 견뎌내며 의심과 절망을 맛보지만, 마침내 변형을 겪고 자신이 깨달은 바를 세상과 공유하러 돌아온다.

수동적인 복종을 요구하는 것은 제도화된 종교뿐이다. 아이콘 속의 그리스도는 항상 항복한다는 듯 슬픈 표정이며 부처는 알 듯 모를 듯한 미소를 짓고 있는 정적주의자이다. 하지만 사실은 두 사람 모두 수동적인 면은 티끌만큼도 없었다. 그들은 끊임없이 물음을 던졌고 캐고 다녔고 자극했고 불안정했고 방해했다. 수동성을 옹호하기는커녕 그들은 아무도 편히 쉬지 못하게 했다. 그리스도는 "나는 평화가 아니라 칼을 주러 왔다"라고[118] 했으며, 부처는 "부단히 노력하라"라고[119] 말했다.

종교의 문제는 속 좁은 신도들이 그 영감의 창시자들을 수치스럽게 여기게 된 데 있다. 그런 신도들은 이념을 도그마로, 원리를 규제로, 독창성을 의례로 바꾸어버린다. 창시자들은 동족 숭배를 거부했지만 추종자들은 가족을 떠받든다. 창시자들은 집을 떠나는데, 추종자들은 집에 남는다. 창시자들은 의혹으로 괴로워했지만 추종자들은 확실성의 빛을 흠뻑 쬐고 있다. 창시자들은 권위를 추구했지만 추종자들은 권력을 추구한다. 창시자들은 사람들을 끌어들이고 설득하는데, 추종자들은 맞서고 윽박지른다. 추종자들이 창시자의 생각을 너무나 잘 왜곡하기 때문에 그들이 전하는 내용은 창시자의 생각과 정반대인 경우가 많다.

내가 어렸을 때 알고 있던 아일랜드의 가톨릭 문화에서는 성직자든 일반인이든 신도들이 신약성서의 원리를 어찌나 정확하게, 하나도 남김없이 잘 어기는지, 얼핏 보면 그들이 신약성서를 읽어본 줄 착각할 지경이었다. 미사에 갈 때마다 어머니는 항상 앞자리에 가서 앉으라고 거듭 명령하셨는데, 이것이 그 완벽한 예가 될 것이다. 그런 장소에서는 존경받는 사람은 앞자리에, 지위가 낮은 사람들은 뒷줄에 앉는 법이다. 뒤쪽에 서 있는 것은 하찮은 비행청소년들이나 할 짓이다. 마태복음 23장 6절에 나와 있는, 그리스도가 시너고그에서 좋은 자리에 앉기를 좋아하는 바리새인들을 비판하는 부분을 어머니께 보여주었더라면 뭐라고 하셨을까? 영리한 척하는 나의 이런 행동에 대해 어머니는 아마 더 화를 내셨을 것이다. 평생을 바쳐 자식들이 더 높은 지위를 누릴 수 있게 해주려고 애썼는데, 이처럼 배은망덕하게 굴다니? 그러니 그저 요령 좋게 대답하는 수밖에 없다.

원정이 곧 성배다

탐구 여행이라는 개념은 모든 문화에 스며들어 있다. 종교와 세속, 고대와 현대, 혹은 고급 문화와 하급 문화를 가리지 않는다. 20세기의 위대한 문학 작품 여러 편도 탐구 여행의 이야기이다. 제임스 조이스의 《율리시스*Ulysses*》는 한 평범한 주인공이 세상으로 나가서 시련과 고난을 겪고 집으로 돌아와 다시 태어나는 이야기이다. 프루스트의 방대한 소설 《잃어버린 시간을 찾아서*À La Recherche du Temps Perdu*》는 평생 동안 의미를 찾아가는 탐구 여정의 이야기인데, 그 속에서 의미란 결국 그 이야기를 쓰는 행위임이 드러난다.

카프카는 탐구 여행을 항상 헛수고로, 상품도 항상 손에 넣지 못할 것으로 만들어버림으로써 이런 이야기를 현대적으로 비틀었다. "목적지는 있지만 그곳에 도달할 길은 없다."[120] 그러므로 K는 무진 애를 쓰지만 끝내 성에 들어가지 못한다. 그런데도 그는 포기하지 않는다. 역시 좌절한 카프카의 다른 탐구자들도 모두 그러하다. 고작 한 페이지 반에 불과한 글인 〈법 앞에서*Before the Law*〉에서는 시골에서 온 한 남자가 법에 들어가려고 애쓰지만 상스러운 문지기 때문에 가로막힌다. 그 남자는 이런저런 전략을 써보지만(감언이설로 꾀기, 매수하기, 친해지기 작전 등), 어느 하나도 성공하지 못한다. 문지기는 요지부동이다. 세월이 흐르고 결국 탐구자는 자신이 죽어가는 것을 알고는 마지막 질문을 던진다. "모든 사람이 법에 도달하려고 노력한다. 그런데 이 많은 세월이 흘렀는데도 거기 들어가려고 애걸한 사람이 나밖에 없으니, 도대체 어찌 된 일인가?" 문지기는 그 남자가 종말에 다다랐음을 알고, 스러져 가는 청각으로도 들을 수 있게 남자의 귀에 대고 고함을 지른다. "다른 누구도 여기 들어가도록 허락받지 못하오. 이 문은 오직 당신을 위해서만 만들어졌으니 말이오. 이제 난 그 문을 닫을 거요."[121]

사실 탐구 이야기의 수많은 버전들은 노력이 헛수고는 아니지만 끝이 없다는 것을 인정한다. 12세기에 파리드 우드 딘 아타르Farid Ud-Din Attar가 쓴 수피교의 시인 〈새들의 회의The Conference of the Birds〉는 마치 카프카가 쓴 우화처럼 들린다. 세상의 새들이 회의를 하러 모였는데, 의견 대립이 생겼다. 후투티 한 마리가 날아오르면서 타고난 권위를 가지고 군중들에게 외친다. 새들에게는 공격의 갈망 이외에 다른 대안을 보여줄 정신적 지도자인 시무르그Simorgh가 있어야 한다는 것이다. 그들은 시무르그를 찾아나서야 한다. 하지만 원정이 길고 힘들어질 것이라는 예상 앞에서 많은 새들이 단념했다. 매는 현실에서 왕자로서 가지는 권력을 더 좋아했고, 왜가리는 한적한 둥지를, 오리는 아늑한 연못을 더 좋아했다. 되새는 체력이 너무 약해 겁을 냈고, 나이팅게일은 노래를 부르지 못하게 될까 봐 걱정했다. 하지만 마침내 한 무리가 원정에 나서서, 일곱 골짜기를 건넜다. 일곱 골짜기란 탐구의 골짜기, 사랑의 골짜기, 신비를 들여다보는 직관의 골짜기, 초연함의 골짜기, 통합의 골짜기, 당혹감의 골짜기, 가난과 무의 골짜기를 말한다. 각 골짜기에서 그들은 위험과 격변과 유혹을 견뎌내야 하고, 본보기가 될 만한 존재들의 이야기를 듣는다. 그중에는 "살기만 하고 노력하지 않는 자는 패배한다"라고 말한 예수, 자신을 어디에 묻어줄지 물어보는 제자들에게 "자네들이 날 발견할 수 있다면 자네들은 분명히 똑똑한 걸세. 난 한 번도 나 자신을 발견하지 못했거든."이라고 대답한 소크라테스도 있다.[122]

새들이 마침내 시무르그의 정원에 도착했을 때는 서른 마리밖에 남지 않았고 모두들 늙고 탈진하고 더럽고 지저분한 몰골이었다. 고고한 모습의 궁궐 전령이 날아오더니 그들의 누추한 외양을 보고 경멸하면서, 들어올 만한 자격이 없으니 도로 돌아가라고 말한다. 하지만 새들은 들어가야겠다고 요구했고, 결국은 들어갈 수 있게 되었다. 궁궐은 정말 눈이 부셨다. 하지만 거울 외에는 아무것도 없었다. 그들은 실망하여 좌절감을 느끼며 계속 날아다녔다. 그 모든 것을 감내하면서 멀리까지 왔는데 아무런 보상도 받지 못하다니. 하지만 조금씩 조금씩 이상한 기쁨이 스며들었다. 갑자기 새들은 거울의 의미를 깨달았다. 시무르그를 발견한 것이다. 그들은 거울 속에서 시무르그를 보고 있었다. 그들 자신이 시무르그였기 때문이다. (페르시아어로 시무르그란 서른 마리의 새라는 뜻도 있다.)

이것은 심오한 진리를 표현하고 있다. 의미에 대한 탐구 그 자체가 곧 의미라는 것이다. 길이 목적지이고 그것을 찾으러 나서는 원정이 곧 성배이다.

이 진리는 여러 세기에 걸쳐 다른 여러 이야기에서도 발견되었고, 다양한 방식들로 표현되어왔다.[123] 그중 가장 기억에 남을 만한 표현은 카바피C. P. Cavafy가 쓴 시 〈이타카〉에 있다.

언제나 이타카를 마음에 담아두라.

그곳에 닿는 것은 그대의 운명.

하지만 여정을 서둘지는 말기를.

여러 해 계속되면 더 좋으니.

그러면 그 섬에 닿을 무렵 그대는 늙어 있을 터.

여정에서 얻은 것들로 그대는 부유해졌을 것이니,

이타카가 그대를 부자로 만들어주리라는 기대는 하지 않을 테니.

이타카는 그대에게 아름다운 여정을 주었다.

이타카가 없었더라면 그대는 결코 떠나지 못했을 것.

하지만 이제 그것이 그대에게 줄 것은 없다.

그곳이 가난하다 하더라도 이타카가 그대를 속이지는 않을 터.

그토록 많은 경험을 했으니 그대는 현명해졌으며,

그때쯤이면 이타카가 무엇을 의미하는지 알게 되겠지. [124]

chapter 6
사라진 책임감

현대인들은 뚜렷한 이유 없이 무작위적으로 가해지는 불운을 받아들이는 능력이 없다. 그러다 보니 이런 상황을 처리하기 위해 남 탓하기라는 새로운 방법이 등장했다…… 그것은 언제나 다른 누군가의 잘못이다.

학생이 제때 과제를 제출하지 못하고, 교수와 그 문제를 상의하기 위해 약속한 면담 시간에도 늦었다. 대학 당국은 학생에게 그 과제에 대해 0점을 맞았다고 통보한다. 이제 그 학생은 교수를 찾아올 뿐만 아니라 약속도 없이 쳐들어와 요구한다.

"이 과제를 늦게라도 받아주셔야 합니다."

"왜 그렇지?"

"저는 TCD를 겪고 있기 때문입니다."

"그게 뭐지?"

"시간제어장애Time-Constraint Disorder를 말합니다. 이건 두뇌에서의 화학적 불균형인데, 시간 제한을 지킬 수 없고 약속 시간도 맞추지 못한다는 뜻입니다."

이 이야기는 내가 만들어낸 농담인데, 현대 세계는 이런 풍자 정도는 비교도 안 될 일들이 실제로 일어나는 곳이니, 풍자가 불가능하다는 사실을 잊어버리고 있었다. 하지만 드폴 대학의 조지프 페라리Joseph Ferrari 교수는 정말로 시간을 질질 끄는 습성을 의학적 장애로 인정받게 하려고 노력했고,[125] 정신건강 전문가들을 위한 표준 참조 연구서《정신질환의 진단적, 통계적 안내서*Diagnostic and Statistical Manual of Mental Disorders(DSM)*》에 포함시켰다. 이 묵직한 학술서는 이미 4판까지 간행되었고, 판을 거듭할 때마다 새로운 장애가 추가되었다. 4판에서는 297가지가 장애로 규정되었고, 5판에서는 또 여러 가지가 더해질 예정이다. 가령 반사회적 인격장애APD:Antisocial Personality Disorder 같은 예를 들어보자. 그것은 '타인들의 권리를 무시하거나 위반하는 광범위한 패턴으로서, 유년 시절이나 사춘기 초기에 시작되어 성인기까지 계속되는 증상'으로 규정되어 있다. 그것은 과거에는 이기심이라 부르던 악덕이다. 그러니 어떤 악덕에 탐닉하려면 그것을 어떤 장애로 재규정하고, 그럴듯한 이니셜 명칭을 붙이면 그만이다. "그것은 하나의 이상 상태다." 그러다가 당신 행동이 도전을 받으면 공격적인 분노를 담아 선언한다. "그것은 하나의 장애다." 온라인에서 시간을 너무 많이 보내는 자들은 오리건 의과대학의 제럴드 블록Jerald Block 박사가 방금 웹서핑을 의학적 장애로 확인했다는 소식을 들으면 기쁠 것이다. "인터넷 중독은 DSM 5판에 포함될 만한 흔한 장애로 보인다."[126]

그렇다면 나는 DSM 5판에 포함시킬 만한 후보로 장애중독장애DAD:Disorder Addiction Disorder를 들고 싶다. 그것은 모든 바람직하지 못한 인간 행동을 장애로 분류하고 싶어하는 통제 불능의 강박증을 가리킨다.

대형 제약회사들이야 이런 새로운 '장애'를 물론 환영한다. 그에 대한 약을 환자들에게 팔 수 있으니까. 하지만 제약회사들은 예전에는 정상적인 상태이던 것을 재규정함으로써('이상 상태 브랜딩condition branding'이라 알려진 관행) 새로운 장애를 만들어내기도 한다. 이 정도면 문화적 조건형성 피드백의 고전적 사례라 할 수 있지 않을까. 그러니 예전에는 소심함이라 알려져 있던 증상은 이제 글락소스미스클라인 사의 팍실이나 화이저 사의 졸로프트로 치료해야 하는 '사회불안장애'라는 '이상 상태'가 되었다. 팍실과 졸로프트는 항우울제의 두 품목에 지나지 않지만, 제약회사들은 그것을 사회불안장애의 치료약이라 널리 선전하기 시작했다. 판매량이 금방 치솟았다. 어떤 대형 회사가 시간제어장애에 착안하여, 그때까지 잘 팔리지 않던 제품을 두뇌의 긴박성 중추를 활성화시키는 기적의 약으로 선전할지도 모른다.

차라리 희생자가 되는 편이

하지만 장애 현상은 개인적 책임감을 회피하고 싶어하는 현대적 욕구가 낳은 결과 한 가지에 불과하다. 현대인들은 비난이나 그보다 더한 책임 추궁을 받아들일 준비가 되어 있지 않다. 그보다는 모두들 어떤 질병의 희생자 입장에 서고 싶어한다. 또 흔히 그렇게 된다. 도저히 그럴 수 있을 것 같지 않은 상황에서도 말이다. 이스트런던의 뉴엄 자치 시의회가 어떤 남자에게 주차위반 과태료 몇 건이 미납된 사실을 알려주자, 너무나 화가 난 그 남자는 의회가 자신에게 '감정적 불쾌감'을 주었다고 고소했다.[127] 게다가 그는 승소하여 의회는 과태료 고지서 한 장당 5천 파운드, 총액 2만 파운드의 배상을 하라는 판결을 받았다. 이를 믿을 수 없었던 의회가 판결을 무시하자 집달관이 '압류장'을 가지고 의회 사무실에 나타나서 컴퓨터 전원을 끊고 압수하기 시작했다. 업무가 총체적으로 마비될 위기에 직면하자 의회는 손해배상금을 지불했다.

누군가가 "그건 내 잘못이야"라고 말한 것이 언제 적 일인가? 사르트르가 "인간은 자신의 본성과 선택에 대해 전면적으로 책임이 있다"라고[128] 말한 것이 몇백 년은 지난 일 같다. 이제 그와 정반대 이야기가 참이 되었다. 인간은 본성에 대해서도 선택에 대해서도 책임이 없다.

어찌하여 이렇게 되었는가? 개인적 책임감이라는 개념(우리는 자신의 운명을 결정할 수 있고 그렇게 해야 한다는 것)은 현대 사회의 핵심이며, 그 시민들 대부분이 하나의 원리로 간주한다. 하지만 이 개념은 이제 위아래 양방향으로부터 꾸준히 훼손되고 있다. 고급 문화에서도, 하급 문화에서도 그렇고, 자유의지를 부정하는 과학자와 철학자, 작가들에 의해서도 그러하며, 의무를 부정하는 권리 요구의 시대에 의해 그렇게 되고 있다.

과학에는 결정론의 삼위일체가 있다. 유전학(인간 행동은 유전자에 의해 결정된다), 진화심리학(인간 행동은 진화한 생존 메커니즘에 의해 결정된다), 신경과학(인간의 행동은 확고하게 설정된 두뇌의 모듈에 의해 결정된다)이 그 셋이다. 물론 여러 과학자들은 이에 대해 유보적 입장을 취하면서 근거 제시를 요구했지만, 자세한 사정들은 원래 눈에 잘 안 띄는 경향이 있다. 우울증, 비만, 범죄성, 동성애, 가장 최근의 것으로는 불안,[129] 남성들의 불충실성[130]을 유발하는 유전자가 발견되었다는 머리기사가 기억에 더 잘 남는다.

그리고 그렇게 하는 데 아무런 거리낌도 없는 현대의 철학자가 있다. 최근까지 런던 정경대학의 유럽사상 담당 교수이던 존 그레이John Gray이다. "자유의지라는 관념을 부정하는 이유는 여러 가지 있는데, 그중의 몇 가지가 결정적이다. 우리의 행동에 원인이 있다면 우리는 그렇게 행동한 이외의 다른 행동은 할 수 없다. 그런 경우 우리는 그 행동에 책임을 질 수 없다. 우리는 자기 행동의 제작자author인 경우에만 자유로운 주체일 수 있다. 하지만 우리 자신은 우연성과 필연성의 산물이다. 우리는 자신이 무엇으로 태어날지 선택할 수 없다. 그러므로 우리는 자신의 존재에 대해 책임을 질 수 없다."[131]

그레이는 진보의 개념도 공격하며, 도덕성, 정의, 진리라는 개념도 착각이므로 거부하고, 세계의 문제들을 다룰 수 있는 일체의 가능성을 부정하고, 세계는 독재, 무정부상태, 기근, 질병, 나아가서는 인류가 결국은 멸종할 운명에 얽매여 풀려날 길이 없다고 단언한다. 이것은 극단적인 마니교도적 형태를 띤 옛날 '원죄' 개념의 현대적 버전이다. 인간이라는 존재는 치명적인 결함을 갖고 있으며 세계는 피할 수 없는 파괴를 향해 달려가고 있다. 변한 것은 오로지 결함의 성격뿐이다. 과거에는 그것이 신이 내린 처벌로서 우리의 성격으로 굳어졌지만, 이제 그것은 선조로부터 물려받은 동물적 본성이 되었다. 유전자 내에 설정된 프로그램이 새로운 원죄이다.

이 결정론은 사회적 스펙트럼의 양쪽 끝에 있는 수많은 사람들에게 매력적으로 보였다. 전제주의적 엘리트에게 그것은 본질적으로 악한 짐승인 인간에 대한 확고한 통제를 정당화해주며, 개인들에게는 자기 탐닉을 정당화해준다. 인간은 어찌 해볼 도리 없이 타락한 존재이니 말이다. 양쪽 모두 의무라는 것에서 해방되었다. 사회적 조건이나 개인적 행실을 개선시키려는 시도는 똑같이 헛수고가 될 것이다.

하지만 좋은 품행이라는 것이 원래 결정되어 있는 속성이기 때문에 자신이 찬사를 받을 문제가 아니라고 우기고 나서는 사람이 한 명이라도 있었던가? 누군가가 "이봐, 내 천성이 원래 그래. 난 착하게 굴지 않을 수가 없어서 그런 거야. 착하게 구는 게 내 책임은 아니란 말야"라고 항의해본 적이 있느냐 말이다. 결정론은 오로지 나쁘게 처신하기 위한 핑계거리로서 끌어다 댄 것일 뿐이다. 아니다. 다시 생각해보니 나는 범죄자가 유전적 결정론을 법정에서 변론으로 써먹는 이야기를 읽은 적이 있다. 지혜로운 늙은 판사는 정중하게 고개를 끄덕였다. "나는 당신이 법을 어기도록 유전적으로 결정되어 있다는 것을 인정할 수 있소. 문제는 나는 그것을 준수하도록 유전적으로 결정되어 있다는 것이오." 그리고 미안하다는 듯 미소를 지었다. "나는 당신에게 법정 최고형을 선고하는 수밖에 달리 선택의 여지가 없습니다."

존 그레이는 개인적 책임감을 거부하는 근거를 행동이 무의식적으로 이루어진다는 이론에서 찾았다. 그는 신경학자 벤저민 리벳Benjamin Libet의 연구를 인용하면서 두뇌가 어떤 행동을 하려는 의식적인 결정을 내리기 0.5초 전에 행동이 일어난다는 것을 발견했다고 주장했다. 우리가 하는 일의 대부분, 혹은 거의 모두에 의식적 사고가 개입되지 않는다는 것은 확실히 참이다. 이것은 의식적 통제가 필수적이라고 여겨지는 결정 내리기의 경우에도 참일 수 있다.

결정론과 자유의지

여러 해 동안 나는 결정이론Decision Theory이라는 수업을 했는데, 이는 여러 가지 복잡한 요인들이 그로 인한 결과에 어느 정도의 영향력을 발휘했는지를 측정하는 다양한 수학적 기법을 설명해준다. 하지만 학생들이나 동료들에게 밝히지는 않았지만, 이것이 그저 뜬금없는 미신적인 이야기, 물리학에 대한 부러움에서 나온 또 다른 사례는 아닌가 하는 의혹이 점차 커졌다. 마지막에 가서 나는 어떤 경영자도 이런 기법을 쓰지 않았을 뿐만 아니라 결정 내리기라는 일 자체도 거의 합리적이지 않다는 이단적 입장으로 슬쩍 흘러들어갔다.

실제 상황에서 어떤 결정을 내려야 했던 경험이 이 입장을 확인해주었다. 예전에 데이터베이스 이론을 가르치고 있을 때, 나는 새로운 데이터베이스 관리 시스템을 선택하는 책임자 입장에서 어떤 팀과 함께 일했다. 그 시스템은 모든 데이터베이스 교수법과 대학 자체의 정보 시스템에 사용될 예정이었다. 데이터베이스 선정에 응모한 주요 경합자는 셋이었다. 선발팀은 각 회사에 가서, 장황한 시연법을 들어보았고, 날카로운 질문을 던졌다. 하지만 우리 중의 누구도 공개적으로 인정하지는 않았지만, 끝에 가서는 기술적 세부 사항 때문에 지쳐버렸고, 그냥 제일 마음에 들었던 발표자를 선택했다. 다른 두 시스템은 사장된 반면 선택된 데이터베이스는 시장을 선도하는 시스템이 되었다. 그러니 이것도 쓸모 있는 기법이다. 제품이 아니라 제작자를 평가하라.

안토니오 다마지오도 결정 내리기에 관련된 이런 감정적 토대를 보여준 적이 있다. 그는 두뇌가 손상된 환자들 가운데 지성이나 이성과 논리를 적용하는 능력에는 손상이 없지만 더 이상 감정을 느끼지 못하는 경우가 일부 있다는 사실을 1990년대에 발견했다.[132] 감정의 소용돌이에서 해방되었으니 이런 사람들은 선택의 논리적 분석에 의거한 명료하고 이성적인 결정을 내릴 수 있어야 했다. 그런데 실제 상황은 그와 정반대였다. 그들은 매우 간단한 결정조차 내리지 못했다. 각 가능성의 장단점을 분석할 수는 있었지만, 감정이 없으니 어느 하나를 선택할 수가 없었다. 그러므로 직관 혹은 '본능'은 그저 일을 처리하는 과정의 일부가 아니라 그 본질적 면모이다.

다마지오가 발견한 내용을 토대로 하여, 조지프 르두는 두뇌에는 결정에 이르는 두 갈래 길이 있다는 설을 내놓았다.[133] 낮은 길과 높은 길이 있다는 것이다. 낮은 길은 어떤 의식적 추론이나 인식이 개입되지 않고, 두뇌의 감정중추인 편도체에서 감각 지각 자료를 처리한다. 이 낮은 길은 즉각적이고 압도적으로 강력하며 통제하기가 무척 힘들다. 이것은 그레이/리벳 이론을 지지하는 길이기도 하다. 하지만 높은 길도 있다. 그것은 분석과 계획과 의식적 결정의 중추인 전전두엽 피질을 거치는 길이다. 이 중추는 편도체에 직결되어 있으므로, 다마지오가 깨달은 것처럼 추론에는 항상 감정적 내용이 투입된다. 하지만 르두의 말에 따르면 전전두엽 피질은 편도체의 원초적 욕구와 충동을 억누를 수 있고 또 자주 그렇게 한다고 한다. 감정적 두뇌에서 이루어지는 인식은 전전두엽 피질의 힘을 키운다.

다마지오도 같은 주장을 전개한다. "우리는 우리 두뇌에 그 기구가 여전히 남아 있고, 작동하는 맥락은 매우 달라졌는데도 반응 방식은 옛날과 동일하다는 사실에 대해 현명하게 대처할 수 있다. 또 그런 반응을 무시하는 방법을 알아내고 다른 사람들에게도 무시하라고 설득할 수도 있다."[134] 과학자로서는 흔치 않은 일인데, 다마지오는 자유의지를 실행해보기 위해 오싹할 정도로 구체적인 제안을 했다. "우리는…… 의지적으로 우리 감정을 통제하려고 노력할 수 있다. 우리는 우리가 처한 여건에 어떤 대상과 상황을 들여놓을지, 어떤 대상과 상황에 시간과 관심을 아낌없이 베풀지를 결정할 수 있다. 가령 상업적 TV를 시청하지 말고, 그것을 지성 있는 시민들의 가정에서 영원히 축출하자고 주장할 수도 있는 것이다."[135]

그러므로 인간 행동에 대한 신경학적 견해는 부처/스피노자/프로이트가 제안한 자아 모델과, 개인적 책임감 및 선택을 주장한 사르트르의 입장과 완전히 맥을 같이한다.

신경과학은 심지어 유전자의 독재로부터 우리를 구원해내기까지 한다. 유전학을 다루는 작가인 매트 리들리Matt Ridley는 이렇게 단언한다. "최근 두뇌과학 분야에서 무엇보다도 중요한 발견은 우리의 행동이 유전자의 손안에 있는 것만큼이나 유전자도 우리 행동에 달려 있다는 사실이다.…… 유전자는 감각을 통해 중재되는 경험에 반응하여 움직이는 나사들이다. 그것들의 조촉매助觸媒는 사건 하나하나에 따라 스위치가 꺼지고 켜질 수 있도록 설계되어 있다."[136]

리들리의 결론은 매우 분명하다. "자유의지는 유전자에 의해 사전 설정되고 그것에 의해 운영되는 두뇌와 전적으로 양립 가능하다." 그리고 결론을 내리는 과정에서, 유전학이 이기심과 잔인함, 야만적 힘을 옹호하는 사악한 과학이라는 생각을 물리친다.

진화심리학의 이론에 따르면, 행동은 인간의 두뇌에 의해 결정되는데, 그것은 홍적세 기간에 자연도태의 결과로 어떤 특정한 방식으로 발전해 나왔으며, 그 이후로는 시간이 충분치 않았으므로 더 이상 발전하지 못했다. 진화심리학이 제시하는 행동에 대한 설명은 위압적일 만큼 과학적으로 보일 수 있지만 추론은 의심스럽고 증거는 빈약하거나 거의 없을 때가 많다. 이것은 신의 의지처럼 스스로를 증명하는 이론이다. 만약 발생하는 모든 일이 신의 계획에 따른 것이라면 의미를 확립한다는 과제는 그럴듯한 신의 의지를 제공하면 해결된다. 이런 일은 거꾸로 원래 이론을 유효하게 만든다. 이와 비슷하게, 우리가 생각하고 느끼고 행하는 모든 일이 생존을 위한 적응의 결과라면, 남은 과제는 그럴듯한 적응 이야기를 꾸며내는 것이다. 홍적세 때 무슨 일이 일어났는지 증거가 거의 없는 만큼 이것은 상상력만 있으면 되는 일이다. 가령 상상력 그 자체가 잘 속는 얼간이를 조종하는 능력이 있다면 살아남을 가망이 대폭 커지기 때문에 진화한 것이라고 주장할 수도 있는 일 아닌가.

결정론 논쟁의 각 진영에는 스티브가 한 명씩 있으니, 양편 모두 "우리의 스티브가 당신들의 스티브보다 더 똑똑하다"라고 말할 수 있다. 심리학자이자 결정론자인 스티븐 핑커Steven Pinker는 아프리카 사바나에서 일어난 진화의 결과로 인류는 녹색 풍경과 물을 묘사하는 예술을 보편적으로 선호하게 되었다고 주장한다.[137] 하지만 나는 이 '보편적 선호성'을 반증하는 증거를 댈 수 있다. 듀크 엘링턴*은 풀을 싫어했다. 그걸 보면 무덤을 연상하게 된다는 것이다.

생물학자 스티븐 로즈Steven Rose는 녹색 환경에 대한 선호라는 것이 실제로 있다 하더라도, 그것은 십중팔구 도시 사회가 가진 전원에 대한 향수 때문일 것이라고 보았다. 나는 이 이론을 지지하는 증거를 제

◆ 'Duke' Edward Kennedy Ellington : 1899~1974. 미국의 재즈 피아니스트.

시할 수 있다. 영국 남부에서는 풍경화에 대한 욕구가 압도적으로 강한데, 그곳은 온통 도로와 콘크리트로 뒤덮여 있다.

로즈는 생물 유기체가 그저 유전자와 환경을 갈라놓는 수동적인 도구만은 아니라고 주장한다. "오히려 유기체는 자신들의 환경을 건설하는 데 능동적으로 참여하며, 끊임없이 주위 세계를 선택하고 흡수하고 변형시킨다. 모든 생명체는 끊임없는 유동流動 속에 있고, 항상 존재인 동시에 생성이다."[138]

신경학자들은 "두뇌의 연결 회로는 이미 결정되어 있어서 더 이상 변하지 않는다"라는 이론에도 도전하여, 인간의 두뇌는 비상하게 유연하다고 주장했다. 개인의 두뇌는 수백만 년 전에 확정된 것이 결코 아니라 경험에 반응하여 평생토록 스스로 다시 연결하고 조합한다는 것이다. 광범위하게 말하자면, 특정한 기능이 두뇌의 특정 부위에 의해 수행된다는 것은 사실이다. 하지만 세부적인 처리 과정은 두뇌마다 다를 가능성이 크다. 한 기능을 맡은 부위가 손상된다면 두뇌는 그 기능을 다른 방식으로 처리하기 위해 스스로 연결을 수정할 수 있을지도 모른다.

일상생활에 더 중요한 문제로, 어떤 형태로든 끈질기고 주의 깊게 행동하다 보면 두뇌 배치가 새로워진다는 것이 사실이다. 함께 작동하는 뉴런들은 함께 연결되어 있다. 현악기를 연주하는 음악가들은 왼손을 담당하는 두뇌 부위가 더 크고, 택시 운전사들은 해마상 융기(공간 정보를 저장하는 부위)가 더 크며, 조정 업무를 많이 해온 중재자들은 전전두엽 피질(관심과 집중을 담당하는 부위)이 더 크고 두껍다. 하지만 나쁜 소식도 있다. 덜 바람직한 활동(불안, 강박, 압박감, 중독, 나쁜 습관) 역시 그것들에 바쳐진 두뇌 네트워크를 개발하는데, 그런 조직들은 충분하고 자족적이고 변하기 힘든 성격을 갖고 있다는 것이다.[139]

그러므로 '두뇌의 화학적 불균형'이라는 형태의 결정론, '장애'의 원인이라 알려진 것들은 인과관계를 혼동한 말일지도 모른다. 두뇌의 특정한 화학적 상태가 행동과 상호 연결된다면, 상태가 행동을 만들어 낸 것이라기보다는 행동이 상태를 만들어낸 것일 수 있다. 가령, 주의력장애와 유년기의 TV 시청 사이에는 고도의 상호 관련이 있다.[140]

음모론이 인기 있는 이유

"난 원래 그런 사람이야"라는 낡은 핑계를 정당화할 여지는 없다. 개인의 기질(물려받은 유전적 형질, 가족의 영향, 문화적 요인의 복합으로 형성된 것)은 확실히 어떤 태도와 행동과 기분을 권장하며, 그것을 억제하기는 지극히 어렵고, 영구히 바꾼다는 것은 생각도 못할 일이다. 심리학이 '세트포인트'라 정의한 것이 이것이다. 하지만 기질 외에 성격이라는 것도 있다. 기질은 우리가 어떻게 생겼는가 하는 것이지만 성격은 우리가 무엇을 하는가 하는 것이다. 기질은 주어진 것이고 성격은 형성될 수 있다. 우리는 기질이 명하는 바에 반대하는 쪽을 선택할 수 있고, 어떤 방식으로 충분히 오래 행동한다면 그 방식의 행동이 그 자체의 두뇌 연결을 만들어낼 수도 있다. 햄릿이 의지 약한 모친에게 말하듯이, "사용하다 보면 본성의 각인도 거의 바뀔 수 있다."[141] 이 '거의'라는 말에서 셰익스피어의 천재성이 드러난다. 그는 천성과 양육 간의 논쟁도 이해하는 듯하다. 또 항상 그렇듯이, 그러면서도 어느 한쪽 편을 들지는 않는다.

그러나 '성격'이라는 단어는 치명적으로 유행에 뒤떨어진 분위기를 풍긴다. 권리 요구의 시대는 성격이 아니라 정체성을 추구한다. 성격 규정은 책임 차원의 문제이고 정체성은 권리 차원의 문제이다. 정체성은 돈과 지위와 명성 등의 각 분야에서 추구될 수 있지만, 가장 쉬운 방법은 어떤 집단에 소속되는 것이다. 대개는 민족성, 인종, 종교, 성적 취향 등이 그 집단의 기초이다. 자기들이 부당함을 겪어왔다고 주장할 수 있다면, 그 집단은 특히 매력적인 존재가 된다. 그럴 경우에 그 구성원들은 희생자가 될 수 있고, 누군가에게 책임 추궁을 하는 사치를 누릴 수 있다.

현대인들은 뚜렷한 이유 없이 무작위적으로 가해지는 불운을 받아들이는 능력이 없다. 그러다 보니 이런 상황을 처리하기 위해 남 탓하기라는 새로운 방법이 등장했다. 예전에는 불운을 신비스러운 신의 처사로 설명했다. 고난에는 목적이 있고, 때가 되면 그 목적이 무엇인지 완전히 밝혀지리라는 식이다. 지금은 불운에 의미가 있는 것은 거기에 뭔가 잘못된 요소가 있기 때문이라고들 여긴다. 누군가는 책임을 져야 하는데, 그것은 절대로 희생자 본인의 탓은 아니다. 더러운 일이 일어나지만 그것은 언제나 다른 누군가의 잘못이다. 제약 산업이 장애를 비난하고 돈을 버는 것처럼, 법률이라는 직업도 다른 누군가를 비난하고 돈을 받을 의사가 얼마든지 있다. 의학이라는 직업 역시 그에 순응할 의사가 있다. 《영국의학저널*British Medical Journal*》은 최근에 '사고accident'라는 단어를 영어에서 제거하려는 놀라운 기획을 시작했다. "우리의 어휘록에서 흔히 쓰는 용어를 없애는 것은 쉽지 않을 것이다"라고 존엄한 학회지는 인정했다. 그럼에도 "BMJ는 사고라는 단어의 사용을 금지하기로 결정했다."[142]

음모 이론이 그토록 호소력이 강해진 것은 무작위성을 받아들이지 못하는 이런 무능력 때문이다. 그런 이론은 진부하고 무작위적인 것에다 광휘와 중요성을 퍼붓고는, 개인적 무책임성을 은밀하고 불길한 힘의 탓으로 돌린다. 영국의 왕자비 다이애나가 시아버지 에든버러 공이 꾸민 자동차 사고로 살해되었다고 믿는 편이, 그리고 메릴린 먼로가 로버트 케네디의 지시에 따라 삽입된 독성 좌약으로 살해되었다고 믿는 편이 훨씬 더 만족스러운 것이다. 한심한 진실은 개인적 무책임성을 너무 많이 드러낸다. 그 진실이란 한 명은 술 취한 운전사 때문에, 또 한 명은 알코올과 약물 중독으로 죽었다는 것인데.

책임을 미루게 되면 이제 아무도 책임을 질 준비가 안 되어 있다는 문제가 생긴다. 다음은 21세기식의 이야기이다. 첫 아내와 이혼하고 두 번째 아내와도 헤어진 37세의 남자, 게리 하트는 크리스틴 팬터라는 여자를 한 인터넷 채팅방에서 만나 오전 5시까지 자지 않고 온라인으로 대화를 나누었다. 그런 뒤 그는 230킬로미터 떨어진 곳으로 트레일러 달린 랜드로버를 몰고 갔다. 하지만 그는 운전대를 쥔 채 졸았고, 길을 벗어나서 그 아래에 있는 철길로 굴러떨어져 충돌 사고를 일으켰다. 그 사고로 10명이 죽고 76명 이상이 부상당했다. 하트("내 생명은 시속 1000마일로 달려. 그게 내가 사는 방식이지."[143])는 위험한 운전으로 기소되었지만 재판에서는 졸았다는 사실을 인정하지 않고 기계 고장이 문제였다고 말했다. 하지만 랜드로버를 꼼꼼하게 조사했지만 아무런 문제점도 발견되지 않았다. 그가 유죄 판결을 받아 5년 수감형을 받았다. 출소한 뒤 그는 그 사고를 다룬 TV 다큐멘터리에 출연하여, 자신에게는 아무 책임도 없으며 자신도 희생자라고 주장했다. 그 사고의 사진을 보았을 때 그는 슬퍼하기는 했다. 하지만 그 슬픔은 부서진 자기 랜드로버에 대해서였다. "난 그 낡은 트럭을 정말 좋아했어요."[144]

물론 이 이야기는 극단적인 사례에 불과하다. 하지만 예전 같았으면 하트와 같은 태도는 상상도 하기 힘들었을 것이다.

책임지기를 거부하는 것과 나란히 가는 것은 '누릴 자격이 있다'는 주장이다. 지금은 누구나 휴가(단지 일을 쉬는 것만이 아니라 원하는 장소로의 해외여행을 말함)를 누릴 자격이 있고, 학생들은 더 좋은 성적을 받을 자격이 있으며(과제 평가 기준과는 상관없이 그들은 항상 "하지만 제가 이걸 하는 데 얼마나 오래 걸렸는데요"라고 주장한다), 직원들은 승진할 자격이 있고(새로운 지위에서 필요한 요건을 전혀 갖추지 못했을 때도 마찬가지), 예술가들은 더 인정받을 자격이 있고(집필한 것은 모두 출판될 자격이 있고 그린 것은 모두 전시될 자격이 있고 모든 공연예술가는 무대에 오를 자격이 있다), 연인들은 다음번에는 꿈같은 배우자를 만날 자격이 있다(그들 자신이 아마 그 원인 제공자였을 과거의 온갖 실패에도 불구하고가 아니라 그 때문에, 그들이 아무 책임도 인정하지 않는 그것 때문에).

실패란 케케묵은 개념이다. 그 누구도 높은 성적이나 예술적 인정을 받을 자격이 있는 것은 극소수에 불과하며, 꿈의 배우자 따위는 없다는 사실을 기꺼이 받아들이려 하지 않는다. 그러므로 실패란 새로운 금기어다. 《영국의학저널》이 선도한 것에 비할 만한 제안이 바로 내가 있는 대학에서 상상력 풍부한 해결책과 함께 등장했다. 각 과목의 한 수업 단위에서 하위 40% 내에 드는 점수를 받으면 애당초 그 과목을 듣지 않은 것으로 기록된다는 것이다. 이는 성적이 나쁘다고 욕을 할 일도 없어질 뿐만 아니라 남들보다 뒤떨어진 그런 민망스러운 상황은 아예 발생하지 않은 것으로 간주하겠다는 것이다.

이처럼 뭔가를 누릴 자격이 있다는 느낌은 분명히 부채를 증가시키는 요인 가운데 하나다. 1970년대 이후 권리 요구의 발달은 개인 부채가 계속 늘기 시작한 현상과 정확하게 일치한다. 어떤 삶의 양식을 누릴 자격이 있다면 그 비용을 댈 돈을 빌리는 것은 정당한 몫을 주장하는 행동이다. 부채를 상환할 의무도 없다. 그러므로 돈을 돌려받으려 하는 채권자는 죄 없는 희생자를 괴롭히는 추악한 불한당이 된다.

사람들이 부채를 어떤 식으로 취급하는지를 보면 문화적 조건형성의 형태가 어떻게 변하는지를 잘 알 수 있다. 얼마 전까지만 해도 빚은 죄악이었고 집을 사거나 할 때처럼 어쩔 수 없이 감당해야 하는 유쾌하지 않은 일이었다. 그러다가 차츰 각자 누릴 자격이 있다고 여기는 생활 스타일의 비용을 빚으로 충당하더니, 이제는 마침내 너무나 확실하게 좋은 수단이며, 바보가 아닌 다음에야 거부하지 않을 그런 것이 되어버렸다. 이런 단계에서 빚이라는 카드로 만든 집이 터무니없이 커져서, 카드 한 장만 빼내도 전 세계의 금융 시스템을 파괴할 수도 있을 정도가 되어버렸다. 그리고 물론 누구나 이런 참혹한 결과를 초래한 데 대해 은행가들을 비난한다. 은행가들을 끌어내어 목을 매달라!

권리 요구의 의식이 압도적인 현상이 될 때, 문제는 그것이 만족시켜주겠다고 약속은 하지만 실제로 가져다주는 것은 대개 그와 반대라는 데 있다. 권리 요구의 태도는 앨버트 엘리스의 세 가지 '해야 한다'

를 부추긴다. 나는 성공해야 하고, 누구나 내게 잘 대해주어야 하며, 세상은 편안한 곳이어야 한다. 그리고 그중 아무것도 일어나지 않는 경우에는 자기들의 요구가 부당했기 때문이 아니라 사악하고 강력하고 숨어 있는 힘이 그것들을 주지 않아서 그렇다는 결론을 내린다. 그러므로 권리 요구의 의식은 쓰라린 원한의 의식으로 변한다.

권리 요구의 의식이 낳는 또 다른 결과는 '다양성'에 대한 오늘날의 숭배, 그리고 모든 집단의 요구는 똑같이 타당하다는 믿음인데, 이 둘은 흔히 동시에 발생한다. 문제는 다양성에는 두 유형(권리의 문제인 기회의 다양성과 가치의 문제인 윤리의 다양성)이 있는데, 첫 번째 유형을 인정해야 하다 보니 두 번째 유형까지 생각하지도 않고 받아들였다는 것이다. 인종, 민족성, 성별, 성적 지향성 등의 이유로 인해 차별을 당해온 소수들을 위한 정의를 요구하는 것은 전적으로 타당하다. 하지만 윤리적 다양성이란 그 자체로 모순적인 용어이다. 타인들의 가치가 타당하다면 내 가치는 똑같이 자의적인 것이 되며 그렇기 때문에 가치가 없어진다.

이런 상대주의는 결과적으로 치명적인 신경쇠약을 피할 길이 없다. 도저히 어떤 가치를 내세울 수도 없고 가치판단을 내릴 수도 없게 된다. 어떤 이슈에 관해 논란이 분분해지면 우리는 양편 모두 나름대로 할 말이 있다고 중얼거린다. 정치적 갈등에 대해 우리는 "이편이나 저편이나 나쁘기는 마찬가지야"라고 말하고, 정치가들에 대해서는 "이놈이나 저놈이나 다 똑같이 나빠"라고 말한다. 우리는 사람들이 반드시 파괴적인 결과를 가져오게 될 어리석은 결정을 내리는 것을 보지만 그들에게 아무 말도 하지 않는다. 우리는 말한다. "난 끼어들 권리가 없어.""충고해봤자 듣지도 않을 거야.""사이만 더 나빠질 텐데.""어쨌든 내가 뭘 알겠어?"

이로 인해 자녀가 부모에게 대들고, 학생이 교사들을 평가하고, 직원들이 사장을 수탈하는 괴상하지만 흔히 보는, 권위가 포기되는 현상이 일어난다.

그리고 가치와 원리가 부재하는 상황에서 윤리는 그저 율법주의가 되고, 상황과 거래에만 한정되며, 딜레마를 해결하고 계약을 체결하는 문제가 되어버린다. 당신이 그것에 동의한다면 나는 이것을 하겠다는 식이다.

'다양성에 대한 찬양'에 따라오는 또 다른 문제는 그것이 포괄주의 inclusiveness를 선전하고자 하지만 결과를 보면 흔히 그 반대인 분리주의 separatism를 선전하는 꼴이 된다는 것이다. 권리를 빼앗겼다고 느끼는 집단은 다른 집단을 비난하고 그들과 분리되어야겠다고 요구한다. 그 집단이 민족적이거나 종교적인 기초를 가진 것이라면 자기들만의 나라를 세우겠다고 할 것이다. 그들만의 나라가 아니더라도 최소한 다른 집단의 나라 속에서 상당한 크기의 덩어리를 요구할 것이다. 하지만 분리주의는 분열을 완화하는 것이 아니라 오히려 강화하고 악화시킨다.

사르트르는 우리/그들이라는 의식이 낳는 추악한 결과를 묘사했고, 심리 실험은 인위적이고 임의적인 분리만으로도 갈등을 초래할 수 있음을 입증했다. 사실, 그로 인한 갈등이 너무 심각하기 때문에 이제 이런 유형의 실험은 너무 위험한 것으로 간주된다. 그런 실험의 마지막 사례 가운데 하나는 1966년에 무자퍼 셰리프Muzafer Sherif가 11세와 12세 아이들을 대상으로 행한 실험이었다. 그들은 방학 캠프의 커다란 오두막에서 사이좋게 지내고 있었다. 셰리프는 이들을 두 그룹으로 나누고, 단짝 친구들을 일부러 다른 그룹에 넣고, 새 그룹을 각각 별도의 오두막에서 지내게 했다. 얼마 안 가서 두 오두막 사이에는 긴 장감이 감돌았고, 걸핏하면 욕을 하고 위협했으며, 예전에는 친구이던 아이들도 서로를 미워하게 되었다. 시간이 흐르면서 공격적인 지도자가 각 진영에 나타났다.[145] 그리하여 그 어떤 기준도 없이 아무렇게나 갈라놓은 그룹에서도 분열이 생겼고, 그 분열은 갈수록 더 치열해진 것이다. 이 실험에서 우리는 분리주의란 그것이 예방하려 했던 문제 바로 그것을 초래하며, 그것은 또 애당초 분리를 하게 만든 궤변적인 이유를 뒷받침하는 증거로 사용되며, 그럼으로써 분리주의를 더욱더 불쾌한 것으로 만든다는 교훈을 얻는다.

하지만 권리 요구로 인한 최악의 결과는 아마 불평하고 싶은 느낌일 것이다. 그것은 투덜거리고 싶어하는 인간적 성향을 부추긴다. 내가 아는 어떤 주요 사상가도 투덜거림을 권장하거나 옹호한 적이 없었다. 스토아 사상가에서 실존주의자에 이르는 모든 철학자들은 모두 소리 높여 불평을 비난한다. 징징대며 불평한 덕분에 더 행복해진 사람이 지금까지 있었던가?

책임감만 피할 수 있다면, 혹은 다른 누군가에게 책임을 떠넘길 수만 있다면 더 행복해질 것이라고 생각하려는 유혹은 자주 생긴다. 이것이 컨설턴트, 자문관, 교관, 도사, 치료사, 카운슬러, 개인 트레이너, 생활 코치의 수가 계속 늘어나는 이유이다. 돈 드릴로Don DeLillo의 풍자적 소설인 《백색 소음White Noise》에서, 화자의 아내는 성인들에게 '서기, 앉기, 걷기'를 가르치는 것으로 어찌나 큰 성공을 거두었는지, '먹기, 마시기'를 가르치는 수업도 개발해보라는 요청을 받는다. 그런 수업은 너무나 빤한 내용을 가지고 공연히 힘을 쓰게 만드는 것이 아니냐고 화자가 말하자, 그녀는 사람들은 권위 있는 위치에 있는 누군가에게서 확인받을 필요가 있다고 설명한다.[146]

선택권을 가진 유일한 동물

지시를 받는 것이 사치로 보일지는 몰라도, 철학자와 심리학자들은 뭔가를 성취하게 만드는 것은 개인적 책임감뿐이라는 데 동의한다. 이것은 어느 양로원의 두 층에서 사는 연로한 입주자들에게 자기들 방에서 가꿀 식물을 준 유명한 연구에서 입증되었다. 한 층의 주민들은 직접 식물을 고르고 물을 줄 수 있었다. 다른 층의 주민들은 직원들이 주는 대로 식물을 받기만 했고 관리도 직원들이 담당했다. 더 행복해진 쪽은 식물을 돌볼 권리를 가진 층의 주민들이었다. 그들은 더 능동적이 되었고 기민해지고 약물 처방도 더 적게 받았다. 이와 비슷한 결과가 영화와 자원봉사자의 방문 시간대를 선택하는 문제로 시행된 연구에서도 관찰되었다. 거꾸로 말하면, 통제권을 상실하게 되면 불행감과 우울한 기분이 든다는 것이다. (하지만 그들이 정식 스토아 사상가들이었더라면 달랐을까? 통제권 그 자체가 없다는 사실을 인식하고 인정하는 것도 통제의 한 형태인가?) 더 놀라운 것은, 식물 연구 뒤에 이어진 6개월짜리 연구에서, 통제권이 없는 양로원 입주민들은 통제권이 있는 주민들보다 두 배나 더 많이 죽었다는 사실이다(후자의 사망률은 15%인 데 비해 전자의 사망률은 30%였다). 그러므로 개인적 책임감은 생사가 걸린 문제일 수도

있다.**147**

개인적 책임감이 덜 행사될수록 복종 가능성은 더 커진다. 1955년에 심리학자 솔로몬 애시Solomon Asch는 걸작이라 할 일련의 실험을 했다. 간단한 1대1 대조 문제를 풀어줄 자원자들이 모집되었다. 혼자 있을 때 그들은 99% 옳은 답을 맞혔다. 하지만 이구동성으로 거의 매번 틀린 대답을 하는 집단에 섞이자(한 명만 제외한 모든 실험자들이 공범 노릇을 함) 자원자들이 틀린 대답에 동의하는 횟수가 70%에 달했다. 그리고 나중에 그 속임수에 대해 알려주고 자신들의 복종 정도를 평가해보라고 했을 때, 자원자들은 모두 실제보다 낮게 평가했다.**148**

여기서 흥미를 끄는 문제는 물론 복종의 정신적 과정이다. 다른 상황이었더라면 틀렸다고 거부했을 내용을 받아들이기까지 사람들은 어떤 식으로 스스로를 설득하는가? 최근에 자원자들의 뇌영상을 사용하여 애시의 실험을 되풀이해보았을 때, 틀린 집단에 영향 받아 판단을 내릴 때는 시각과 공간 지각에 할당된 두뇌 부위에 변화가 일어났지만, 감독 및 갈등 해결에 관련된 부위에는 아무 변화가 없었다. 그러므로 결론적으로 말하자면 놀랍게도 스스로에 대한 설득 따위가 애당초 불필요한 것 같다. 자원자들은 자기 그룹이 본다고 주장할 뿐인 것을 실제로 본다.

이 새로운 실험을 실시한 심리학자 그레고리 번스Gregory Berns는 이렇게 결론지었다. "보면 믿게 된다고 생각하곤 하지만, 그 연구는 집단이 믿으라고 말하는 것을 믿는다는 사실을 밝혀냈다."**149** 집단의 판단과 의식적으로 일치하지 않는 독자적인 판단을 내릴 때, 이런 판단은 감정과 관련된 두뇌 부위에 활동을 유발하는데, 이는 자율성과 반대가

스트레스를 준다는 사실을 시사한다. 이 스트레스는 영화 《12인의 성난 사람들*12 Angry Men*》의 시나리오에서처럼 소수 의견과 다수 의견이 대립하는 배심원 토론의 모의실험에서 입증되었다. 소수 의견이라도 끈질기고 확신 있고 독단적이지 않은 방식으로 표명된다면 우세해질 수 있다. 하지만 아무도 소수파를 좋아하지는 않는다. 원리와 진실을 선전하는 것은 결국은 효과가 있을지 모르지만 그것을 선전하는 자들은 까탈스러운 사람으로 취급받고 외면당한다.

더 충격적인 실험 결과도 있다. 사람들(온건한 중년들)이 문제를 풀다가 틀린 대답을 하면 실험실 가운을 입고 묵직하게 권위가 있어 보이는 인물의 지시에 따라 자원자들이 충격(자원자들은 이것이 전기 충격인 줄 알고 있었다)을 점점 더 세게 가하도록 조작하게 하고, 그 지시에 대한 복종 정도를 실험한 사례였다. 실험을 하기 전에 스탠리 밀그램Stanley Milgram은 40명의 정신과 의사들에게 자원자들이 어느 정도로 복종할지를 미리 평가해보도록 했다. 그들은 최대 충격 수위까지 정도를 계속 높이는 것은 1%가량의 사디스트뿐일 것이라고 예상했다. 그런데 실제로는 65%에 달하는 자원자가 피실험자들이 그만두라고 애걸하고 고통으로 비명을 지르는데도 불구하고 최고 수치인 450볼트까지 충격 정도를 높였다. 또 충격 손잡이를 자원자들이 직접 작동하도록 맡겨보았더니 지시에 대한 복종도가 90%까지 높아졌다. 유일한 좋은 소식은 누구든 충격을 가하기를 거부하는 모습을 자원자들이 보게 되면 그 정도가 10%로 줄어든다는 것이었다.[150] 이 차이는 좋은 것이든 나쁜 것이든 본보기가 어떤 위력을 가지는지를 다시 한 번 입증해준다.

심리학자 필립 짐바르도^{Philip Zimbardo}는 평생을 바쳐 복지국가들의 세계에서 나치 독일이나 이라크의 아부 그라이브 감옥에 이르기까지 다양한 상황에서 일어난 순응성과 복종에 대해 연구했다. 그는 수많은 실험을 수행했는데, 그 가운데는 1971년에 스탠퍼드 대학에서 진행된 악명 높은 감옥 실험도 있다. 그 실험에서 자원자들은 간수와 죄수로 나누어 역할 놀이를 하게 되었는데, 간수 역할을 한 자원자 대다수는 시간이 지날수록 가학적으로 변했다. 짐바르도의 결론은 거리 두기(회의주의와 비판적 사고의 실행), 겸손함(개인적 한계와 오류를 기꺼이 인정하려는 자세), 사려 깊음(습관적인 무관심을 습관적인 인지로 바꾸는 일), 자율성(집단 속에서 독립성을 지키는 일), 그리고 무엇보다도 책임감을 함께 행사한다면 집단의 영향에 저항할 수 있다는 것이다. "우리는 개인적 책임감을 항상 유지함으로써, 또 우리 행동에 대해 기꺼이 설명하려는 자세를 가짐으로써 바람직하지 못한 사회적 영향에 더 저항하게 된다."[151]

책임 회피가 어떤 결과를 낳을 수 있는지만 감안하더라도 개인적 책임이 필수적이며, 이론에서든 실천에서든 결정론은 거부되어야 한다는 것은 얼마든지 확인할 수 있다. 자율적이고 주의 깊고 회의적이고 비판적인 사고를 하는 개인이라면, 그리고 바람직하지 못한 개인적, 집단적 성향을 자각하고 있는 사람이라면, 이런 것들에 저항할 수 있고 다른 사람들에게도 같은 행동을 하도록 설득할 수 있다.

인간이란 자신이 동물에 지나지 않는 존재임을 아는 유일한 동물이다. 또 그렇기 때문에 동물처럼 행동하지 않을 수 있는 선택권을 가진 유일한 동물이기도 하다. 우리는 절대로 결정되어버리지 않겠다고 절대적으로 결심할 수 있다. 《아프리카의 여왕*African Queen*》에서 캐서린

헵번이 험프리 보가트에게 말했듯이, "우리가 이 세상에 들어온 것은 본성, 바로 그것을 넘고 올라서기 위해서입니다."

　개인적 책임감의 수용은 확장되어 개인적 법률의 개발로 나아갈 수도 있다. 이것이 실존주의 철학의 본질이었다. 물론 그런 법률을 절대적으로 정당화하기는 힘들 것이다. 또 그 요구가 터무니없고 제멋대로인 것으로 보일 때도 있다. 그렇다면 왜 상관하는가? 그저 그 어려움이 만족스럽기 때문이다. 그저 순전히 존재 자체가 그렇기 때문이다. 플로베르가 털어놓았듯이, "모든 대안이 부조리하니, 그나마 가장 고상한 것을 고르도록 하자"는 것이다.[152]

chapter 7

홀로 있기의 어려움

비밀의 자아는 세계에 대한, 그리고 그 잔인함에 대한 방어막이다. 내면에 속하며 보이지 않는 것을 더욱더 효과적으로 무장시켜주며 신체보다 영혼을 더 잘 지켜주는 사슬갑옷이다.

골똘히 생각할 일이 생기면 이탈리아식의 진한 에스프레소가 둔감한 두뇌를 자극해줄지도 모른다. 하지만 이탈리아식 카페에 가면 모델들이 걸어 나오는 모습이 거대한 스크린에 비춰지고, 오디오시스템은 시끄러운 소울음악을 틀어주고 있고, 카운터에 있는 여직원 두 명은 지난밤에 찍은 자기들 사진을 놓고 떠들어대고 있다. 당신의 스마트폰은 수천 명에 달하는 네트워크 친구들 중 한 명에게 메시지가 왔다고 알려준다. 화끈한 사진 갤러리 세 곳(도발적이고 반항적인 여자 로커들, 세계에서 가장 섹시한 여성 100명, 잘못된 의상 때문에 민망해진 영화배우들을 보여주는 갤러리) 가운데 하나를 선택하라는 팝업 메시지가 뜨는 바람에 잠시 주의가 산만해졌지만, 다시 살펴보니 당신 매니저가 오전에 긴급회의를 잡아놓았음을 알리는 문자였다. 팀원들로부터 온 이메일 다섯 통도 있다.

멀티태스킹 권하는 사회

당신에게 필요한 것은 거리 두기, 집중하기, 자율성, 프라이버시이지만, 세상이 고집하는 것은 몰입식 사고, 주의 산만, 협동, 동료이다.

현대의 이미지 몇 가지를 그려보자.

체력단련 센터의 운동 기구 위에서 운동복을 입은 사람이 낯이 벌겋게 되고 땀을 흘리면서, 제자리에 있기 위해 미친 듯이 달리고 있는데, 그 와중에도 거대한 TV로는 프랑스 오픈 테니스 경기를 보면서, 헤드폰으로는 음악을 듣고 있다.

미장원에 간 어떤 여자는 머리를 감고 마사지를 받으면서 잡지에 실린 유명인사들의 결혼사진을 후루룩 넘겨보고 있고, 한쪽 귀로는 라디오 DJ의 쾌활한 수다를 듣고 다른 쪽 귀로는 거의 정신을 잃을 정도로 자기 목을 조른 뒤에야 남자 친구가 간신히 발기할 수 있었다는 미용사의 슬픈 이야기를 듣고 있다.

한 청년이 보드카와 레드불*을 홀짝거리면서 소파에 누워, 포르노 비디오를 보면서, 무릎을 꿇고 있는 금발 여자에게 정열적인 구강성교를 받고 있다.

최소한 세 가지 일을 동시에 하지 않는 사람은 충실하게 살고 있지 않은 것이고, 동시에 여러 가지에 관심을 분산하고 장기적으로 여러 곳에 연결하고 사는 시대, 즉 멀티태스킹, 하이퍼링크, 몰입형 네트워크 세계의 혜택을 누리는 데 실패한 사람이다.

관심을 요구하는 기계 장치가 점점 더 많아질 뿐만 아니라 뭔가를 사라는 권유도 갈수록 교묘해진다. 내 TV와 노트북은 모두 자기들이 소유주와 터놓고 지내는 사이이며, 그의 성격과 취향을 자세히 알고 있는 것처럼 행동한다. 그러니 TV 서비스는 끊임없이 부적절한 프로

---

* Red Bull : 오스트리아산 에너지 음료 브랜드.

그램을 보라고 제안하며, 인터넷 서점들은 나처럼 괴팍하고 안목 있는 남자에게 "마이클, 당신에게 추천할 것이 있어요"라는 메시지를 보낼 만큼 뻔뻔하게 군다. 이런 기계 장치가 취할 다음 단계는 당연히 자기들끼리 공모하는 것이다. 그러면 스마트폰이 위성 내비게이션에게 접속하여 이렇게 알려줄 것이다. "들어봐, 이 멍청이는 속물적인 와인광이야. 상세르를 좋아하고 그 그레이프프루트 향미와 혀가 저릿하게 떫은 듯한 생생한 맛에 열광하지. 하지만 그는 또 와인클럽에 가입하여 신입자에게 주는 특별 혜택을 받아 챙기고는 탈퇴해버리는 얌체족이기도 해. 이런 탈퇴 메시지를 전할 때는 정말 민망스러워. 어쨌든 그에게 다음번에 좌회전하면 쇼핑센터가 있고, 거기에는 상세르 12병 한 상자를 10병 가격으로 주는 슈퍼마켓이 있다고 알려줘. 거기 닿은 다음에는 워터스톤에서 펭귄클래식을 두 권 가격으로 세 권을 주는 판촉 행사를 하고 있다고 말해주고. 이 작자는 교양에 관한 속물이기도 하지. 그 검정 표지 펭귄클래식의 엄숙한 분위기에 완전히 빠져 있거든."

상점에는 그보다 더한 구경거리들이 수없이 많다. 현실 세계와 가상 세계는 모든 구경거리가 다른 구경거리로 이어지는 다중적 유혹으로 둘러싸여 있는 하이퍼링크의 정글로 변하는 중이다. 그러므로 문자메시지와 이메일을 보내는 스마트폰은 필수적인 장난감이다. 하이퍼링크의 저장고이며, 관심을 쉽게 분산할 수 있고 시간에 구애되지 않고 어디로든 관심을 옮길 수 있게 해주기 때문이다. 소통의 내용은 중요하지 않다. 연결되어 있다는 사실 그 자체가 안심시켜주는 메시지이므로. 쇼핑의 즐거움이 구매 물품과 별개가 되었듯이, 또 여행의 즐거움이 방문한 장소와 별개가 되었듯이, 기분 전환의 즐거움은 실제로 기분이 전환되는지와 별개로 그 자체가 목적이 되었다.

이처럼 항상 다른 것들이 끼어들 가능성이 있는 네트워크의 축이 된다는 것은 위기관리의 흥분과 중요성을 느끼게 해준다. 멀티태스킹에 있는 효율성이라는 거짓 감각과 마찬가지로, 다중 방해 처리 과정multi-interrupt process이 주는 긴박하다는 거짓 느낌도 있는 것이다.

정보노동자들(분석가, 프로그래머, 관리자)에 대한 연구에서 심리학자들은 이 세 분야의 전문직 종사자들이 모두 평균적으로 3분마다 방해받는다는 것을 발견했다. 하지만 가장 흥미 있는 발견 내용은 타인들이 그들을 방해하는 것만큼 그들 스스로가 자신을 방해한다는 사실이었다.[153] 끊임없이 방해받는 상태가 처음에는 정상적인 것이 되었다가 다음에는 반드시 그래야 하는 것이 되고, 결국은 작업자들이 스스로를 그런 식으로 방해하게 된다.

지속적으로 관심이 분열된 상태는 두뇌에 어떤 영향을 미칠까. 첫 번째는 거의 모든 형태의 탐욕이 그렇듯이 멀티태스킹은 실패를 자초한다. 그 현상을 세밀하게 연구한 심리학자들은 이렇게 결론지었다. "멀티태스킹은 표면적으로는 더 효율적인 것처럼 보일지 몰라도 실제로는 결국은 더 많은 시간을 잡아먹을 수도 있다."[154] 또 멀티태스킹을 하는 두뇌의 스캔 사진을 자료로 쓰는 신경과학자들은 더욱 단호하게 결론을 내렸다. 두 가지 일을 차례차례 하는 편이 동시에 수행하는 것보다 속도가 더 빨랐다는 것이다. 멀티태스킹을 처리하는 것은 전전두엽 피질인데, 그것은 한 번에 한 가지 이상의 일에 집중할 수 없음이 밝혀졌다.[155]

물론 그렇다 해도 단념하는 사람은 아무도 없을 것이다. 적어도 나는 그렇다. 나는 예전에는 책 한 권을 끝낸 다음에야 다른 책을 집어 들곤 했지만, 점점 갈수록 한 책을 끝내기 전에 새 책을 시작하는 일이 많아졌다. 그래서 신문지 조각을 갈피에 끼운 책들이 많아졌다.

끊임없이 관심을 옮겨 다니는 것은 두뇌에 장기적인 영향을 미친다. 신경과학자들은 서른다섯에서 서른아홉 살 사이의 사람들에게 전기 자극을 주어 방해해도 인지認知 과제에 집중하는 데는 거의 영향이 없 지만, 열여덟에서 스물한 살 사이의 사람들에게는 전기 자극으로 방해 하면 업무 수행 능력이 눈에 띄게 약화된다는 사실을 알아냈다.[156]

여기서 우리는 주의가 산만한 세대의 경우, 끊임없이 방해 요소를 처리해야 할 필요 때문에 전전두엽 피질이 충분히 발달하지 못하는지 도 모른다는 의심을 할 수 있다. 두뇌의 매니저 역할, 에고 노릇을 한 다고 알려진 전전두엽 피질이 두뇌가 성숙하는 최종 단계에 속하며 사 춘기가 지난 뒤에야 완전히 형성되기 때문에, 이는 충분히 의심해볼 만한 일이다. 이는 사춘기 아이들이 걸핏하면 이드에게 조종되며 명령 적이고 충동적이며 배은망덕하고 화를 잘 내는 이유 가운데 하나이기 도 하다. 그러므로 방해와 하이퍼링크가 많으면 결정적인 집행 통제부 는 주의가 산만해질 뿐만 아니라 제대로 발달하지 못하게 된다는 것이 다. 만성적인 주의 산만함은 전전두엽 피질을 약화시키며, 그와 반대 로 명상을 오래 하게 되면 그것이 강화된다.[157]

그러나 관심이 분산되는 상황을 피하기가 점점 더 불가능해진다. 새 로 구축되는 환경은 물리적인 하이퍼링크들로 점철된 텍스트이다. 격 리와 경계선이라는 개념 자체도 낡은 것이 되어가고 있다. 공항, 철도 역, 사무실 구역, 호텔, 병원들은 그 안에서 사람들의 관심을 분산시키는 제품과 서비스를 제공하는 크고, 환하고, 천장이 높고, 툭 트인 공간을 가진 하나의 미니 도시가 되었다. 도시 자체는 점점 더 거주 구역, 업무 구역, 쇼핑 구역, 먹고 마시는 구역이 서로서로 침투해 들어가서 구멍이 숭숭 난 형상으로 변해가고 있다. 런던 도크랜드 같은 신도시 개발은 건축가들에게는 '동굴과 공용 공간caves and commons' 이라 알려진 원리에 따라 설계되었다. 그것은 안과 밖, 업무와 여가, 공과 사의 구분을 불분명하게 만든다.

아무도 격리되고 싶어하지 않는다. 사무실은 툭 트이게 설계되었는데도 여전히 격리 구역이 너무 많다. 새로운 업무 장소에는 그 어떤 구분 시설도 없다. 런던의 유행의 중심지 쇼어디치에 있는 최신 유행의 광고회사인 마더에는 80미터짜리 대형 작업 테이블이 있다. 아마 세계 최대의 작업 테이블일 것이다. 또 그 회사는 주차 타워에 있는 것 같은 개방형 경사로를 설치하여, 건물을 여러 층으로 나누던 낡은 방식을 없애버렸다.

런던의 자연사박물관은 수백만 파운드를 들여 확장공사를 마치고 새 전시회를 한다고 자랑스럽게 알렸다. 그곳에서 근무하는 과학자들이 유리로 된 사무실에서 연구하는 모습을, 마치 박제 동물 전시품처럼 보여준다는 것이다. 가시성은 전문가 계층에만 한정된 것이 아니다. 롤스로이스 사는 작업 라인을 개조하여 안이 훤히 보이도록 유리벽을 설치했다. 요리사들도 식사하는 사람들이 볼 수 있는 오픈키친에서 일하는 경우가 많아졌다. 유행에 앞장서는 고급 레스토랑에서 식사하는 사람들은 요리사와 함께 부엌에서 먹는다는 특권에 추가 비용을 지불할 수도 있다. 값은 그보다 싸더라도 유행을 따르는 레스토랑에는 격리된 테이블이나 의자가 없고, 학교 식당에 있는 것 같은 공동 벤치만 있다.

물론 퓨전 디자인의 옷을 입은 손님들은 이런 벤치에 앉아 퓨전 음악을 들으면서 요리를 즐기고는, 이 온갖 퓨전 교육을 받은 비용을 지불한다. 신도시의 학교들은 학생들이 프랑스어나 역사 같은 과목을 배운다는 발상은 구제 불능의 구식이라고 경멸하면서 무시한다. 대신 그들은 그저 나폴레옹을 배울 뿐이다. 박물관들 역시 시대나 운동을 기준으로 하는 예술 전시 구상은 똑같이 오래된 것으로 보아 폄하했다. 대신에 세잔은 개념미술*과 흥미진진한 '대화'를 나누는 화가로 가정된다. (그런 대화는 실제로 이런 식으로 진행된다. 개념 작품: 당신은 너무 과장이 심해. 세잔: 너는 그냥 똥이야.) 예술이 왜 박물관에만 갇혀 있어야 하는가? 그래서 모든 곳에 예술이 있고, 어떤 곳에 있는 건물이든 예술이 끼어들었다. 현악사중주단이 철도역에서 연주하고, 발레리나가 백화점에서 춤을 추며, 연극단이 쇼핑센터에서 공연을 하며, 작가들은 대학이 아니라 감옥, 박물관, 병원, 축구단, 회사, 호텔, 동물원 등에 거처를 얻는다.

모든 것이 다른 모든 것과 뒤섞인다. 혼합을 가리키는 매우 유사과학적인 용어인 '시너지synergy'가 오늘의 단어가 된 이유도 바로 이점이다.

◆ conceptual art : 작품의 결과물보다는 작업 과정이나 아이디어를 예술이라고 생각하는 반反미술적 제작 태도를 의미. 그 뿌리는 마르셀 뒤샹에게서 찾을 수 있다.

개인적 거리, 홀로 있기

TV, 라디오, 컴퓨터, 전화기가 없으며, 문은 잠기고 블라인드도 내려져 있는 방에 누군가가 혼자 앉아 있는 모습을 상상해보라. 이 사람은 위험한 광인이거나 독거 명령을 받은 죄수임이 틀림없다. 그렇지 않고 자유로운 처지라면 그는 사회가 기피하는 누추한 낙오자이거나, 자동소총을 들고 폭약을 가득 넣은 배낭을 메고 대학교로 돌아갈 계획을 짜고 있는 사이코패스일 것이다.

지금 통용되는《정신장애의 진단적, 통계적 안내서》가 거리 두기를 '비인격화 장애depersonalization disorder'로 규정하는 것도 이상한 일이 아니다. 그것은 '자신의 정신적 과정이나 신체를 외부 관찰자의 시점에서 바라보는 것처럼 거리를 두고 본다'는 의미이다. 따라서 거리 두기를 할 수 있는 사람은 누구나 정신적인 질환자이고, 사실은 거의 인간이라 부를 수도 없는 존재이다.

하지만 부처로부터 사르트르에 이르는 모든 사상가는 개인적인 거리 확보를 정신 건강에 필요한 결정적인 요소로 여겨왔다. 기독교 사상가들도 거리 두기를 귀중하게 여겼고, 그것을 가장 열렬하게 지지하는 이야기 중에는 13세기의 도미니크 수도회의 신학자인 마이스터 에크하르트Meister Eckhart의 발언도 있다. "나는 구약과 신약 율법서에 실린 이교도 스승과 예언자들의 수많은 저작을 읽어보면서, 어떤 것이 가장 큰 덕목인지를 신중하고 끈기 있게 탐구했다.…… 그리고 이런 모든 글을 연구하면서, 내 이성이 도달할 수 있고 가르칠 수 있는 한도 내에

서 나는 모든 사물로부터의 순수한 거리 두기 외에 더 나은 덕목을 찾
아내지 못했다."**158** 이어서 에크하르트는 거리 두기를 겸손함, 자비,
심지어는 사랑보다도 더 우위에 놓으면서, 좀 묘하지만 충격적인 구절
을 덧붙인다. "거리 두기는 신이 내게 오도록 만들었다." 이 말을 세속
적으로 표현한다면 세계로부터 거리를 둠으로써 세계가 내게 다가오
게 만들었다는 말이 된다. 그러므로 지혜롭게 거리를 두면 실제로 더
강렬한 참여를 촉발시킬 수 있다는 모순이 존재한다. 마치 그림에서
한 걸음 물러서서 보아야만 더 분명히 보이는 것과도 같다.

　세계로부터의 거리 확보에 못지않게 자신으로부터 거리를 두는 것
도 어렵다. 그것은 자부심을 숭배하는 문화가 반대하는 일종의 겸손함
의 형태이다. 현대는 자부심의 부족이 모든 악, 특히 폭력이나 비행 청
소년, 낮은 학업 성취도 같은 사회적 악의 근원이며, 강한 자부심이 있
으면 개인적이건 사회적이건 모든 문제가 해결된다는 생각을 공리처
럼 내세운다.

　미국에는 자부심을 위한 국가 연합NASE: National Association for Self-Esteem이
라는 것도 있다. 그 단체는 '자부심의 고양을 통해 인간 조건을 개선하
는 것'을 임무로 삼는다. 이 또한 현대의 세상에는 풍자보다 더한 것이
실제로 존재하므로 풍자가 이미 불가능하다는 증거이다. 개인적 차원
에서는 자부심을 북돋우는 데 바쳐진 자기계발이라는 하부 장르가 만
개하고 있다.

　우화에서 인간들이 거울한테 질문을 던지고 겁을 내면서 응답을 기
다리던 시절이 있었다. 하지만 이제는 질문하는 시대가 아니다. 대신
에 우리는 거울을 보고 자신에게 해당되는 착각의 구호를 외치는 일로

하루를 시작한다. 영업사원이라면 "난 누구보다도 설득력이 있다. 판매 대상을 모조리 만날 것이다"라고 외친다. 경영자라면 "나는 누구보다도 지도력이 있다. 나는 모든 사람에게 복종하라고 지시할 것이다", 연인들이라면 "난 누구보다도 아름답다. 나는 내 욕망의 대상에게서 영원한 사랑의 불꽃을 붙일 것이다"로 구호가 바뀐다.

자부심이 가진 문제점은 거기에는 어떤 가치도 원리도 없고, 노력도 요구하지 않는다는 것이다. 이것과는 미묘하지만 결정적으로 다른 자기 존중에는 존경을 받을 만한 일을 성취했다는 뜻이 함축되어 있지만, 현대에 통용되는 자부심은 자신에게는 아무 요구도 하지 않고 오직 타인들에게만 요구할 뿐이다. 자기 존중은 내면으로부터 오고 자부심은 외면으로부터 온다. 스피노자는 이 차이를 이해했다. "자기 존중은 우리 바깥의 어떤 것으로도 확장되지 않으며, 자신이 완전해진다는 것의 진정한 가치를 아는 자, 자기 자신에 대한 평가를 요구하지 않는 냉철한 자만의 것이다."[159]

자부심은 세계에 비춰진 어떤 이미지이든 도로 반사되기를 요구하는 자아도취적인 것이며 그 어떤 지속적인 이득도 없지만, 이 사실을 인정하는 사람은 극소수이다. 그 극소수 중에는 《자부심이라는 신화 The Myth of Self-Esteem》를 쓴 앨버트 엘리스,[160] 그리고 건조한 태도로 다음과 같은 결론을 내린 일군의 미국 심리학자들이 있다. "그저 자기 자신으로 존재한다는 자부심을 무차별적으로 선전하는 데서 맛보는 유혹적인 쾌감 이외의 그 어떤 보상적 혜택을 사회에 가져다주는 기미를 오늘날의 아이나 성인들에게서는 거의 찾아보기 힘들다."[161]

사실 이런 심리학자들은 지나치게 부풀려진 자부심은 그것이 해결하겠다고 나선 문제 바로 그것을 얼마든지 악화시킬 수 있다고 주장한다. 세계가 높은 자부심의 요구를 채워주지 않거나 그 요구에 부응하는 속도가 느리다면, 자기 확신이 강한 사람은 분개하여 세계를 고분고분하게 만들겠다고 폭력에 호소할지도 모를 일이다. 그런 명백한 사례 하나가 청년 문화에서 보이는 '존경' 강박증이다. 가령 햄버거를 사려고 줄을 서다가 누군가에게 부딪혔는데 상대방에게 충분한 존경을 표하지 않았다면 그는 총격을 받고 죽을 수도 있다. 또 다른 사례는 수많은 부모들이 자녀들에게 심어주는 전적인 확신이다. 이런 종류의 높은 자부심이 지닌 문제는 낮은 수준의 자기 인식이 그와 함께한다는 데 있다. 그런 자녀는 자기 자신의 잘못에 대해서는 알지 못한 채 성장한다. 아니면 자신의 잘못이 오히려 사랑스러운 것이라고 믿기까지 한다.

심리학자 올리버 제임스는 우울증에 대해 조사하다가 12개월 동안 여러 다른 나라들에서 감정적 불편함이 우세한 정도를 나타내는 WHO의 도표를 보고 호기심이 생겼다. 꼭대기에 있는 것은 26.4%를 기록한 미국이었고 맨 밑에 있는 것은 4.3%의 중국(상하이)이었다. 도표의 추세는 더 많이 발달된 나라들에서 우울증의 발생률이 더 높아지는 방향으로 나타났다. 하지만 상하이는 매우 발달된 도시 아닌가? 제임스는 상하이로 가서 조사한 뒤, 자부심에 대한 태도 면에서 결정적인 차이가 있었다고 결론지었다. 미국에서는 정부의 태스크포스 팀, 학교, 부모, 자기계발 도서들이 자부심을 북돋우는 쪽으로 선전하지만 중국의 유가儒家 사상은 겸손함을 장려하고 개인들의 결점에 초점을 맞추어 가르친다. 뿐만 아니라 미국에서는 세속적 성공이 자부심을 승인하는 유일한 증거이지만 중국인들은 노력 그 자체로 만족한다. 또 제임스는 매우 공격적인 미국인들에게서 과대망상적인 자부심이 발견된다는 견해를 담은 연구도 인용한다.[162] 그런 사람들은 자부심이 인정받지 못할 경우 폭력적으로 변한다.

그리하여 깊은 아이러니가 생긴다. 자부심을 북돋우는 것은 원래 행복감을 증진시키고 공격성을 누그러뜨리기 위해서였는데, 거꾸로 우울증과 폭력성의 원인이 될 수 있다는 것이다. 아이들의 재능을 칭찬하여 그들의 잠재력을 실현시키려는 시도는 거꾸로 잠재력을 억누르거나 망가뜨릴 수 있다. 부모들은 중국식 방법을 채택하여, 아이들의 잠재력보다는 노력을 칭찬해주는 쪽이 더 현명할 것이다.

심리학자 캐럴 드웩Carol Dweck은 실제로 이 가설을 시험해보았다. 뉴욕의 초등학생 수백 명에게 시험을 치르게 한 뒤 50%의 학생에게는 그들의 노력을('넌 정말 열심히 노력했구나'), 나머지 50%에게는 지성 측면을('넌 이 점에서 정말 똑똑해') 칭찬해준 것이다. 그 다음에 학생들은 시험을 하나 더 치르는데, 두 가지 시험 중에서 하나를 선택할 수 있었다. 하나는 첫 시험과 난이도가 같고 다른 하나는 더 어려운 시험이었다. 노력 면에서 칭찬받은 아이들의 90%는 더 어려운 시험을 선택했고, 지능 측면을 칭찬받은 아이들은 대다수가 쉬운 쪽을 선택했다. 한 문장짜리 칭찬의 형태가 엄청난 효과를 낳은 것이다. 결과보다는 노력 측면에 집중하는 것이 더 낫다는 것이 여기서 다시 한 번 드러난다.

드웩은 지성 집단은 실패를 두려워하게 되었지만 노력 집단은 잘못으로부터 배우도록 고무되었다는 결론을 내렸다. 두 집단이 자기들보다 더 나은, 혹은 더 나쁜 점수를 받은 사람들의 시험지를 보게 되었을 때, 지성 집단 학생들은 자기보다 낮은 점수를 받은 시험지를 보겠다고 하여 자신들의 자부심을 북돋우는 쪽이었고, 노력 집단의 아이들은 대부분이 더 나은 점수 시험지를 봄으로써 자기들이 어디에서 잘못했는지 알고 싶어했다. 그 뒤에 치른 시험에서 노력 집단 학생들은 평균 점수를 30%가량 끌어올렸지만 지성 집단의 평균은 20%가량 낮아졌다.[163]

그러니 성공하고 싶다면 실패에 초점을 맞추어야 한다. 일반적으로 우리의 단점에 집중하는 편이 더 현명하다. 하지만 우리 자신을 있는 그대로 본다는 것은 지독하게 어렵다. 마음은 항상 그 자신을 소멸시키려는 전망으로부터 달아나듯이 그 자신의 무의미함으로부터도 줄기차게 물러난다. 날것 그대로, 동요하고 불안정하고 두려워하고 괴상한 것으로서의 자기 자신을 이해하는 데는 의지에 의한, 자연스럽지 않은 행동, 신념에 반하는 도약이 필요하다. 내면의 거인은 알고 보니 벌벌 떠는 난쟁이였다. 반쯤은 미쳤고 신경증에 걸렸고 탐욕스럽고 분개하고 비틀린 모습의 난쟁이인 것이다. 한 난쟁이와 다른 난쟁이를 구분해주는 것은 위장하고 자기기만하는(그 최종 과제는 자기기만의 모든 교묘한 과정을 지워 없애는 것) 힘과 성격이다.

좋은 소식은 우리가 자신의 영웅적이지 못한 본성을 노출한다는 영웅적인 과제를 수행하는 데 도움을 요청할 곳들이 있다는 것이다. 문학은 우리의 어처구니없는 하찮음을 상기시키는 이야기로 가득하다. 셰익스피어의 예를 들어보자. "바보는 자기가 현명하다고 생각하지만 현자는 자신이 바보인 줄 안다."[164] 이보다도 더 좋은 소식은 이 노출은 우리를 해방하고 고양시키기까지 한다는 것이다. 그리하여 또 하나의 정교한 모순이 있다. 내면의 거인은 그것이 난쟁이임을 깨달음으로

써만 깨어날 수 있다.

고독 · 정적 · 침묵의 삼위일체

그러나 진지하게 거리 두기를 추구하는 자는 3S의 삼위일체(고독solitude, 정적stillness, 침묵silence)를 포용해야 하고 동요주의Commotionism라는 새로운 종교를 거부해야 한다. 이것은 삶의 의미가 끊임없이 사람들과 어울리고 움직이고 시끄러운 가운데 있다고 믿는다. 동요가 곧 삶이다, 라고 이 새로운 신도들이 되풀이한다. 고독, 정적, 침묵은 죽음이다.

고독이라는 단어는 이미 케케묵은 뉘앙스를 띠고 있다. 어떤 심리학자 팀이 사람들에게, 일상에서 각자 좋아하는 행동에 서열을 매겨보라고 했더니, 혼자 지내는 것은 마지막에서 두 번째였고, 그보다 더 나쁜 것은 상사들에게 심문당하는 일뿐이었다.[165] 그 이유로 제시할 수 있는 것은 많다. 거리 두기처럼 고독도 무서워질 수 있다. 그것은 우리가 그토록 힘들여 숨기려고 애써온 무의미하고 추악하고 공허한 모습을 노출시킬지도 모른다. 연애하는 사이를 예로 들어볼 때, 친밀한 관계를 간절히 원하는 파트너는 홀로 있고 싶어하는 나의 욕구를 자신이 원하는 대로 항상 함께 있어주는 능력의 부족 혹은 그렇게 하기를 싫어하는 태도로 해석할 수도 있다. 또는 둘 다일 수도 있다. 그러면 이 파트너는 내가 혼자 있지 못하도록 음모를 꾸미고, 윽박지르고 방해하려 들 것이다. 또 가족들, 동료들, 친구들의 요구도 있다. 두 번째와 세 번째 범주는 점점 더 중요해진다. 위에서 인용된 조사에서 친구들과

보내는 시간은 다른 모든 활동이 따라올 수 없을 정도로 인기가 높다는 사실이 밝혀졌다.

누군가가 현대의 우정이라는 현상을 조사해본 적 있는가? 내가 느끼기에는 젊은이들은 갈수록 친구들의 범위가 더 커지고, 그들과 함께 더 많은 시간을 보내고, 같이 있지 않을 때는 더 자주 교신하고, 가족이나 파트너만큼, 혹은 그들보다 훨씬 더 중요한 존재로 간주하는 것 같다. 미국의 시인 로버트 블라이Robert Bly는 본인이 '형제 사회the sibling society'라 규정한 개념을 토대로 이 현상을 비판한다. 그것은 동료 형제들에 대한 충성이 허가하는 나르시시즘적인 자기만족을 좇아서 책임감과 성숙함을 거부하는 반半성인들의 문화이다.[166] 최근에 가장 인기 있는 TV 시트콤은 제목이 간단하게 〈친구들Friends〉인데, 새로운 가족으로서의 친구라는 발상을 퍼뜨렸다. 낡은 가족 단위는 요구만 많고 골치 아픈 데 비해 새 버전의 가족은 괴팍스러운 집단적 재미를 영원히 제공해준다. 아무도 성장할 필요도, 그 둥우리를 떠날 필요도 없다.

그러므로 이 형제들은 끊임없이 소통하기를 요구한다. 테크놀로지는 휴대전화, 인터넷 메신저, 문자, 채팅방, 이메일, 소셜 네트워킹 웹사이트를 만들어내어 이 요구에 대해 훌륭하게 복종한다. 모든 사람이 모든 사람과 친구이고 모든 사람은 다른 모든 사람과 항상 소통하고 있는 것처럼 보이기 시작한다. 미국에서 새로운 리얼리티 TV의 유명 인사인 틸라 테킬라Tila Tequila는 〈틸라 테킬라와의 연애 한 장면A Shot at Love with Tila Tequila〉에서 16명의 이성애자 남자와 16명의 레즈비언을 출연시키고는 서로 경쟁시켜 짝지어주기 좋아하는 것으로 유명한 사람으로, 페이스북에 177만 1920명의 친구가 있다고 뽐낸다.[167]

현대의 추세는 점점 더 친구가 많아지고 그들과 점점 더 많은 것을 공유하는 쪽으로 움직인다. 사적인 것은 거의 남아 있지 않다. 아주 최근까지만 해도 성행위는 사람들이 있는 곳에서 언급하는 소재가 아니었다. 지금은 어젯밤의 섹스가 어젯밤 TV 프로그램처럼 대수롭지 않은 이야깃거리이다. 섹스의 위력과 황홀함이 그토록 줄어든 것이 부분적으로는 이 때문이기도 하다. 아직도 사적으로 남아 있는 최후의 금기는 돈인데, 그것 역시 점점 더 공개적인 것이 되고 있다. 다만 돈의 경우에는 그 주제가 갖는 위력과 황홀감이 줄어든다면 환영할 일이다.

이런 현상은 '협동'에 대한 숭배에서 그 짝을 찾는다. 이 새로운 우상은 최근에 쏟아져 나온 수많은 책에서 찬양되고 있다. 《크라우드소싱*Crowdsourcing*》◆, 《우리는 나보다 더 똑똑하다*We are smarter than Me*》, 《여기 만인이 오다*Here Comes Everybody*》, 《대중의 지혜*The Wisdom of Crowds*》, 《위키노믹스: 대중협동은 어떻게 모든 것을 바꾸는가*Wikinomics: How Mass Collaboration Changes Everything*》, 《우리-생각하기: 대중생산이 아니라 대중혁신*We-think: Mass Innovation, Not Mass Production*》(찰스 리드비터Charles Leadbeater 및 다른 257명의 공저) 등이 그런 책들이다.

이런 협동 형태는 지난 세기에 있었던 팀 정서의 연장물이다. 그 정서의 예언적 옹호자에 따르면, 전 인류는 결국 여러 가지 신나는 새 프로젝트에서 즐겁게 협동하는 거대한 하나의 팀이 될 것이라고 한다. 대중이 결정권을 가지는 수많은 리얼리티 쇼가 만들어지고 있는 데서

◆ 대중crowd과 아웃소싱outsourcing의 합성어로 그동안 해당 업계 전문가들이나 내부자들에게만 접근 가능했던 지식을 공유하고 외부 전문가와 비전문가의 참여를 유도해 혁신을 모색하는 방법을 일컫는다.

보듯이, TV는 이미 점점 더 협동이 강화되고 있다. 그리고 온라인 TV
는 협동의 개념을 토대로 하고 있다. 시청자들이 곧바로 드라마의 내
용에 영향을 주며, 거기에 참여하기까지 한다.

이 모든 것은 최근의 개인주의를 기묘하게 변화시켰다. 즉 개인에
대한 믿음이 줄어든 것이다.

하지만 모든 사상가들은 구원이 타인이 아니라 개인 내면에서 온다
고 조언한다. 그리고 내면에서 힘을 찾으려면 혼자서 시간을 보낼 필
요가 있다. 릴케의 말을 들어보자. "본질적인 것은 이것뿐이다.……
고독해져야 한다. 우리 주위에서 어른들은 무척 중요하고 거창한 일에
몰두하고 있다는 분위기를 풍기면서 사무적인 태도로 일하고 돌아다
니며, 우리 아이들은 어른들이 무슨 일을 하는지 짐작도 못하고 혼자
가 되어버린다."[168]

고독한 아이는 어른들의 바쁘고 떠들썩한 태도가 어리석다는 것을
직관적으로 알지만, 어른들은 바쁨과 떠들썩함에 함몰되어 매혹됨에
대해서는 잊어버린다. 세계는 지속적이고 전적으로 세계에 몰입하라
고 요구한다. 하지만 아이가 잔소리 심하고 간섭하는 부모들로부터 은
밀한 자아를 보호하듯이, 뭔가 필수적인 것을 간직해둠으로써만 가능
한 형태의 행복이 있다. 세상의 시끄러운 요구들과 세월이 떨어져 나
가고 그 옛날 유년 시절의 열광이 다시 한 번 체험될 때, 이런 자기만
의 영역은 고독에 의해 보호되고 강화된다. 그런데 현대 사회가 그것
을 인정해주지 않으니 흥분시키는 효능이 더 강해질지도 모른다. 코카
인 복용처럼 금지되고 불법적이지만, 비용을 걱정할 필요도, 위험한
범죄자나 경찰을 만날 걱정도, 중독의 후유증으로 코가 문드러질 걱정

도 없으니 좋지 않은가.

비밀의 자아는 세계에 대한, 그리고 그 잔인함에 대한 방어막이다. 내면에 속하며 보이지 않는 것을 더욱더 효과적으로 무장시켜주며 신체보다 영혼을 더 잘 지켜주는 사슬갑옷이다.

그리고 고요함이 있다. "가만히 앉아 있도록 가르쳐주소서"라고 엘리어트T. S. Eliot는 기도했지만,[169] 그의 기도에는 응답이 없었다. 대신에 시대는 점점 더 활동과 움직임의 미신에 지배되어갔다. 순전한 활동 자체는 항상 숭배되어왔지만, 조급증에 의해 추동되고 값싼 이동수단으로 용이해진 움직임에 대한 강박증은 새로운 사조이다. 요즘 사람들은 엄숙하고 수수께끼 같은, 아득한 표정을 지으면서 "여행하고 싶다"라고 말한다. 하지만 "어디로, 무엇 때문에?"라고 물어보면 그 수수께끼는 금방 와해되어 짜증스러운 몰이해로 변한다. 뭔가를 특별히 보고 싶다는 열망이 없고, 그저 움직이고 싶다는, 가고 싶다는 욕구만 있기 때문이다. 우리는 상어처럼 살아 있기 위해 계속 움직여야 하며, 역시 상어처럼 웃음은 가짜이지만 이빨은 진짜이기 때문이다.

미국 문화는 이런 움직임, 보편적으로 구원해주고 쇄신해주는 것으로서의 움직임에 대한 숭배에 푹 젖어 있다. 다른 데로 감으로써, 또 스스로를 위대한 개츠비로 재발명함으로써 그 어떤 실패도 지울 수 있다. 개츠비 같은 재생은 없더라도 움직임 그 자체가 신나는 것이다. 움직임은 가능성의 신체적 표현이기 때문이다.

'역동적'이라는 말이 최고의 찬사가 된 것도 이상한 일이 아니다. 역동성은 근사하다. 정태적인 것은 끔찍하다. 건물은 대개 어느 한 지점에 명백히 못 박힌 거대한 입방체 모양으로 되어 있으므로 문제가 심각하다. 현대의 건축가들은 움직인다는 착각을 만들어내는 설계로 이 문제를 피해 가려 한다. 가장 섹시한 새 건물은 기대거나 비틀거나, 몸을 돌리거나 무너져 내리거나, 곧 돛을 올리고 떠날 것처럼, 곧 이륙할 것처럼, 이미 날아가고 있거나 심지어는 춤추고 있는 것처럼 보인다. 자하 하디드Zaha Hadid가 두바이에 지은 댄싱타워는 늦은 토요일 밤 세 명이 클럽에서 춤추는 모습과 비슷하다. 다음 단계는 착각이 아니라 실제로도 움직이는 건물이 될 것이다. 다이내믹 그룹이라는 회사는 두바이에다 각 층이 축을 중심으로 돌아가도록 되어 있어서, 각자 집에서 TV를 보고 앉아 있는 동안에도 움직이는 건물을 제안했다. 회사 이름도 딱 어울리지 않는가.

　휴가 열병도 움직이기 위한 핑계에 불과할지 모른다. 별장 열병도 마찬가지다. 물론 본가에 있는 온갖 물건들을 갖춘 별장을 처녀지에 잔뜩 짓겠다는 식민주의자가 느끼는 전율도 있지만, 무의식적으로는 두 집 사이를 계속 움직여야 하는 필요성이 더 큰 기쁨을 주지 않을까. 사람들은 보통 지복至福이라는 것을 영원한 휴가, 더 정확하게 말하자면 휴일이 끝없이 이어지는 것으로 상상한다. 이 이상을 향해 워낙 많이들 노력하고 있으니 관광업의 자원은 갈수록 풍부해질 것이다. 섹스 관광, 모험 관광, 생태 관광, 우주 관광, 마약 관광, 슬럼 관광에다 이제는 어둠의 관광까지 있다. 론리플래닛Lonely Planet의 웹사이트에는 이것이 '죽음, 재난, 결핍과 관련된 장소로 가는 여행'이라 정의되어 있다. 이제 '암흑의 핵심' 관광이 당신을 독일 강제노동수용소, 캄보디아의 킬링필드, 서아프리카의 노예 지하감옥으로 편안하게 수송해줄 것이다.

그리고 바쁨의 미신이 있다. 여기서는 "난 여행하고 싶다"에 맞먹는 것이 "난 활동적인 것을 좋아한다"이다. 활동은 불안으로부터 놓여나게 해주기 때문에, 그리고 중요하고 의미 있다는 착각을 주기 때문에, 그것 자체가 목적이 되어버린 또 하나의 수단이다. 하지만 사상가들은 항상 활동하지 않음의 충만함을 격찬해왔다. 가령 키케로는 카토^{Cato}를 인용하여 이렇게 말했다. "아무것도 하지 않고 있을 때만큼 사람이 더 활동적인 때는 없다. 혼자 있을 때만큼 덜 혼자인 때는 없다."**170** 하지만 이것이 현대의 티셔츠에 쓰이는 구호로 변신하면 놀랍게도 현대 미국 시인인 찰스 라이트$^{Charles\ Wright}$의 '그냥 무슨 일을 하지 말고, 거기 앉아 있으라$^{Don't\ just\ do\ something,\ sit\ there}$'가 되어버린다.**171**

앉아 있지 않을 수 없을 때에는 가끔 사람들이 그것을 즐기기도 한다. 흔히 대기 구역은 기다리는 시간이 주는 불같은 조급증을 생각한다면 놀랄 만큼 고요한 곳이 많다. 기다리는 시간이 한참 길어질 수 있는 병원이나 공항의 대기실조차 그러하다. 더욱 고무적인 것은 어디로 눈을 돌려도 피할 길 없는 스크린을 보는 사람이 거의 없다는 것이다.

하지만 고요함에 대한 공격에 대항하기는 더 어려워졌다. 1880년대에 벌써 프랑스의 시인 쥘 라포르그$^{Jules\ Laforgue}$는 절망 속에서 외쳤다. "현대 세계는 고요함이 존재하지 않는다는 것을 사실로 확정하기 위한 음모를 꾸미기 시작했다."**172** 쉴 새 없이 음악이 들리는 술집과 카페와 레스토랑과 호텔과 백화점, 의상실, 슈퍼마켓, 버스, 기차, 로비, 엘리베이터, 화장실이 있는 세상을 보고 그는 어떻게 생각했을까? 소변을 보면서 명상에 잠기는 즐거움을 누리기도 점점 힘들어지고 있다.

이제 어디에서도 안전하지 않다. 내가 다니는 치과에서는 수십 년이 지나도록 주의를 분산시키는 것이라곤 너덜너덜해지고 표지도 떨어진 묵은 잡지뿐이었는데, 이제는 안내데스크 뒤에 커다란 오디오시스템이 설치되었고, 대기실에는 TV 소리가, 진료실에는 라디오 소리가 들려온다. 어떤 성소도 공격으로부터 안전하지 못하다.《미국 음향협회 저널 *The Journal of the Acoustical Society of America*》에 따르면 대양에 있는 물고기들도 광기로 치닫고 있다. "1960년대 이후 대양에서 수면하 소음 수준은 10배나 높아졌다."

하지만 가장 혐오스러운 것은 서점에서 들리는 음악이다. 생각해보라. 산꼭대기에서 깊은 사색에 잠긴 은자를 묘사하는 중국 시 분야의 책을 찾으려 하는데, 시끄러운 음악 때문에 귀가 멍멍해진다니. 이처럼 배경 음악의 본성 또한 변했다. 처음에는 공공장소에서 연주되는 것은 오로지 무자크muzak, 방해되지 않도록 만들어진 부드러운 느낌의 음악이었다. 간혹 어떤 서점에서는 바로크 음악이 깔려 별 피해를 주지 않고 흘러가곤 했다. 하지만 이제는 소울, 록, 드럼, 베이스 음악(시작도 중간도 끝도 없이 한없이 이어지는 음악을 좋아하는 현대적 취향의 본보기)이 쿵쾅거린다. 이것은 주의력을 망칠 뿐만 아니라 음악 그 자체도 망친다. 배경으로 연주된다면 무슨 음악이든 오직 배경 음악이 될 뿐, 냉장고가 돌아가는 웅웅거리는 소리와 다름없이 무의미해진다.

도서관이 고요 속에서 혼자서 책을 읽는 장소라는 생각 역시 케케묵은 생각이다. 이미 도서관에서도 이야기나 웃음이 금지되지 않고, 휴대전화도 점점 더 많이 사용되는 추세인데, 정부 주최의 도서관 회의에 참석했더니 문화부 장관이 도서관들이 너무 '심하게 고요하고 엄숙'하므로, '즐거움과 재잘댐'으로 가득 찬 곳이 되어야 한다고 선언하는 것을 듣게 된다면 사서는 어떤 생각이 들까.[173] 그 문화부 장관은 '도서관이란 실제의 사회적 네트워킹이 벌어지는 장소가 되어야 한다'고 믿는다. 도서관은 공동 학습, 가족력 연구, 외국어 수업뿐 아니라 독서그룹 서비스를 제공해야 한다. 이제 사람들은 네트워크의 지원을 받지 않으면 책 한 권도 읽을 수 없게 되었다.

하지만 문화부 장관은 엄숙한 고요가 도서관을 지배할까 봐 겁낼 필요는 없다. 지난번에 대학 도서관에 갔을 때, 그곳은 토요일 밤의 술집처럼 시끄러웠으니까.

사무실도 더 이상 안전지대가 아니다. 함께 일하는 동료들은 내가자리에서 일어나는 순간 음악을 트는데, 내가 있을 때는 혹시라도 내가 컴퓨터 자판을 들고 일어서서 자기 머리를 내려칠까 봐 겁이 나서자제할 뿐이다. 그가 겁에 질려 참아준다고 해서 별반 차이가 있지는않다. 옆 사무실의 남자가 줄곧 음악을 틀어대는데, 격벽은 얇은 합판으로 되어 있으니까. 내가 신문에서 읽은 가장 충격적인 이야기 중에하나는 BBC가 '조용한 사무실에서 일하는 직원들을 위해 마음을 편안케 해주는 인공적인 사무실 소음을 들려주는 수다 기계를 설치했다'는 소식이었다.

피곤에 지친 하루를 보내고 집에 가면 거실에서는 TV가 우르릉대고부엌에서는 라디오가 울려 퍼진다. 누구? 누구냐고? 지금 당장은 욕실에서 오늘 두 번째 샤워를 하고 있는 조카딸이다. 조카딸은 집에 오면 온갖 스위치를 있는 대로 켜두고는 욕실로 향한다. 그런 다음 학생들이 흔히 그러듯이, 공부하는 동안 라디오를 켜두어야 한다. 그렇게 해야 집중이 더 잘된다는 것이다. 잠자리를 준비하는 동안 다른 어른 손님들이 목욕가운을 입고 나타난다. 손님용 객실에는 라디오가 없는데, 그게 없으면 잠이 들지 않으니…… 그걸 좀 빌릴 수 있을까?

그러니 직원들은 소음 없이 일할 수 없고, 학생들은 소음 없이는 공부할 수 없고, 손님들은 소음이 없이는 잠을 잘 수 없다.

물론 어디에나 존재하는 배경음악은 전통적 의미에서의 음악이 아니다. 그것은 향유되기 위해, 혹은 제대로 감상되기 위해 만들어진 것도 아니다. 그것의 유일한 기능은 고요함을 몰아내기 위한 것이다. 고요함은 허공의 고요, 차갑고, 멀고, 비인간적이고 무서운 허공의 고요를 상기시키기 때문에 철폐되어야 한다. 그래서 사람들은 집에 가면 TV와 라디오를 자동적으로 켠다. 겨울이면 난방을 켜는 것과 마찬가지다. 목적도 동일하다. 추위를 몰아내기 위해.

고요함을 즐기는 사람은 분명히 차갑고 소원하고 비인간적일 것이다. 그래도 이 세 가지 괴짜들은 적어도 시인들에게서는 위안을 얻을 수 있다. 예를 들면 스페인의 시인 후안 라몬 히메네스Juan Ramón Jiménez는 이렇게 말한다. "통일성은 고요함의 고상한 딸이며, 분산은 소음의 미친 의붓자식이다."[174]

히메네스가 현대의 스페인에서 살았더라면 얼마나 고생했을까! 나와 내 친구, 두 가족이 스페인의 한 휴양지에서 같은 곳에 묵게 되었다. 내 친구는 자신이 쓰려 하는 주제에 대해 이야기하고 싶어했지만 물론 그 집에는 사방에 소음이 있었다. 우리는 조용한 술집을 찾아 나섰다. 오전 11시였으므로 사람 없는 술집은 많았다. 하지만 어디든 시끄러운 음악을 틀어대고 있었으므로, 간신히 조용한 술집 하나를 찾아들어가서 커피를 시키고는 자리에 앉았다. 하지만 말을 하려고 입을 여는 순간 천둥소리 같은 디스코 팝음악이 울려나와 내 말소리는 들리지도 않았다. 주인이 음향기기의 전원을 켠 것이다. 내 친구는 그에게 달려가서 얼굴을 무섭게 찌푸렸다. 음악 좀 끌 수 있을까요, 이야기 좀 하려는데요. 그 남자는 화를 내며 거절했다. 우리는 커피도 포기하고 나가야 했다. 문제는 그 음악이 원래는 손님인 우리를 즐겁게 해주려고 켠 것이었지만 음악을 끄느니 차라리 손님을 잃는 편이 낫다고 본다는 것이다. 술집에서는 음악이 있는 게 정상이고 이 손님들은 괴짜니까.

비극적인 것은 일면 그의 말이 맞는 면이 있다는 것이다. 공공장소에서 나오는 음악을 싫어하던 사람도 점점 무의식적으로 그것을 정상으로 여기게 되고 음악이 없는 상태를 오히려 비정상으로 여기게 된다. 신성한 고요함을 지키는 최후의 장소 가운데 하나인 런던 리뷰 북숍London Review Bookshop으로 가면, 그곳의 분위기가 뭔가 부자연스럽고 무덤처럼 느껴진다. 다른 고객들도 같은 기분일지 모른다. 그래서인지 손님들이 더 줄었다. 이 아름다운 서점은 문을 닫을지도 모른다. 그러면 다른 서점들의 음악 정책이 타당함을 입증해주고, 보편적인 배경음악이 자연스럽다는 고객들의 믿음을 강화해줄 것이다. 그러니 시대는 쉬지 않고, 가차 없이 그 의지를 강요하고 있다.

어찌 해야 할까? 그냥 내버려두거나, 동료나 친척들과 싸우고 치과의사와 서점 지배인에게 불평을 하거나? 후자의 방법에는 쇼펜하우어의 자기만족적인 괴팍함이 있다. 그는 자신의 근사한 생각이 문밖에서 수다를 떠는 침모 때문에 방해받았다고 분개하여, 문밖으로 달려 나가 그녀를 계단 아래로 떠밀어버렸다. 이 일화는 또 다른 방식으로 뭔가를 말해준다. 즉 절망한 사람들의 불관용과 공격성만이 아니라 그들이 그토록 과격하게 경멸했던 것이 어떤 장점을 가졌는지도 보여주는 것이다. 보편적 인권을 위한 계몽주의적인 요구가 바로 그것이다. 그 침모는 쇼펜하우어를 고소했고, 승소하여 그에게서 여생 동안 매년 각 4분기마다 연금을 받아냈다.

또 후안 라몬 히메네스의 정적에 대한 강박증 역시 괴팍스러웠고, 우스꽝스럽기까지 했다. 그는 소음을 피하기 위해 계속 이사 다녔는데, 그가 소음이라 여긴 것들은 현대의 도시 주민들이라면 거의 신경도 쓰지 않을 정도였다. 아래층에서 집주인 여자가 노래하는 것, 위층에서 쿠바인 여자가 치는 피아노 소리, 거리의 잡상인이 외치는 소리, 경전차 소리, 수다스러운 참새 소리 등등. 어떤 한 집에서 그는 프루스트의 방법을 따라 방에다 방음장치를 설치해보았다. 목수를 불러 흡음 유리섬유로 벽에다 방음 처리를 한 것이다. 하지만 효과가 없었으므로 그는 다시 이사해야 했다. 한번은 수위의 아들이 기르는 귀뚜라미 소리 때문에 미칠 지경이 되었다. 이번에는 그 시끄러운 소리를 없애기 위해 자기가 그 애완동물을 사겠다고 했다. 소년은 그 제안에 대해 생각해보았지만 그 괴짜가 왜 그러는지는 이해하지 못했다. 그가 볼 때 소음은 좋은 것이었으니까. "25페세타를 주면 세상에서 최고로 멋진 귀뚜라미 다섯 마리를 드릴게요."

chapter 8
생각을 멈춘 사람들

힘들게 생각하지 않으려면 자율성을 포기하고 더 높은 권위에 투항하는 것 외에 다른 대안이 없다. 이것이 근본주의가 가진 매력이다. 그것은 자유의 부담을 버리고 진리와 의미를 확립하려는 노력을 없애버린다.

충격적이기도 하고 무척 한탄스러운 일이기는 하지만, 오렌지 판매량이 꾸준히 낮아지고 있다는 것은 사실인 모양이다.[175] 사람들이 껍질 벗기기를 귀찮아하기 때문이라는 것이다. 이 소식을 듣는 즉시 나는 오렌지를 더 자주 사기 시작했고, 더 즐겁게 먹게 되었다. 이제 나는 오렌지 껍질을 매우 천천히, 조심스럽게, 관능적으로, 무엇보다도 반항적으로 벗긴다. 사상자 없는 전쟁, 세금 없는 공공서비스, 의무 없는 권리, 성취하는 바 없는 명성, 인간관계 없는 섹스, 달리기 없는 달리기, 일을 하지 않는 업무, 씨 없는 그레이프프루트를 요구하는 시대에 대한 작은 반격으로 그렇게 한다.

이 시대가 가장 좋아하는 옷인 티셔츠와 운동복은 게을러도 되고, 벗어던지기 쉽고, 몸을 구속하는 점도 전혀 없고 보관하는 수고도 필요 없는 것들이다. 넥타이가 유행에 뒤진 것이 된 현상도 이상할 것이 없다. 드레스 코드를 지켜야 하는 상황이 아니라면 누가 넥타이 매듭을 맬 에너지와 인내심을 들이겠는가? 나부터도 윈저 노트*를 어찌 매는지 잊어버렸다.

◆ windsor knot : 넥타이를 양쪽으로 두 번 감아 정식으로 폭이 넓게 매는 방법.

지적인 층위에서 보면 더욱 충격적인 소식이 있다. 최후의 보루가 무너졌다. 프랑스조차도 항복했다. "나는 생각한다, 고로 나는 존재한다"라는 전설적인 발언을 세계에 내놓은 이 나라의 재정부 장관은 국회에서 이렇게 말했다. "프랑스는 생각하는 나라이다. 우리가 이론으로 바꾸지 못한 이데올로기는 거의 없다. 우리의 도서관에는 앞으로 몇 세기 동안 계속 이야기할 만한 내용들이 있다. 그래서 나는 말하고 싶다. 이미 생각은 충분히 있다고."[176] 이 장관의 상사인 대통령은 TV 인터뷰에서 자랑스럽게 선언했다. "난 이론가가 아니오. 아, 난 지성인도 아니지! 난 뭔가 현실적인 사람이오." 자신의 논리를 입증하기 위해 그는 첫 번째 아내와 헤어지고 훨씬 젊은 모델이자 가수인 여자와 함께 검은 선글라스를 쓰고 포즈를 취한다.

그 대통령은 필요한 일을 하고 있을 뿐이다. 세계의 문제가 점점 더 복잡해지고 이해하기 힘든 것이 되어가니, 세계의 지도자들은 자기의 업무를 점점 더 힘들이지 않고도 하는 것처럼 보이게 만들어야 한다. 비록 그것이 착각이 아닐 때도 많지만 말이다. 로널드 레이건은 정말로 힘들여 일하기를 싫어했다. 현대의 지도자에게 편안한 태도는 머리숱이 많은 것만큼이나 중요하다. 실비오 베를루스코니는 머리칼을 대량으로 심은 뒤에야 이탈리아 대통령으로 재선출되었다.

바보를 찬양하는 사회

힘든 일은 혐오스러운 것이 되었다. 그것은 권리 요구를 부정하고, 가능성의 환상을 깨뜨리고, 이동성과 유연성을 제약하고, 만족감을 유보하고, 주의 산만함에 등을 돌리고, 책임감과 참여와 관심과 생각을 요구하기 때문이다.

그러니, 영어로 번역된 프랑스 지성인의 최신작이 무엇인가? 이해 불가능한 또 한 권의 포스트모던 이론서인가? 아니다. 대학에서 프랑스문학을 가르치는 교수인 피에르 바야르Pierre Bayard는 《당신이 읽지 않은 책들에 대해 이야기하는 방법How to Talk About Books You Haven't Read》이라는 책을 써서, 자신이 표지도 들춰보지 않은 책에 대해 가르친다고 뽐낸다.[177]

물론 문화계에는 언제나 기회주의자들이 널려 있었지만, 이처럼 뻔뻔스럽게 무지를 과시하는 것은 새로운 현상이다. 어려운 일과 이해를 거부하는 태도가 어디까지 확대되었는지를 보여주는 것이다. 지성에 대한 노골적인 적대감도 새로운 현상이다. 이제 지성은 악마 같은 것으로 여겨지고, 신성해지려면 바보라야 한다. 종교가 거둔 가장 큰 승리 가운데 하나는 이성을 거만하고 지나치게 자신만만한 것으로 보이게 한 것이다. 루시퍼의 죄는 지적 자만심이었다. 이것의 현대판, 아니, 포스트모던식 버전에서 이성은 엘리트주의적이고 강압적이다. 하지만 하찮기 짝이 없고 비꼬이고 겁에 질려 벌벌 떠는 존재인 자아를 있는 그대로 보기 위해 생각하고, 세계를 있는 그대로, 자아의 만족을 위한 테마파크 같은 것이 아니라 온갖 객관적 풍부함과 복잡성을 가진 세계로 인정한다면, 이성은 분명 해방과 겸손함의 행위이다.

게다가 나는 윌리엄 블레이크William Blake가 주장했듯이 바보짓을 계속함으로써 조금이라도 더 지혜로워진 바보는 본 적이 없다. 또 바보를 기꺼이 받아들여주는 사상가도 본 적이 없다. 구약성서의 예언자들은 바보들을 향해 분노를 쏟아냈고, 자비로운 그리스도와 온화한 부처 ("바보를 한 번도 볼 수 없는 사람은 결코 행복해지지 못할 것이다"[178])도 마찬가지였다. 19세기의 사상가들의 신랄한 태도는 더 심했다. 하지만 내가 제일 좋아하는 글은 〈전도서Ecclesiates〉에 나온다. "바보들이 웃는 소리는 항아리 밑바닥에 깔린 가시가 부서지는 소리처럼 들린다."[179]

이성적 사고는 제대로 불신당했다. 프란시스 윈Francis Wheen은 저서 《멈보점보는 어떻게 세계를 정복했는가How Mumbo-Jumbo Conquered the World》에서 이성이 잠이 들자 등장한 수많은 괴물들의 명단을 제시했다. 영국 정부가 시의회 소유의 시내 부동산을 개선하는 작업에 레누카 위크마란트네라는 풍수이론가를 고용했다는 윈의 주장이 사실일까? 그들이 그 비용을 지불하고 받은 자문이라는 것이 "빨강과 주홍색 꽃은 범죄를 줄일 것이고, 수생 생물을 들여놓으면 가난이 줄어들 것이다. 나는 이 오래된 가르침과 함께 자랐다"라는 말이라고 하는데? 대통령 보좌관의 말처럼, "로널드 레이건이 내린 거의 모든 중대한 이동과 결정은, 중거리 핵무장 조약의 체결 같은 것도 포함해 샌프란시스코의 점성술사인 조안 퀴글리가 처음 제시했다. 또 그녀가 미하일 고르바초프의 성격을 점성술에 따라 분석했다"라는 말이 참말일 수 있을까? 미국인의 48%가 UFO의 존재를 믿으며, 27%는 외계인이 지구에 온 적이 있다고 믿고, 1%(370만 명)는 외계인에게 납치된 적이 있다고 주장한다는 것도?[180]

그렇게 비합리적이고 믿기 힘든 상황이 어떻게 벌어졌을까? 항상 그렇듯이, 고급 문화와 하급 문화에서 서로 중첩되며 상호작용하는 원인들은 여러 가지 있다. 포스트모던 시대에는 인식론적 상대론이 우세해졌는데, 이런 추세는 이성을 거부할 뿐만 아니라 진리, 객관성, 의미, 심지어는 실재와 사실까지도 거부한다. 권리 요구의 시대는 지겹고 힘든 공부는 하지 않으면서 인정받기만 원한다. 설명보다는 예시^例^示를 선호하고 내용보다는 이미지를 선호한다. 너무나 차갑고 소원하고 비인간적이고 거만하고 억압적인 과학은 증오의 대상이며, 이성적 논의는 따뜻하고 인간적이고 겸손하고 긍정적이고 해방적인 감정으로 대체된다.

이에 대한 책임은 사상가들, 특히 니체와 사르트르가 일부 져야 한다. 도덕성을 줄기차게 비난해온 니체는 상대주의의 씨앗을 심었고, 사르트르는 철학적 체계를 증오하다 보니 체계와 함께 그것을 개발하는 데 사용된 이성도 거부하게 되었다. 그는 이성을 쇠울타리라고 비난했다. 이는 집이 무너진 것을 건축가의 도구 때문이라고 보는 것과도 같다. 하지만 그 발상은 포스트모더니즘의 프로젝트에 의해 열광적으로 채택되고 확장되어, 이성을 공격하는 데 이성을 사용했으며, 록음악가들이 무대 위에서 자신의 악기를 때려 부수는 것 같은, 관심을 끌기 위한 파괴주의 풍조로 이어졌다.

일단 이성이 불신되고 나니 모든 것이 따라서 불신되었다. 진리는 상대적인 것이 되었고, 모든 사람은 각자의 진리를 갖고 있고 그것들은 모두 똑같이 타당하다. 역사가들은 사건에 대한 모든 사람의 해석은 다른 모든 사람의 해석과 같은 정도로 타당하다고 주장하기 시작했으며, 문학평론가들은 텍스트란 독자들이 부여하고 싶은 어떤 의미든 가질 수 있다고 말했다. 이런 접근법이 가진 최대의 장점은 그것들이 의미와 진리를 구축하는 힘든 업무를 불필요한 것으로 만든다는 것이다.

그래서 과학은 자신이 객관적 진리라고 주장한다고 해서 조롱당했다. 과학이 문화 속에서 작동해오면서 그로부터 영향을 받은 면이 있다는 지적은 타당하지만, 이 지적은 확대되어 과학이 수많은 허구적 이야기 가운데 하나에 불과한 것으로 무시당하는 지경까지 갔다. 현대 물리학이 괴상하다는 사실은 일체의 유별난 믿음까지 정당화하는 구실로 사용되었다. 과학이 괴상하다면 괴상한 것은 모두 과학일 수 있다.

그리고 과학은 인간세계에 환멸을, 자연세계에는 참화를 가져온 책임을 추궁당해왔다. 오히려 과학자들은 자신들의 발견을 경이의 원천으로 간주하려는 입장이며, 지구가 직면하고 있는 위험에 대해 처음 경고한 사람들이고 또 지금 그 해결책을 찾으려고 노력하고 있는데도 말이다.

하지만 과학에 대한 가장 교묘한 공격을 가한 상은 철학자 존 그레이의 몫일 것이다. 그는 과학이 전혀 이성에 근거한 것이 아니라고 주장한다. "과학은 이성적인 탐구가 아니라 믿음, 주술, 책략에서 태어났다. 근대 과학이 그 적들에게 승리를 거둔 것은 우월한 합리성 덕이 아니라 중세 후반과 근대 초반의 과학 창시자들이 수사학을 사용한 솜씨와 정치 기술이 더 뛰어났기 때문이다."[181] 그리고 "철학자들이 상상한 대로 과학은 지극히 이성적인 활동이다. 하지만 과학의 역사는 과학자들이 과학적 방법의 규칙을 업신여겨왔음을 보여준다. 태생도 그랬지만 과학의 진보 또한 이성에 반한 행동을 통해 이루어진다."[182] 그레이가 주장하는 바는 지배적인 정통성을 거부하는 과정에서 흔히 발견이 이루어지며 그런 거부는 곧 이성에 반한 행동이라는 뜻인 것 같다. 하지만 실제로는 이것이 이성의 가장 중요한 용법이자 그것의 승리인데 말이다. 비록 아주 드물지만 그레이도 과학이라는 주술과 책략이 주는 몇 가지 혜택은 인정한다. "마취를 이용한 치과 치료는 순수한 축복이다. 깨끗한 물과 수세식 화장실도 그렇다."[183]

과학은 위에서 조롱당하는 동시에 아래에서부터도 잠식당하고 있다. 가장 어려운 과목, 이해력을 시험하는 가장 무서운 과목으로 여겨지기 때문이다. 그래서 과학을 공부하려 하는 사람들의 숫자는 해마다 줄어든다. 서핑이나 해변 관리법으로 성적을 얻으면 되는데 무엇하러 수학적 엄격성에 복종하겠는가? 몇 년 전, 현재의 젊은이들이 충분히 감당할 수 있을 만큼 힘들지 않은 새 과목을 고안하기 위해 대학교에서 회의가 열렸을 때 나는 피자 연구 과목을 개설하자고 제안했다. 그러면 여러 과목에 관련된 매우 학술적인 내용을 공부해야 하며, 학생들은 피자의 역사와 함께 적어도 이탈리아어 단어를 스무 개 정도는 배울 수 있지 않겠는가? 그런데 맥도널드가 햄버거 연구에 대한 학술적 자격증을 수여한다고 발표하는 바람에 내 제안은 빛이 바래버렸다. 내가 한 농담은 햄버거 연구 학위가 생겼다는 현실에 한 방 먹었다.

교육계에서 '어려운 내용'을 가르치기를 포기하는 현상은 수십 년간 누적된 사태의 결과이다. 가톨릭 국가인 아일랜드에서 자란 남자아이인 나는 거만하고 속물적이며 대체로 실리주의적인 교육의 한쪽 극단을 경험했다. 교사들은 걸핏하면 학생들을 모욕하고 때렸다. 이 끔찍한 현상은 아일랜드가 1960년대까지도 19세기의 세계에서 벗어나지 못한 결과였다. 그런 환경에서라면 나는 도저히 가르칠 수 없었을 것이다.

하지만 1970년대 초반에 런던에서 교직을 얻고 보니 영국의 교육은 그와 정반대 극단으로 치달았음을 알게 되었다. 학생들은 응석을 부리고 교사들은 학생들에게 아부하고 있었다. 물론 이렇게 해야 할 타당한 동기는 있었다. 예전에는 제외되던 사람들에게 교육의 기회를 주기 위해, 가족적·사회적 문제를 보완해주기 위해, 절망하는 이들에게 희망을 주고, 손쓸 길 없는 이들에게 도움을 주기 위해서였다. 그리고 이 프로젝트가 성공하지 못했다고 누가 말하는가? 이 이슈에 대해 제대로 논의하려면 따로 책 한 권을 써야 할 것이다.

하지만 그 현상은 분명히 대가를 치러야 했다. 하나는 교사 권위의 실추이다. 어떤 학생도 모욕당하거나 얻어맞는 것을 즐기지 않지만 아부꾼을 존경하지도 않는다. 또 다른 대가는 어려운 일을 거부하는 추세이다. 말할 가치가 있는 것은 단순하게 말해야 한다는 것은 교육의 근본 원리다. 하지만 어려운 생각을 단순하게 말하는 것 자체가 어려운 일이다. 그러니 어려움 전체를 피해버리는 편이 훨씬 더 쉽다. 또 다른 교육 원리는 열성적인 가르침은 항상 학생들을 고취시켜 수동적인 학습자가 아니라 능동적인 학습자가 되게 한다는 것이다. 하지만 학생들이 스스로 학습의 주도권을 쥐고 공부하도록 구슬리느라 진이 빠지다 보면, 그들에게 무얼 할지를 다 말해주든가 아니면 대신 해주는 편이 훨씬 쉬울 거라는 유혹이 생긴다. 그래서 중간 과제물로 평가를 해버리거나, 숙제를 정기적으로 제출하여 틀린 답을 고쳐주고 다음에 무엇을 할지 자세한 지침을 내주는 방식이 대세가 되어간다. 교육의 세 번째 원리는 이해시키려면 설명에 관심을 쏟아야 한다는 것이다. 하지만 학생들을 조용히 듣게 만들려면 진이 빠질 정도로 권위의 전쟁을 치러야 한다. 그저 그들이 하고 싶은 대로, 또 하던 대로 말하게 내버려두는 편이 훨씬 스트레스가 적다. 그리고 가르침이란 학생을 교사의 수준으로 끌어올리는 일이다. 하지만 꼼짝하지 않는 무거운 몸뚱이를 끌어올리다 보면 힘이 들고 좌절하게 된다. 그러니 학생의 수준으로 내려가는 편이 훨씬 더 쉽다. 이 온갖 원리들의 좌절 때문에 결과적으로 돌이킬 길 없이 평균 수준이 낮아졌지만, 교육계의 그 누구도 그런 사실을 인정해도 된다는 허가를 받지 못했다.

이런 방식에 익숙한 학생들이 대학교에 가면, 고교 때처럼 제멋대로 떠들어대는 것이 아니라 입을 닫고 수업을 들어야 한다는 데 충격을 받고, 또 강사들이 과제물의 답을 미리 알려주지 않겠다고 하면 분개한다.

세월이 흐르는 동안 학생들이 이해하는 태도에는 점진적인 변화가 있었다. 예전 학생들은 수업 내용을 이해하지 못하면 다시 설명해달라고 요청하곤 했다. 그러다가 학생들은 자기들이 이해하지 못한다면 분명히 설명에 문제가 있기 때문이라고 주장하는 쪽으로 변했다. 또 원망도 많이 한다. 더 최근에는 또 다른 미묘한 변화가 있었다. 이제 많은 학생들은 이해하든 이해하지 못하든 언급조차 하지 않는다. 대신에 그들은 우스꽝스럽고 고집불통인 강사들을 보고 즐기는 듯 연민의 웃음을 던지면서, 공부라고 하는 프로젝트 전체가 얼마나 터무니없고 쓸데없는 일인지에 대해 느긋하고 너그러운 태도로 웃어넘긴다. 여기에 또 하나의 부조리한 반전이 있다. 과거에는 교사들이 학생을 좌지우지했지만, 그 권력의 소재가 바뀌어가고 있다.

어려움과 이해라는 개념 자체가 거부당했다기보다는 아예 존재하기를 그쳤다. 사실 개념이라는 개념, 어떤 주제를 파악하기 위해 이해해야 하는, 그 기초를 이루는 추상적 이론이라는 관념은 존재하기를 멈추었다. 이제 이해는 도구적이다. 테크놀로지를 작동하는 법을 알 필요는 있지만 그 작동 원리를 알 필요는 없다.

그러므로 대지와의 접촉이 끊긴 지 이미 오래인 인간이라는 동물은, 이제 기계와의 접촉도 끊어지고 있다. 과거에는 웬만한 사람들이 TV의 뒷덮개를 열거나 자동차 보닛을 열어 수선을 해낼 만한 기술을 충분히 이해하고 있었다(나도 그렇다는 말은 아니다. 기계 내부를 들여다보면 현기증과 구역질이 나니까).

하지만 장비들이 판매될 때부터 있던 기능들이 쓸모없어지자 수선이라는 개념까지도 쓸모가 없어졌다. 이제 어떤 물건이 어떻게 작동되는지 이해하는 사람은 거의 없다. 부서지면 그냥 내다버리고 새 모델을 산다. 커뮤니케이션 기술이 발달하면서 그 일을 해주는 기계는 더 이상 눈에 보이지는 않지만 대기 속의 어딘가에 있고, 마치 신의 마음처럼 만져지지 않고 신비스러운 것이 되어간다. 남아 있는 것은 인터페이스, 스크린뿐이다. 그리하여 이미지가 내용에 승리를 거두며, 예시가 이해에, 묘사가 분석에 대해 승리한다.

이미지가 내용을 압도하다

여러 해 동안 나는 대학원의 프로젝트에 참여한 학생들을 감독하는 일을 맡아왔다. 대다수가 성인이며 전문직 종사자이고 사업상의 문제를 밝혀내고 분석하고 해결책을 제시할 필요가 있는 사람들이다. 하지만 갈수록 그들이 제출하는 과제물이 서술에만 의존하는 비중은 점점 커졌다. 나는 독창적인 분석이 들어 있지 않으면 석사 수준의 프로젝트로 인정할 수 없다고(사실은 거짓말이지만) 거듭 경고한다. 그러면 그들은 화를 내면서 물러났다가, 두어 주일 뒤에 (이 정신 나간 교수를 마침내 만족시키게 되었다는 자부심으로 얼굴을 빛내면서) 서른 쪽가량의 서술을 추가한 과제를 다시 내민다. 물론 그 과제는 훌륭하게 서술되었고 인상적인 사진들이 전문적인 솜씨로 재단되고 부착되어 있다. 하지만 온통 이미지뿐이고 내용은 없다.

그러니 액면 가치만이 유일한 가치이고 표면 아래에 있는 어떤 것에 대한 인식은 더 이상 없다. 사실 '아래'라는 개념은 어려움이나 이해 개념처럼 존재하기를 멈추었다. 더 이상 아래는 없고 표면만 있다. 복잡한 기계는 더 이상 없고 반짝이는 인터페이스만 있다. 그 결과는 이웃이나 상냥하던 동료가 테러리스트 혹은 연쇄살인범임을 알게 되었을 때와 같은 놀라움과 충격이다. "아니, 항상 그렇게 공손하고 친근하던 사람이…… 언제나 미소를 띠고 아침 인사를 했는데." 활기차게 인터뷰하던 사람이 알고 보니 무능하고 원한과 악의를 가진 괴물이었고, 장미꽃이나 초콜릿, 곰 인형을 보내던 사랑스러운 로맨티시스트가 강간범으로 돌변하게 되는 것이다. "세상에, 그는 정말 좋은 사람이었는데."

이렇게 잘 속아 넘어가는 사람들이 개인적인 어려움으로 시달리게 되면, 가령 직업 면에서나 인간관계에서 배신을 당하여 괴로운 상태에 처했는데 지각능력과 예견력, 이해력이 부족하다면, 그들은 곧 충격과 분노라는 반응을 보일 것이다. 그들에게 개인적으로 '표면 아래'가 없다는 것은 문제를 올바르게 파악하고 힘과 용기를 줄 내면의 삶을 갖고 있지 않다는 뜻이다. 그들이 의지할 곳은 아무 데도 없다. 그저 절망으로 굴러떨어질 일만 남는다.

나는 정부가 운영하는 '이미지Images' 라는 출판사의 출범식에 참석했다가 이미지가 가진 새로운 위력을 이해하게 되었다. 이는 북아일랜드 분쟁이 가장 심각한 수준에 달했을 때의 일인데, 그 행사의 목적은 문제를 이해하거나 해결하기 위한 방향이 아니라 돈을 많이 들여 각 지방에서 벌어지는 좋은 일들의 아름다운 이미지를 보여주는 것으로 맞상대하려 하는 데 있었다. 장어잡이 어부가 행복한 표정으로 그물을 끌어올리는 장면, 턱수염 기른 민속 음악가들이 황홀경에 빠져 바이올린을 켜대는 모습, 엄숙한 표정의 도기 장인들이 물레 위에서 신비스럽게 점토를 빚고 있는 모습 등등. 이런 긍정적 메시지를 퍼뜨리는 데 도움이 되도록 문화 혹은 언론매체에 관련된 모든 사람들이 오찬에 초청되었다. 사실, 공짜 음료와 안주를 먹으러 온 사람도 많았다. 갑자기 군중들이 수런거리기 시작했다. 북아일랜드 담당 장관이 도착한 것이다. 그저 정치가가 한 사람 왔군. 우리는 술과 안주를 집으러 다시 몸을 돌렸다. 그러나 잠시 뒤, 동요가 일어났고, 그것은 방 전체에 파급되어 쓰나미처럼 커졌다. 방송 앵커가 온 것이다. 10시 뉴스의 앵커맨이었다. 관료들은 감사를 표하러 달려가서, 그를 둘러싸고, 별 중요하지도 않은 이런 행사에 참석해주신 데 대한 감사를 비참한 목소리로 웅얼거렸다. 이 광경은 충격적인 계시를 안겨주었다. 이제는 뉴스를 읽는 사람이 뉴스를 만드는 사람보다 더 중요해졌다는 사실이 확인된 것이다.

거기서 나는 자아상自我象에 관한 교훈을 얻었다. 나는 과학소설 작가인 밥 쇼Bob Shaw라는 사람에게 다가갔다. 그는 이제껏 내가 본 중에서 가장 불행한 표정을 짓고 있었지만, 내가 알아볼 수 있는 유일한 사람이었다. 내가 자기 소설 한 권을 읽었다고 말해주면 조금은 기뻐하지 않을까 생각했다. 하지만 전혀 그렇지 않았다. 그는 투덜대더니 짜증스러운 표정으로 주위의 다른 그룹들을 둘러보았고, 결국은 다가오는 사진가를 노려보았다. 그 사진가는 우리에게 눈길을 한 번 휙 던져 가늠해보더니 그냥 지나쳐갔다.

난 웃었다. "우리가 별로 유명하지 않은 거지요."

하지만 밥은 웃지 않았다. 화가 나서 중얼거리면서 사진가를 따라가더니 팔을 붙잡았다. "실례합니다. 저는 밥 쇼이고, 세계적으로 유명한 과학소설 작가요."

사진가도 웃지 않았다. 대신에 사과하는 듯한, 회개하는 듯한 표정으로 몸을 돌리더니, 사진기를 들어 올렸다. 밥은 포즈를 취할 준비를 했다. 그러다가 세계적으로 유명한 작가 곁에 선다는 은혜를 곧 누리게 될 하찮은 인물, 나를 혐오스러워하는 표정으로 보았다. 그는 또 한 번 투덜거리고 근처의 그룹에 다가가더니, 마지막으로 의기양양하고 경멸하는 눈길을 내게 한 번 던지고는 사진기를 향해 몸을 돌려 자신을 변신시켜줄 플래시를 마주했다.

사람을 변하게 만드는 명성의 위력은 최근 기억, 가령 웨일스 공비인 다이애나의 죽음에 대한 기억에 감정적으로 탐닉하기 위해 이성을 포기한다는 가장 충격적인 현상 배후에 있는 원인이기도 하다. 용모도 평범한 어떤 여성이 있는데, 명성이 빛을 던져주지 않았더라면 거리에서 눈에 띄지도 않았을 그런 사람이었다. 그런데, 갑자기 트로이의 헬렌 이후 가장 눈부신 미인으로 숭배되었다. 응석받이로 제멋대로 살아온 한 여성이 갑자기 가장 지독하게 학대받은 비극의 희생자로 연민을 한 몸에 받은 것이다. 남편을 떠나 아랍 부자의 플레이보이 아들에게 간 여성이 갑자기 아빌라의 테레사 이후 최고의 성녀로 추앙되었다.

하지만 이런 주장을 입 밖에 내기라도 하면 냉혈한 회의주의자로 치부되어 경멸과 공격의 대상이 되었다. 나라 전체, 서구 세계 전체가 제정신이 아닌 것 같았다. 심지어 항상 이성적인 회의주의자라는 말을 들어온 내 아내조차도 감정의 물결에 휩쓸려, 켄싱턴 궁전 밖의 꽃동산으로 숭배하러 다녀왔다. 그녀 역시 그 죽음을 제대로 조망해보려는 시도에는 아예 귀를 닫아버렸다. 내 평생 가장 언짢은 사건의 하나였다. 이 경우에는 감정과 슬픔 때문에 피해가 생기지는 않았지만, 이보다 덜 온화한 감정(공황, 히스테리, 증오, 분노)이 같은 방식으로 이성적 논쟁을 밀어제치는 상황은 얼마든지 상상할 수 있다.

이런 위험한 감정들은 거의 대부분 공포감에 근거하고 있다. 또 쾌락주의적 문화는 즐거움을 추구하는 것에 못지않게 고통과 어려움을 기피하는 데 관심이 있으므로 항상 겁을 내고 있다. 서구 민주사회의 시민들은 지금만큼 건강하고 안전해본 적이 없었다. 그러면서도 지금만큼 건강하지 않고 안전하지 않다고 느껴본 적도 없었다. 이제 우리는 숨 쉬는 공기, 먹는 음식, 마시는 물, 우리 자녀들에게 웃어주는 사람들, 평소에 걸어 다니는 거리, 직장에 가기 위해 올라타는 대중교통,

자신이 일하는 사무실 건물, 이런 모든 것들을 겁내고 불길하고 독약처럼 병들었을지도 모른다고 여긴다. 위협이 눈에 보이지 않을수록 더욱더 무서운 것이 된다.

생각 없음

내 이야기는 감정에 반대하겠다는 주장이 아니다. 감정이 없으면 행복, 자비, 사랑은 있을 수 없다. 이성적 판단도 불가능할 것이다. 하지만 감정은 사유에 의해 균형이 잡혀야 한다. 부정적 감정은 긍정적인 것들보다 훨씬 강력하므로, 그것들을 통제하려면 이해하려는 노력을 꾸준히 해야 한다.

사유의 반대는 감정이 아니라 생각 없음thoughtlessness이다. 생각하지 못한다는 것은 별 해롭지 않은 형태인 기권처럼 들릴 수도 있지만, 한나 아렌트는 예루살렘에서 있었던 나치 전범 아돌프 아이히만 재판에 참석했다가 심오한 통찰을 얻었다. 그의 동기를 이해하려고 애쓰면서 그녀는 악을 하나의 적극적인 것, 원죄 또는 마니교의 교리에서처럼 악마적인 힘 같은 것으로 보는 전통적 생각도 고려해보았지만, 부정하지 않을 수 없었다. 그러다가 깨달음이 왔다. 아이히만이 보인 가장 현저한 특징은 이데올로기적 확신이나 사악한 동기가 아니라 생각 없음이라는 것이다. 이스라엘 법정에서 그는 독일에서 그랬듯이 구태의연하고 인습적인, 현실을 차단하고 사유를 불필요하게 만드는 언어를 그대로 썼다. 아렌트의 결론은 다음과 같다. "사유 활동이, 결과가 무엇이든 구체적인 내용이 무엇이든 간에 그것이 접하고 관심을 끄는 모든 것을 검토하는 습관이, 이런 활동이 인간으로 하여금 악행을 하지 않도록 막아주는 조건이 되거나 실제로 인간들을 악에 대항하도록 길들여줄 수 있을까?"[184]

그러므로 사유는 선과 악을 구별해주는 것일 수 있다. 또 삶과 죽음을 구별해주는 것일 수도 있다. 강제수용소 생존자인 프리모 레비Primo Levi는 생존자들의 공통적 특징 하나가 지적 호기심이라고 썼다.[185] 강제수용소의 극심한 고통조차도 적극적인 정신의 소유자에게는 연구의 대상이었으며, 그것을 이해하려는 노력이 결정적인 존재 가치를 부여해주었다. 지위와 소유에만 의존하여 완전히 부르주아적으로 살아온 사람들은 그런 자질을 갖지 못했으며, 가장 먼저 죽는 쪽에 속했다.

레비의 경험은 스토아 사상가들이나 실존주의자들이 조언했듯이, 이해가 곤경을 견디기 쉽게 해줄 뿐만 아니라 그것을 활용한 한 가지 사례이다. 자기연민, 분노, 남 탓에 휩쓸리지 않는 사람들은 무슨 일이든 이로운 쪽으로 돌려놓으려 노력할 수 있다. 배울 의사가 있는 사람이라면 고통은 훌륭한 스승이다.

하지만 한나 아렌트의 '생각하는 관심thinking attention'과 '결과와 구체적 내용에 상관없는 생각'은 합목적적 사유라는 일반적으로 이해되는 의미에서의 생각이 아니라 무방향적인 정신 활동을 가리킨다. 즉 진리를 수립하기 위해서, 결정을 내리고 여러 가지 선택의 범위 속에서 선택하는 것 등 특정한 목표를 가지고 생각하는 것이 아니라는 말이다. 생각하는 관심이란 순수하게 즐길 수 있는 생각의 형태이다. 하지만 방향 있는 생각이란 필요할 때는 많지만 항상 힘든 것이었고 점점 더 힘들어지고 있다.

신학이나 전통의 지원이 없는 인식론적 상대주의의 문화 속에서 뭔가를 진리로 확립하려면 어찌 해야 하는가? 구속도 없고 거의 무한한 개인적 자유가 허용되는 문화에서 생사가 걸린 결정적인 결정을 어떻게 내릴 것인가? 선택의 범위가 엄청나게 넓고 끊임없이 변하고 증가할 때 어떤 것을 어떻게 선택할 것인가? 선택이 필요하다고 주장한 사르트르는 그것이 '고뇌'라는 것도 인정했다. 자율성을 누리려면 선택의 고뇌라는 대가를 치러야 한다.

심리학자 배리 슈워츠Barry Schwartz는 선택에 대해 연구한 결과 냉철한 결론에 도달했다. 우리 모두는 선택을 좋아하고 최대한 선택할 수 있어야 한다고 요구하지만 실제로는 선택해야 하는 상황을 혐오한다. 우리는 선택의 범위가 최대한 넓어져야 한다고 요구하지만 실제로는 범위가 넓을수록 선택 과정은 더 길고 힘들어지며, 최종적인 만족을 얻을 확률은 더 낮아진다. 우리는 상충하는 가치들을 평가하느라 지치고, 거부당하여 놓친 기회 때문에 괴로워진다. 너무나 혼란스러워져 더 이상 어떤 선택도 하고 싶지 않을 때가 많다.

휴가철 레스토랑 메뉴를 펼쳐 들면, 첫 번째 메뉴에 환호하다가 두 번째를 보면 궁금해지고, 세 번째 메뉴에도 관심이 가다가…… 열 번째쯤 되면 너무 혼란스러워져 결정도 할 수 없고, 더 이상 배가 고픈 줄도 모르게 된다. 또 우리는 번복할 수 있는 결정을 내리는 쪽이 더 좋겠지만 현실에서는 결정을 번복할 수 있는 경우가 거의 없고, 번복 가능한 선택을 했을 때는 충분히 만족하는 법이 거의 없다.[186] 이는 인간이란 오직 유한성 내에서만 행복할 수 있다는 사르트르의 견해를 입증해준다. 최종 선택을 하고 그것을 고수하는 것이다.

우리의 물러빠진 시대가 지금 이 현실의 힘든 선택에 관한 새로운 이론을 수용했다는 것은 놀랄 일도 아니다. 과거에는 결정 내리기가 전적으로 이성적인 것으로 여겨졌다. 그러다가 그것이 감정을 포함하고 있음이 알려졌다. 이제 결정 내리기가 전적으로 직관에 의거한다는 주장(《블링크*Blink*》와 《본능*Gut Feelings*》 같은 책에서 발전된 주장)에서 그 이론은 정반대 극단으로 치달았다. 이런 이론은 생각해야 하는 상황을 혐오하는 세대에게는 분명히 신나는 일이다. 하지만 그것은 직관 그 자체도 생각의 산물임을 인정하지 않는다. 가장 엄격한 분석가는 최고의 직관적 심판이기도 할 것이다. 설사 그 직관에 대해 설명은 하지 못하더라도 말이다. 그리고 본능을 강조하다 보면 아주 편리하게도 직관(대개 믿을 수 있는)과 충동(대개 믿을 수 없는) 사이의 경계선이 흐려진다. 순간적인 결정에 관한 최근의 다른 연구들은 그것들이 이성적 숙고에 의거한 결정보다 신뢰성이 떨어진다고 주장한다.[187]

힘들게 생각하지 않으려면 자율성을 포기하고 더 높은 권위에 투항하는 것 외에 다른 대안이 없다. 이것이 근본주의가 가진 매력이다. 그것은 자유의 부담을 버리고 진리와 의미를 확립하려는 노력을 없애버린다. 살아가면서 결정해야 하는 데 따르는 트라우마와 의혹의 불안감을 대부분 없애버리는 것이다. 신神만큼 만족스럽고 확신을 주는 해결책도 없지 않던가.

방향 있는 생각은 힘든 노동이지만, 재미있는 형태의 생각도 있다. 한나 아렌트가 말하는 '생각하는 관심'이 그것이다. 생각에 특정한 목표가 없다면, 결론을 내려야 할 긴급한 필요가 없다면, 생각 그 자체가 유일한 목표가 되고, 불확실성은 관용될 뿐만 아니라 향유되고 귀중하게 여겨지기까지 한다. 기원전 4세기의 도가 철학자인 장자莊子는 말했다. "현자는 혼란과 의혹의 밝은 빛에 의지하여 방향을 잡는다."**188**

절대로 대답할 수 없는 질문에 대답하기

과학자들도 전적으로 절대적 진리에만 관심이 있는 것은 아니다. 최근에 나는 중력에 관한 TV 다큐 프로그램을 보았는데, 무척이나 포착하기 힘든 중력자graviton라는 입자를 찾는 한 물리학자가 출연했다. 그때까지 그는 몇 킬로미터 길이의 터널 속에서 한 물질을 다른 물질과 고속으로 충돌시켜 물질을 부수는 실험을 하면서 8년을 보낸 터였다. 그 시간을 다 보내고서도 중력자가 있다는 표시가 도무지 나타나지 않았으므로, 그 물리학자는 그것이 존재하기나 하는지, 또 그것이 의거하고 있는 이론이 타당한지에 대해 의심이 들던 차였다. 그토록 많은 시간과 노력을 낭비하고, 루이지애나의 습지대에 거대한 터널을 건설하는 데 그토록 많은 비용을 들였는데도 실망스러운 결과가 나와 그가 절망하고 있었는가? 아니, 조금도 그렇지 않았다. 오히려 만족감으로 얼굴이 빛나고 있었다. 그는 쿡쿡거리며 웃었다. "과학자들은 자신이 혼란스러워질 때 가장 행복합니다." 과학은 인간의 다른 노력과 전혀 다르지 않다. 거기서 중요한 것은 노력이지 성과가 아니다. 의미를 향한 탐구는 그것 자체가 의미이다.

한나 아렌트는 주장한다(그 중요성을 강조하기 위해 아렌트 본인이 이탤릭체로 지정함). "이성의 필요성은 진리의 추구에 의해서가 아니라 의미의 추구에 의해 촉발되었다. 진리와 의미는 같은 것이 아니다."[189] 마음에게 진리를 확립하라고 강요하는 것은 그것에다 족쇄와 눈가리개를 채우고서 마을로 향해 가도록 채찍질을 하는 것과 같다. 하지만 마음을 자유롭게 노닐도록 풀어줄 수도 있다. 입증하기보다는 성찰하고, 절대로 대답될 수 없는 문제 주변에서 뛰어노느라, 대개는 실용적인 사람들로부터 시간을 낭비한다는 눈길을 받곤 하는 상태 말이다. "인간이 대답을 찾아내는 모든 인지 문제 뒤에는 대답될 수 없는 질문들이 웅크리고 있다. 그런 질문은 완전히 게으르게 보이고 항상 게으른 족속으로 폄훼되어왔다. 만약 우리가 생각이라 부르는 의미를 향한 욕구를 잃고 대답될 수 없는 질문을 던지기를 멈춘다면 인간은 우리가 예술 작품이라 부르는 생각의 산물을 만들어낼 능력뿐만 아니라 질문을 던질 능력도 잃게 된다. 문명이란 그런 질문들을 기초로 하여 세워진 것인데."[190]

이런 종류의 생각은 방향이 없고, 순수한 존재에서 느끼는 즐거움의 형태, 신체적 즐거움에 상응하는 정신적 즐거움이다. 아리스토텔레스는 그런 사유를 신성하다고 여겼다. "신의 활동은 지극히 행복한 것이며 반드시 명상의 형태를 띤다. 따라서 신의 활동과 가장 비슷한 인간의 활동은 가장 행복한 활동일 것이다.…… 따라서 행복은 명상의 동반자이다."[191] 그리고 신은 전지전능할 뿐만 아니라 지치지 않는 존재이니, 쉬기 위해서가 아니라 명상하기 위해 안식일이 필요했다. 그는 돌이켜 생각하기 위해 일곱 번째 날이 필요했다.

치료사들 중에서도 돌이켜 생각하기, 즉 반추反芻가 주는 이득을 인정하는 사람들이 있다. 가령 앤서니 스토어Anthony Storr 같은 사람은 우울증 환자들을 격려하여, 그가 '적극적 상상력' 이라 부른 것을 훈련하도록 했다.[192] 이것은 일종의 '초연한 몽상detached reverie' 인데, 그럼으로써 세상에 너무 오랫동안, 너무 전면적으로 몰입해온 탓으로 정체성의 상실을 겪고 있는 환자들에게 도움을 준다. '적극적 상상력' 을 행하는 과정에서 그들은 잃어버렸던 자기 성격의 면모들과 다시 연결되고, 세상에서 요구하는 것보다 더 깊은 곳에 있는 정체성(비밀의 자아)을 개발하며, 이기심과 경력에 떠밀려가지 않는 경우가 더 많아진다.

　스토어가 다루는 것은 '테크닉' 이지만, 필요한 것은 프라이버시뿐이다. 그것조차도 지루한 대화나 회의를 하는 동안은 박탈당할 수 있다. 그의 생각은 단순히 두뇌의 네트워크를 주의 산만함으로부터 풀어주자는 것이다. 그런 다음 그것에 동력을 불어넣고 그것이 작동하면서 만들 수 있는 연결이 어떤 것인지 본다. 물론 상태가 좋지 않을 때는 네트워크가 동력을 높이기를 거부할 수도 있다. 실제 이슈에 압도당하고, 건강이 나빠 기능이 떨어지고, 절망이나 공포로 마비되고, 아니면 그저 숙취의 괴로움 때문에도 그렇게 되는 것이다. 혹은 어떤 연주를 하겠다는 별 뚜렷한 생각도 없이 그저 희미하게 현弦만 뜯고 있을 수도 있다. 하지만 운동선수들이 '환상적인 컨디션' 이 되는 순간을 아는 것처럼, 네트워크가 완벽하게 조절되고, 그 자신이 이 사실을 알고 전율하면서 작동 소리를 내는 때가 있다. 그럴 때는 즉시 새로운 연결이 이루어지고, 달러 표시가 줄지어 올라가고 과일 표시가 황홀감에 겨워 몸을 떨며 잭팟을 터뜨리는, 승리하는 조합이 이루어질 것이 확실해지는 것이다. 이것이 숭고한 유레카의 순간, 정신의 오르가슴이다.

　그들 이전의 대부분의 사상가들처럼 신경과학자들은 합목적적 사유, 혹은 사유와 감정, 사유와 기억 사이의 연결에 더 많은 흥미를 느껴왔다. 하지만 최근 들어 그들은 유레카 현상에 흥미를 느끼면서 직관에 대한 직관을 탐구했다.[193]

그들의 결론에 따르면, 두뇌에는 좌와 우의 두 개의 반구가 있는데 각각의 기능이 매우 다르며, 양쪽 반구는 집행의 통제소인 전전두엽 피질에 의해 조정된다. 좌뇌는 정상적 의식, 건강이나 고지서나 경력 등에 대한 끊임없는 투덜거림과 호들갑, 언어 이해, 시각 처리, 이성적인 사유를 포함하는 여러 가지 특정 기능들을 담당한다. 우뇌는 특정한 기능은 더 적지만 새로운 연결(주제와 은유와 농담을 이해하는 것 등)을 해주는데 세부적인 것보다는 더 큰 그림을 보게 해주는 연결성이 더 크다. 따라서 좌뇌는 나무를 보고 우뇌는 숲을 본다. 아니면, 좌뇌는 잔소리꾼 현실주의자이고 우뇌는 초연한 몽상가이다.

분석으로 문제를 풀 때, 그 작업은 아마 좌뇌가 맡게 될 것이다. 하지만 통찰을 더 쉽게 하려면 전전두엽 피질은 전략을 바꾸어야 하며, 좌뇌에게는 입 닥치라고 지시하고 우뇌가 자유롭게 연합하도록 설정한다. 이는 정신더러 나가서 방랑하라고 권장하는 이상한 형태의 집중이다. 통찰력이 발생하도록 연결되려면 두뇌는 완전히 이완되어야 한다. 통찰력을 얻으려고 의식적으로 애를 쓸 때는 거의 생기지 않다가, 오전 4시에 샤워를 할 때라든가, 화장실에 갔다가 잠자리로 돌아가는 때처럼 예상치 못하던 순간에 좋은 생각이 번뜩 떠오르는 것은 이 때문이다.

만약 매력적인 조합이 생각나면 그 통찰력은 즉각적이고 지극히 명백해진다. 축제 마당처럼 빛을 밝히는 전전두엽 피질에 의해 인식된 것이기 때문이다. 이것은 다른 사람의 직관을 인식할 때도 일어난다. 전전두엽 피질의 조명은 우뇌를 자극하여 과거 경험을 새롭게 이해하고 장래 행동을 새롭게 지각하도록 자극한다. 자기 것이든 남의 것이든 통찰이란 두뇌와 우주, 자아와 세계, 과거와 미래를 밝혀주는 백열광의 영광스러운 번쩍임이며, 무엇보다도 숭고한 현재이다.

물론 독창적인 통찰은 매우 희귀하지만, 설사 유레카의 순간이 없더라도 수다스럽고 강박적이고 잔소리나 하고 유머감각도 없는 좌뇌를 침묵시키고, 우뇌가 통제권을 쥐도록 격려하는 것은 무척이나 즐거운 일이다. 스피노자가 정신의 작업을 음미하는 수많은 표현들에서 뜻한 바는 분명 바로 여기에 있을 것이다. "마음이 그 자신과 그 힘을 살펴보면 환호하게 되며, 더 많이 환호할수록 그 자신을 더 분명하게 상상한다."**194** 그런 반추를 단지 백일몽처럼, 실제 삶으로부터의 도피라든가 그것의 부정이라고까지 볼 수도 있지만, 그것은 사실 삶에 대한 가장 깊은 감사의 표현이다. 한나 아렌트는 티셔츠에 넣을 만한 원리를 자주 만들지는 않았지만, 이것 하나는 그럴싸하다. "생각한다는 것은 감사하는 일이다thinking is thanking."**195**

반추의 장점은 전문성이나 훈련이 전혀 필요치 않다는 데 있다. 의례나 전문용어, 특별한 장소나 조건도 필요하지 않다. 언제, 어디서든 반추할 수 있다. 반드시 고독해야 하는 것도 아니다. 나는 업무 도중에 회의하면서도 반추할 수 있었다(갑작스럽고 예기치 못한 질문을 받으면 좀 난감해지겠지만). 하지만 최선의 결과를 얻으려면 평화롭고 조용하고 편안한 소파를 찾아가라. 나무를 바라보는 것도 도움이 된다. 도시 속에 유배된 나무 한 그루. 콘크리트 가운데에 홀로 서 있으며, 범법자처럼 사악한 도시의 바람에 공격당하지만, 그런 것들을 활용하여 살랑거리고 소곤거리고 마구 흔들리고 동요하지 않는가.

chapter 9
경험의 쇠퇴

키르케고르가 볼 때, 누군가 다른 사람이 되고자 하는 욕망은 가장 극단적인 절망의 징후였다. 이 극단적 절망감은 현대적 현상이다. …… 실재와 자아는 워낙 실망스러우니 도피를 부추긴다.

11월 말의 어느 날, 구름이 무겁게 내려앉은 날의 후반
도 끝나가고 있다. 빛은 오래전에 투쟁을 포기했으며, 하루 종일 내릴
듯 내릴 듯하면서도 낙하할 에너지를 충분히 끌어모으지 못한 비는 습
한 회색의 우유부단함 속에서 엉거주춤하고 있을 뿐이다. 망해가는 점
포의 문간에 서 있는 주인은 슈퍼마켓은 더 비싸게 부르고 자신의 식
품가게는 값을 싸게 매기는 세상을 원망스럽고도 당혹스러운 표정으
로 내다본다. 그의 앞쪽 포장도로에서는 남학생들이 확신보다는 습관
때문에, 지루한 집으로 돌아가는 시간을 미루고 싶어서 옥신각신하며
씨름하고 있다. 유모차를 미는 어머니 두 명이 서로 반대방향에서 오
더니 멈추었다.

"문을 닫았어." 한 명이 화가 나서 말한다. "화장실에 문제가 있대.
건강과 안전상 문제라네. 메인 센터에 있는 화장실을 왜 못 쓰는지 이
유를 모르겠네."

"귀찮은 거야." 두 번째 엄마가 투정 부리듯이 말했다. "우리 타일러
는 대소변을 가리는데도 거기 가면 항상 제멋대로 해. 그들에게 말했
지. '애는 배변 훈련이 되어 있지만 당신들이 아이에게 변기로 가라고
말해줘야 해요.' 그러면 이렇게 말해. '당신이 말해주면 되잖아요?'

그럼 나는 '직원들이 뭐 하러 있는 건데요? 이런 일 하라고 월급 받는 것 아닌가요?'라고 물어봐." 다른 쪽도 엄격한 표정으로 고개를 끄덕인다. "우리가 이런 세상을 상대해야 하다니."

그들은 입을 닫고, 이런 변덕스러움 때문에 용무를 해결할 기회를 박탈당한 아이들을 살펴보았다. 한 명은 잠이 들었고 다른 한 명도 깨어 있기는 했지만 뒤로 기대어 계속 우스운 표정을 짓고 있었다. 별로 기대하지도 않고 관심조차 없어 보이는 낮은 어조로 약하게 옹알거리기는 했지만. 어느새 하늘은 어두워졌다. 그러나 길 건너편의 간판 쪽에서는 잘생긴 운동선수가 밝은 햇빛 속에서 베란다 의자에 기대 앉아 있다. 조각 같은 갈색 상체는 오일로 번들거리고 황금빛 허벅지는 몸에 꼭 끼는 흰색 반바지에 안전하게 담겨 있는 상당한 야수성을 보여주기 위해 벌어져 있다.

판타지 속으로 도피하다

11월의 하늘이 어두워지면서 무시무시한 진리가 명백해졌다. 여기서는 아무 일도 일어나고 있지 않고 앞으로도 그럴 것이다. 빛과 영광 속의 삶은 다른 곳 어딘가에 있다.

모두들 이런 나날을 보낸다. 대다수의 사람들에게는 일 년 365일이 11월 어느 날의 오후이다. 무의미함이 주조를 이룬다. 세상은 회색이고 지루하고, 낙천적인 가슴은 납덩이로 변한다.

그런 감정의 한 가지 연원은 습관이다. 반복과 친밀성은 지각을 죽이고 경험을 감소시킨다. 하지만 문제는 습관도 필요하다는 것이다.

어떤 습관은 없으면 안 된다. 예를 들면 사람들을 고용할 때 따르는 절차 같은 것이 그렇다. 끊임없이 새로 고안해낼 수 있는 사람은 아무도 없기 때문에 답습해야 하는 습관도 있다. 전혀 습관에 의지하지 않고 살아간다는 것은 완전히 습관으로만 사는 것만큼 끔찍할 것이다.

하지만 가능성을 드라마틱하게 포장하는 오늘날 같은 세상에서는 익숙한 경험이 더욱 심각하게 평가절하된다. 삶이라는 것이 기대의 끝없는 실망과 갱신 속에서, 또 그런 줄도 깨닫지 못한 채 살아가는 경향이라는 것을 처음 알아차린 것은 쇼펜하우어였다. 그는 그런 태도가 현재의 진가를 얼마나 알아보기 힘들게 만드는지도 이해했다.

우리 시대의 현혹적인 목소리는 기대 속에서 살려는 이런 경향을 더 악화시킨다. 기대는 그것이 가짜인 줄도 모르고, 그래서 도저히 잡지 못하는데도 줄 끝에 매달린 토끼를 쫓아 끝없이 허덕대며 달리는 경주로의 사냥개들처럼, 항상 실현에 앞서 달린다. 기대 때문에 끊임없이 주의가 산만해지는 일을 피하기가 점점 더 어려워진다. 욕망은 갈수록 더 빨리 잊혀지고, 만족감이나 습관으로 중화되어 무감각해지고, 긴급한 새 욕구 때문에 지워진다. 왜 어떤 것을 그토록 간절하게 원했는지 기억하기도 힘들다.

나는 2급 교육 자격을 3급으로 올리려고, 수업시간은 줄이고 방학은 더 늘리고 대학 교직에서 더 큰 지적 만족감을 얻으려고 애쓰면서 무척 오랜 시간을 보냈다. 물론 속물근성도 있었다. 나는 간절히 교수가 되고 싶어했고, 시간강사라는 명예롭지 못한 존재인 처지를 한탄했다. 하지만 마침내 자격이 있다기보다는 운이 좋아 승진하고 나니, 이 문명한 신세계의 경이는 1, 2년이 지나자 사라지기 시작했다. 나는 학생들의 게으름과 대학본부의 무절제함과 무자비하게 늘어나는 관리 업무에 대해 만나는 사람마다 붙잡고 하소연하게 되었다. 그토록 꾸준하고 강렬했던 욕망을 기억해내려면, 또 그 욕망의 이유가 여전히 유효하다는 것을 깨달으려면 의식적이고 지속적으로 노력해야 했다. 나는 이미 낙원에 들어와 있으니 말이다.

직접 경험은 2차적 차원에서 살아갈 수많은 기회에 의해 저평가된다. 기술 덕분에, 지금은 서로 한 번도 본 적이 없는 사람과도 만나고 친교를 맺고 섹스를 하고 일해주고 죽이기까지 할 수 있다. 이로 인해 사실성이 줄어들고 착각이 늘어난다. 오늘날처럼 잠재력과 기대가 강조되는 상황이라면 환상에 대한 의존도가 점점 더 커지는 현재의 추세는 의외의 현상이 아니다.

물론 할리우드는 거의 한 세기 내내 환상을 팔아왔다. 하지만 과거에는 영화가 실제 세계와 비슷한 곳에 살고 있는 실제와 닮은 사람들을 보여주었다면, 지금은 만화책의 캐릭터와 상상의 세계를 보여준다. 《스타워즈》, 《반지의 제왕》, 《나니아 연대기》 같은 것들이 그렇다. 결론은 영화 팬들이 지금 세계에서 슈퍼히어로가 될 수 있다면 행복하겠지만, 그렇지 않다면 옷장 속을 통과하여 완전히 새로운 세계로 나가고 싶어한다는 것이다.

또 다른 중요한 변화는 사고뭉치들 군단은 폭파시켜 없애버리도록 부추기는 컴퓨터 게임이나, 맞춤형인 새 신체와 성기를 가지고 섹스를 즐길 수 있게 해주는 웹사이트를 통한 사용자 지향적 판타지의 거대하고도 지속적인 성장이다. 1970년대가 지향했던 해방의 목적은 자기 자신이 되자는 것이었지만, 이것이 예상 밖으로 힘든 일임이 증명되자 새로운 해방은 누군가 다른 사람이 되자는 것으로 방향을 바꾸었다.

엄청난 수입을 내는 덕분에 게임 산업은 존경받을 만한 산업이 되고, 명망 있는 대학들이 게임프로그래밍 과목에 학위를 주고, 진지한 신문들은 신형 게임이 유럽의 영화감독들이 만든 예술 영화이기나 한 것처럼 엄숙한 서평(이들이 가장 높이 평가하는 특질은 '몰입성'인 것 같은데, 이는 실제 삶과 관심을 분리시키는 게임의 능력이다)을 실어준다. 스포츠 게임, 아동용 게임, 영화와 연계된 작품을 제외하면, 이런 게임들은 대부분 힘과 폭력과 파괴의 환상을 토대로 하고 있고, 선택할 수 있는 무기는 대개 칼이나 자동권총이다('혁신적인 살상'도 찬탄의 대상이며, 《가디언Guardian》의 한 평론가는 오른팔 대신에 전기톱이 달린 게임 주인공에 무척 감명 받았다고도 한다). 그러므로 검劍의 판타지, 전쟁 판타지, 전능성 판타지, 복수 판타지, 또 문명의 종말 판타지도 당연히 있다.

하지만 지금은 협동의 시대이므로, 더 진정한 상호 행동을 요구하는 자들에게는 '월드 오브 워크래프트World of Warcraft' 같은 RPG게임이 그 다음 단계가 된다. 그런 사이트에서는 아제로스의 호드Hoards:유목민 무리와 얼라이언스가 지배권을 놓고 분쟁에 휘말리며, 유저들은 호드(오르크, 타우렌, 트롤, 언데드, 블러드엘프)나 얼라이언스(인간들, 난쟁이, 그놈, 밤의 엘프, 드라에나이) 간의 경주에 가담하고, 적을 최대한 쳐부순다. 물론 자신이 파괴되는 것은 절대로 문제가 안 된다. "죽음은 영속적 상황이 아니다. 즉시 당신 혼령을 유령으로 풀어놓았다가, 당신 시체가 근처 무덤으로 운구될 시점에 당신 몸으로 달려가서 되살려내면 되니까."

판타지 섹스가 폭력보다 더 신날 수도 있겠지만 포르노그래피라는 수동적 선택지도 있다. 포르노는 지금은 광범위하게 구하기 쉽고 공짜인 것도 많으며, '세컨드라이프Second Life' 따위의 웹사이트에서는 상호행위도 고를 수 있다. 그런 곳에서는 유저들이 열대의 섬에 있는 개방형 해변 별장에서 새로운 삶을 창조하면서, 물론 만화책에 나올 만한 글래머, 젊고 늘씬하고 키 크고 허리는 잘록하고, 어깨는 넓고, 가슴이 농구공만 한 여자를 만들어 함께 지낸다. 그저 이런 자질들을 이리저리 갖다 붙이고, 문신이나 피어싱 같은 신나는 장식품, 남자라면 사무라이 칼이나 우지 기관총 같은 장식품을 쥐여주는 것이다.

나는 왜 판타지들이 항상 극단적으로 원시적인 것과 최첨단을 뒤섞는지 궁금했다. 중세적인 것과 우주 시대의 것의 기묘한 혼합 말이다. 분명한 것은 그것들이 모두 현재 세계로부터 도피하게 해주는 것이라는 점이다. 그것들은 문명 이전이거나 이후의 것이다. 그러므로 제2의 삶에 사는 그 누구도 마흔을 넘지 않고, 키도 작지 않고 뚱뚱하지도 않으며, 피부 질환이나 치과 질병으로 고생하지도 않고, 근시도 아니고 다리를 절거나 대머리도 아니다. 이 꿈의 세계에서 실제의 것은 오직 하나다. 이런 가상 물품들을 구입하는 데는 돈이 든다. 기본 아바타에는 성적 장비가 하나도 없으며, 반드시 가져야 하는 품목인 가상 페니스의 가격은 5달러이다.

가장 극단적인 절망의 징후

하지만 별로 해롭지도 않은 판타지에 가끔 탐닉하는 게 뭐가 나쁜가? 키르케고르가 볼 때, 누군가 다른 사람이 되고자 하는 욕망은 가장 극단적인 절망의 징후였다.[196] 이 극단적 절망감은 현대적 현상이다. 전통 사회에서 삶은 전적으로 성별과 계급에 따라 결정되었다. 다른 누군가가 될 가능성이 없었으므로 아무도 그런 꿈은 꾸지 않았다. 하지만 개인의 자유가 계속 발달하면서 누구나 어떤 존재든 될 수 있다는 생각이 고무되었다. 성별조차 선택할 수 있게 되었고 명성은 이제 재능과 힘든 노력이라는 수고스러운 전제조건과는 분리되었다. 더 신나고 충만한 삶으로 나가는 데 장벽은 없어진 것 같다. 외견상 충만하고 신나는 삶의 이미지는 사방에 널려 있다. 그리하여 환상에 빠질 유혹은 넘쳐난다. 하지만 판타지에 탐닉하는 것은 원래는 그것이 경감시키려 했던 절망감을 악화시킨다. 실재와 자아는 워낙 실망스러우니 도피를 부추긴다. 하지만 판타지는 실재를 더욱더 실망스럽게 보이게 하며, 도피 욕구를 강화시킨다. 판타지가 그토록 중독성이 있는 것은 이 때문이다. 지금은 수백만 명의 사람들이 하루에 14시간씩 게임이나 판타지 웹사이트에 접속하여 시간을 보낸다.

'세컨드라이프'는 분명 이성애 남자 두 명이 만나서 레즈비언 정사를 즐길 수 있는 유일한 곳이다. 하지만 판타지 세계의 가장 서글픈 면모는 그것이 실제 세계를 닮아가고 있다는 점이다. 가만 보면 '제2의 삶'의 가입자들은 '성인들의mature' 섬에서 벌이는 판타지 섹스도 점점 지루해져서 이제는 사업으로 관심을 돌린다. 가상의 땅과 집과 장식품과 서비스를 판매하는 것이다. 그래서 환상에 빠진 사람들의 등을 치는 진짜 자본가들의 수가 가짜 레즈비언보다 점점 많아지고 있다. 실제 세계와 다를 바가 무엇인가. 가상의 부동산업자가 도대체 누구에게 필요하다고! 유일하게 고무적인 소식은 경쟁 웹사이트인 '제1의 삶을 찾으라Get a First Life'라는 곳이 등장하여 '당신의 실제 성기와 간음하라'

같은 급진적인 조언을 한다는 것뿐이다.

가끔은 가상의 연인들이 이런 일을 해본다. 한 여자가 새로운 로맨틱한 무도회장인 인터넷 데이트 사이트에서 한 남자를 만난다. 그들은 사랑에 빠지고, 잠시 사이버스페이스의 마법 놀이터에서 즐겁게 뛰어논다. 물론 이들은 실패한 경험이 많은 성인이므로 모험은 하지 않는다. 그들은 웹카메라로 각자의 벗은 모습을 살펴보았고 각자의 성기도 근접으로 보여주었다. 그들은 둘 다 제대로 작동하고 있음을 확인했다. 그녀는 카메라 앞에서 진동기를 써서 절정에 도달했고 그도 그 행위를 실연해 보였다. 마침내 그들은 자기들이 완벽한 짝이라는 데 동의했고, 실제로 만나보기로 한다. 그녀는 워털루 정거장을 만남의 장소로 골랐다. 그곳이 제일 편리하기 때문이 아니라 연인들이 만나기에 가장 로맨틱한 곳이기 때문이다. 물론 그는 열여섯 송이의 흰 장미를 들고 올 것이고 그녀는 아장 프로보카퇴르*에서 산 새 속옷을 갖춰 입고 기다릴 것이다. 모든 것이 완벽하다. 아니, 한 가지가 치명적으로 누락되었다. 여자가 친구에게 한탄했다. "누군가가 우리가 만나는 걸 촬영만 해줬더라면 얼마나 좋았을까."

현대 세계에서 사진이나 동영상으로 찍히지 않은 사건은 정말로 일어난 것이 아니다. 일차적 경험이 이처럼 몰락했다는 것은 사진이나 영상이 그것을 대신하여 실재가 되었다는 뜻이다. 이것의 가장 이른 보기 하나는 최초의 달 착륙 이후 우주인들이 지구로 안전하게 돌아와

◆ 영국의 고급 속옷 브랜드.

서 보고회를 끝낸 뒤에야 그 사건을 둘러싼 매체의 열광에 대해 들었을 때였다. 달 표면을 걸은 두 사람 가운데 하나인 버즈 올드린은 닐 암스트롱을 보고 이렇게 한탄했다. "닐, 우리는 히트 칠 기회를 몽땅 다 놓쳤어."[197]

영상에 비친 삶의 독재는 전면적인 것이 되어가고 있다. 스크린은 점점 더 커지고, 해상도는 더 높아지며, 더 많이 설치되고 널리 퍼지고, 공용 공간을 점점 더 많이 점령하며, 삶은 다른 어딘가에 있을 것 같다는 의혹을 끊임없이 강화해준다. 스크린에 비친 실재는 사람들 주위의 실재보다 훨씬 더 실재 같고, 스크린의 인물들은 홀린 듯 그들을 바라보고 있는 사람들보다 더 진짜처럼 보인다. 스크린에 비친 이미지에는 논박할 수 없는 뭔가가 있다. 스크린이 더 크고 더 밝아짐에 따라 감상자들은 더 작고 어두워진다. 마침내 감상자들은 플라톤의 동굴 거주자 같은 존재가 된다. 진정으로 완벽한 존재는 스크린에 비친 밝은 세계에만 있고, 감상자들은 영원한 어둠 속에 사는 그림자 같은 존재이다.

스크린은 더 작아지기도 한다. 휴대형·개인용 스크린의 발달은 피할 수 없는 추세이다. 사람들에게는 개인용 전화기와 음악 플레이어뿐만 아니라 개인용 스크린도 필요하다. 이 세 가지는 곧 하나의 장비에 모여들었다. 스크린을 심은 안경이 이미 나왔고, 기술자들은 콘택트렌즈에 나노봇**을 심어 눈의 움직임에 따라 조작되는 스크린이 만들어

** nanobot : 인체 내에 들어가서 병원균 등을 처리할 수 있는 매우 작은 로봇 물체. 대개 1만 nm 이하, 또는 2500nm 이하 정도로 예상함.

질 것이라고 예견한다. 호화찬란한 디즈니월드가 우리의 시각 노선이나 얼굴뿐만 아니라 우리의 안구 속에 영구히 진을 치고 있는데, 빈약한 실재가 설 자리가 어디 있겠는가?

스크린 이미지들은 생동감 있고 역동적이고 밝고 신속하게 바뀐다. 실재는 비실거리며 다 죽어가고 정태적이고 어둡고, 냄새 나고 꼴불견이고 아픈 발을 질질 끌고 있다. 그러므로 진정으로 실재하려면 이미지가 될 필요가 있다. 스크린에 등장하는 것만이 진정한 존재다.

스크린에 나오는 행동은 모두 고조되어 있다. 멜로드라마에 나오는 위기는 실제보다 더 강렬하고 극적이며, 시트콤의 웃음은 더 빈번하고 히스테리컬하며, 토크쇼 사회자의 농담은 무자비하고 재치 있으며, 기근에 찌든 아프리카에서 전하는 기자의 걱정은 더 엄중하며, 매수 사건에 대해 인터뷰하는 사람의 분노는 더 의롭다. 심지어 스크린에 비치는 일반인들의 일상마저도 더 고조된 일상이 된다. 그들은 찬란하게 일상적이며 매력적으로 매력 없고, 웅변적으로 진부하다.

하지만 결정적인 차이는 스크린의 삶은 실제 삶보다 더 빨리 진행되며, 더 미친 듯한 편집 덕분에 갈수록 더 빨라진다는 데 있다. 스크린의 장면 변환은 현실에서보다 훨씬 더 신속하게 일어나며, 각 변환은 위험할 수도 있는 새로운 환경에 대한 방향 반응*을 촉발하고, 새로운 좌표 설정을 확정하기 위한 관심을 방해한다.[198] 반응은 생리적인 것이고, 4~6초 동안 지속된다. 하지만 광고, 뮤직비디오, 액션 드라마는 매초마다 그것을 촉발하므로 두뇌와 신체가 평형을 되찾을 시간이 없

---

* orientation response : 또는 정위定位 반응. 여러 다른 움직임의 패턴 중에서 신속하게 선택하는 능력.

다. 신체의 시스템은 영구적인 적색경보의 상태에 놓이게 된다. 이것이 바로 스크린으로부터 눈을 떼기 힘들고, TV 전원을 끄기가 심각하게 어려워지는 이유이다. 그로 인해 장기적으로는 정태적이고 느리게 움직이는 것, 혹은 특정 주제나 과제에 장기간 집중해야 하는 것에 관심을 보이기 힘들어지는 것이다. 또 물론 실재는 감당할 수 없이 둔하고 지루해진다.

경험은 오로지 우리가 관심을 갖기로 결정한 바로 그것이다. 그러므로 경험의 품질은 관심의 품질에 달려 있다. 하지만 자극에 휘둘리는 수동적인 관심은 선명한 색채라든가 큰 소리 같은 가장 극적인 세부 사항만 알아차리는 경향이 있다. 그에 비해 능동적이고 합목적적인 관심, 불교식의 정념正念 수행 같은 것은 전체 장면을 모두 파악할 가능성이 더 많다. 문화적 조건이 동양식과 서양식의 관심 형태를 만들어냈다는 증거가 있다. 미국인과 일본인들이 20초 동안 물속을 살펴본 다음 자기들이 본 내용을 설명해보라는 요청을 받았을 때, 미국인들은 '크고 푸른 물고기' 등의 사물을 말했고, 일본인들은 '흘러가는 물, 바위, 식물, 물고기'라고 답했다.[199] 동양식 실재는 더 넓고 충만하며 풍요롭다.

일상에 마법을 거는 일

TV 뉴스 역시 실재를 위축시킨다. 1930년대에 문화평론가 발터 벤야민Walter Benjamin은 근대인들이 "경험을 통해 자기 주위 세계의 데이터를 자기 것으로 흡수할 능력을 점점 잃어간다"라고 주장했다.[200] 일간신문에 실리는 새 기사거리들이 워낙 진기하고 토막토막 단절되어 있고 제각각이다 보니 사람들은 전통에 합류할 수 없게 된다. 그리고 벤야민은 그 결과를 '경험의 아트로피'라 불렀다. 신문을 보고 나면 경계심이 생기다니, 이 무슨 기묘한 경험인가! 24시간 계속 뉴스만 방송하는 스크린이 사방에 있는 걸 보았더라면 그는 무어라고 생각했을까?

벤야민이 암시했듯이, 전통적 공동체가 와해되고 그로 인해 1년이라는 기간에다 시간적 구조와 의미와 풍요롭고 밀접한 연결망을 부여하여 인간적 접촉을 풍요롭게 만들기 위해 설정된 의례의 의미가 약해지는 바람에, 사람들이 맛볼 수 있는 경험이 무척 빈약해졌다. 공동체에 향수를 느끼기는 쉽지만 왜 사람들이 그곳을 벗어나려고 필사적으로 애썼는지는 기억해두어야 한다. 전통적 사회에서 자랄 때 나는 그곳의 지루함과 억압과 정형성에서 달아나고 싶어 참기가 힘들었다. 하지만 독립적으로 살다 보면 분명히 풍요로움은 다분히 잃게 된다. 세상에는 공짜가 없는 법이다. 자유는 얄팍하다.

공동체가 한때 복종의 대가로 제공하던 것을, 자유로운 개인은 이제자기 힘으로 벌어야 한다. 그러니 어찌 하면 얄팍한 경험을 풍요롭게만들고 지루한 세계에 다시 마법을 걸 수 있을까?

발터 벤야민은 덧없는 소식들과 대조되는 것을 제안한다. "이야기는소통의 가장 오래된 형태 중의 하나이다. 사건 그 자체를 전하는 것은이야기의 목적이 아니다. 그것은 정보의 목표이다. 이야기는 화자의삶에 뿌리를 내리고 그것을 듣는 자에게 경험으로 넘겨주기 위한 것이다."[201] 벤야민이 말하는 것은 민담民譚이다. 하지만 이 전통은 문학 속에서는 잘 살아 있다.

문학적 독서는 너무나 지루하고 우중충해 보이던 것이 사실은 신비스럽고 비범한 것임을 밝혀줌으로써 개인적 경험에 다시 생명을 준다. 그것은 실제로 그런 삶을 살았던 것처럼 느껴지도록 삶을 표현해냄으로써 새로운 경험을 맛보게 해준다. 또 과거의 경험을 갱신할 뿐만 아니라 관심을 보이도록 시급히 명령하여 불교식의 정념正念처럼 현재를 비할 데 없이 풍요롭게 만든다. 독서는 혼자 하는 일이기는 하지만 타인을 거부한다는 뜻은 아니다. 또 모순적이게도, 거리를 두면 더 깊이 참여하게 된다. 독서는 공감할 수 없고 극악한 캐릭터들에 대한 이해를 고취시켜 감정 이입이 더 잘되도록 하고, 그럼으로써 자비와 인내심을 키운다. 그것은 친밀한 친구들, 즉 작가들의 새로운 네트워크를 창조한다. 그리고 마지막으로, 그렇다고 중요도가 가장 낮은 것은 아닌데, 독서 그 자체가 중요한 경험이다.

지난 세기에 경험을 풍요롭게 해준 위대한 두 사람은 제임스 조이스James Joyce와 마르셀 프루스트Marcel Proust였다. 조이스는 일상적 삶의 기묘한 텍스처를 재창조했고, 프루스트는 그것의 똑같이 기묘한 심리를 드러냈다. 프루스트의 중심 테마 가운데 하나는 기대와 실망의 심리학이었다. 그러므로《잃어버린 시간을 찾아서》의 화자話者는 열띤 욕망과 기대 뒤에 환멸과 절망이 이어지는 끝없는 순환 속에서 살아간다.

프루스트가 노닐던 사교계는 지금은 사라졌고 우리에게는 잉카 문명만큼이나 생소하지만, 화자의 생활 스타일은 놀랄 정도로 현대적이다. 인맥 쌓기, 파티, 열광, 대수롭지 않게 이루어지는 섹스, 변덕스러움, 충동구매, 유명인사 숭배, 유명인사 쫓아다니기 등등. 그리고 화자가 친교를 맺기를 열망하는 귀족들은 현대의 유명인사들과 완전한 등가물이다. 오로지 특별한 존재로 생각된다는 이유만으로 특별해진 존재, 자기들의 자아도취증에 영합하려는 용도로, 멀리서 보면 정신없이 찬란하고 가까이서 보면 전적으로 천박하게 설계된, 정말로 괴상한 폐쇄 세계에서 살아가는 존재들이다.

프루스트 역시 가장 웃기는 작가에 속한다. 게다가 그는 과장만이 아니라, 풍자와 익살(희극을 쓰는 가장 게으르고 흔한 방식)을 통해서만이 아니라, 사람들의 말과 행동에 강렬하게 집중함으로써 웃기는 작가이다. 사교계 살롱에서 벌어지는 풍자적 장면은 치열할 정도로 정밀하게 묘사되어, 눈을 찡그리고 신음하다가 웃게 된다. 그들의 잘못이 너무나 확연하게 그려져 있기 때문이다. 이것이 프루스트가 맹세코 달성하려 한 목적이었다. "현실에서 각 독자는 자기 자신을 읽고 있다. 작가의 작업은 그저 독자가 이 책이 아니었더라면 자기 속에서 절대로 경험하지 못했을 것을 알아볼 수 있게 해주는 일종의 광학 기구이다. 그리고 이 책이 말하는 자신의 자아를 독자들이 알아본다면 그 책의 진실함이 입증된다."[202]

이런 식으로 배운 수업의 장점은 추상적인 교육보다 더 충실하게 흡수된다는 데 있다. 프루스트를 읽고 나면 당신은 영구히 기대 속에서 살아간다는 것이 미친 짓이고 어리석은 짓이라는 것을 뼛속에서부터, DNA에서부터 깨닫게 된다.

하지만 일상의 삶에 다시 마법을 거는 소설 중 으뜸은 조이스의 《율리시스》이다. 프루스트의 의도가 모든 독자를 자기 자신의 해석자로 만들려는 것이었다면, 조이스의 의도는 모든 독자의 무의미한 나날을 호메로스의 것과 같은 기묘하고 풍요롭고 영웅적이고 신비스러운 모험의 나날로, 매일 매일을 오디세이의 나날로 변형시키려는 데 있었다.

먼저 의식의 흐름 기법은 관찰, 지각, 기억, 상상, 욕망의 끝없이 깜빡거리는 판타스마고리아*로 그 평균적 인간들이 가진 반추하는 마음의 풍요로움을 드러낸다. 그런 다음 조이스의 포괄적 전망과 아름다운 스타일 덕분에 그 전에는 너무 지루하거나 추악하여 거부당한 것들이 문학 속에 들어온다. 쓰인 지 거의 한 세기가 지난 지금도 《율리시스》에 묘사된 매일 보는 너저분한 일상 때문에 깜짝 놀랄 때가 있다. 무엇이든 되는 대로 행동하는 지금 시대에도 한 남자가 화장실에서 《잡다한 소식들Titbits》을 읽는 모습에 그토록 애정 어린 관심을 담아 여러 페이지를 할애하는 소설가는 거의 없을 것이다. "그는 항문 괄약근을 조이면서 조용하게 읽는다. 첫 줄, 그리고 곧 항복하게 되겠지만 아직은 저항하면서 둘째 줄을 읽기 시작한다. 중간쯤 그의 마지막 저항이 꺾인다. 계속 읽으면서 그는 괄약근을 조용히 풀어준다. 또 여전히 인내심 있게. 어제는 변비 기운이 살짝 있었지만 지금은 깨끗이 사라졌다. 너무 커서 무더기로 쌓이지 않기를 바란다. 아니다. 딱 알맞다."[203]

우리는 모두 갱신되기를 갈망하지만 새로운 것들 속에서만 그것이 이루어진다고 상상한다. 새 장소, 새 연인, 새 직업. 그러나 새로움을 좀 더 효과적이고 값싸게 얻으려면 익숙한 것을 새 눈으로 보면 된다. 그처럼 변신을 가능케 하고 눈을 뜨게 해주는 작가는 극소수이다. 그들은 습관의 껍질을 깨뜨리고 삶을 새롭게 보게 해준다. 현대 세계에

---

* fantasmagoria : 종이에 한 컷씩 그려진 그림을 필름카메라로 촬영한 뒤 이어서 상영하여 움직이는 것처럼 느껴지게 만드는 영사 기법, 또는 환몽성幻夢性.

서 그처럼 껍질을 부수는 것은 더 어렵기도 하고 더 필요하기도 하다. 껍질이 없어지면 사람들은 굶주림, 추위, 질병, 폭력에 노출된다. 경험은 피할 길 없이 즉각적이고 실재하는 것이 된다. 하지만 이제 대부분의 것들은 옛날에 당하던 위험으로부터 더 잘 보호되고 있으며, 그보다는 껍질이 점점 더 두껍고 단단해지므로 그것이 보호하려는 삶이 껍질 속에서 시들어 죽기 쉽다는 새로운 위험이 등장했다.

그러므로 껍질 깨는 자와 눈을 뜨게 해주는 자를 찾아 나서라. 진정한 작가의 글을 읽고, 현재 직위에서 새로운 일거리를 시작하라. 실제로 살고 있는 곳에서 휴가를 즐기라. 현재의 배우자와 격동적인 연애를 시작하라. 그렇게 한다면 아마 가장 큰 전율을 느끼게 될 것이다.

물론 프루스트와 조이스 같은 작가들의 작품은 읽기가 어렵다. 하지만 어려움은 만족감을 증가시키기도 한다. 사람들은 항상 독서가 쉽다고 여긴다. 올바른 독서 기법이 워낙 오래전에 잊혔고, 지금은 생각 없이 그냥 읽기만 하기 때문이다. 그래서 만약 어떤 책이 너무 어렵게 보인다면, 그것은 독자의 탓이 아니라 책의 탓이라고들 한다. 하지만 악기를 배우는 것과 비슷하게, 독서는 난이도가 다양한 기술이다.

프루스트와 조이스의 작품이 어려운 작품으로 보이는 것은 일반적으로 독자들이 책 한 권을 끝까지 읽게 만드는 수단인 플롯이 없기 때문이다. 플롯은 효과적이지만(누구나 다음에 무슨 일이 일어나는지 알고 싶어하니까) 플롯으로 추진되는 소설의 대단원은 설득력이 없고 실망스러울 때가 많다. 이게 전부야? 이는 실제 삶에는 아무 플롯이 없기 때문이다. 그래서 독자들은 속아 넘어간 것 같은 불쾌한 느낌을 갖게 된다. 플롯은 금방 잊힐 수 있다. 플롯의 즐거움은 모두 기대와 감각과

착각에서 오며 수명이 짧으므로, 플롯으로 추진되는 소설은 아름다움
의 잔재를 남기지 않는다.

삶의 느낌과 결을 재생산하는 소설은 읽기는 어려워도 더 풍부한 만
족감을 제공하고 더 오래 기억된다. 나쁜 소식은 그런 소설이 드물다
는 것이다. 프루스트와 조이스는 플롯 없이도 당당하게 성공할 수 있
음을 보여주었지만 이 교훈은 잠재력의 시대에 들어와서는 잊혀버렸
다. 요즘은 평론가들이 마치 플롯이 필수적인 면모이기나 한 것처럼
'플롯이 잘 짜여 있음' 이라든가 '플롯이 빈약함' 등으로 소설을 평가
한다. 그리고 플롯이 없으면 놀라움과 당혹감을 표한다.

독서하는 두뇌의 심오한 생성력

그러므로 문학의 독서는 자아와 세계와 타인들에 대한 이해를 개선시
킴으로써 경험을 깊게 하고 확장할 수 있다. 작가의 가장 큰 재능 가운
데 하나는 잔혹하면서도 완전히 공감할 수 있게 행동하는 캐릭터를 창
조하는 능력이다. 그 최고의 사례는 팔스타프*인데, 그는 인간 본성에
있는 가장 경멸스러운 온갖 것들의 집합체이다. 그는 도둑이고, 비겁
자이고, 거짓말쟁이이고, 허풍쟁이이고, 먹는 것밖에 모르는 자이고,
술주정꾼이고, 무엇보다도 돈만 주면 기꺼이 사람들을 죽여버리는 냉
혹한 청부살인자이다. 하지만 모두들 그를 사랑한다.

나는 지적, 도덕적 원리를 훈련할 목적으로 《헨리 4세: 제2부 *Henry IV:*

---

* Falstaff : 셰익스피어의 희곡 《헨리 4세》 1, 2부와 《윈저의 명랑한 아낙네들》에 나오는 불량한 귀족.

Part II》를 보러 가기 전에 팔스타프의 잘못을 나열해본 적이 있다. 그리고 그를 비난하기로 마음을 굳게 먹었다. 하지만 연극을 보면서 다른 사람들과 마찬가지로 웃음 끝에 결국은 그 늙은 인색한을 사랑하게 되었다. 할 왕자가 즉위할 무렵, 그런 타락한 인간이 권력 근처에도 접근하면 안 되니까 예전의 술친구들을 내치려 할 때, 물론 필요한 일이기는 했지만 나는 다들 그러듯이 불쌍한 팔스타프 때문에 마음이 아팠고, 그토록 냉담하고 꼬장꼬장한 작자인 할을 증오했다. 그를 내친 할의 단어 여섯 개는 문학에서 가장 비감한 말에 속한다. "나는 그대를 모르네, 늙은이I know thee not, old man."**204**

그러니 삶에 대한 처방도 그렇듯이 글쓰기에 대한 처방이 있을 수는 없지만, 그래도 한 가지 처방은 있다. 허구 작품은 플롯은 없어도 흥미진진해야 하며, 놀랍기는 해도 불가피한 것이어야 하며, 소름은 끼치지만 완전히 공감이 가는 캐릭터로 가득해야 한다.

그리고 그 만족스러운 중량감을 느끼기 위해 왼손으로 책을 들어 올릴 때, 그랬다가 관능적으로 떨어져 펼쳐지고 그 독특한 향내를 풍길 때, 마침내 오른손에 몇 페이지를 쥐어 오른쪽 엄지로 그 종잇장들을 스르륵 넘길 때, 그러다가 간혹 멈추고는 아무 페이지든 여유 있게 훑어볼 때 느끼는 감각적인 쾌감이 있다. 이것은 군주 같은 느낌, 술탄처럼 반추하는 쾌감이다. 읽기 그 자체도 마찬가지로 관능적이다. 읽기란 접촉하는 운동이다. 더 우월한 힘을 지닌 또 다른 누군가와의 격렬한 신체적인 레슬링이다. 그 누군가와는 가까운 친구가 될 수도 있다. 포스트모더니즘은 저자author를 없애고 문학을 그저 '텍스트texts'들의 조합으로만 만들려고 했지만 진정한 독자라면 읽기는 곧 우정이라는 프루스트의 말에 동의한다. 작가는 그런 친구이고, 문학은 시공간에 구애받지 않고 확장되는 비밀 사교 네트워크이다.

책을 읽는 사람들은 전형적으로 근시에다 몸은 어딘가에 탈이 났고, 자기 몸을 혐오하고 세계를 정면으로 상대하지 못해 무기력하게 징징대는 사람이라는 인상은 미국에서 국가예술기금National Endowment for the Arts : NEA이 독자들을 상대로 실행한 포괄적인 정기 조사로 반증되었다. NEA에 따르면 책을 읽는 사람들은 읽지 않는 사람들보다 체력 단련을 더 많이 하고, 운동에 더 적극적으로 참여하며, 박물관, 극장, 연주회에 더 많이 가고, 자원봉사나 선거 관련 업무에 더 많이 참여한다고 한다.[205]

프루스트에 따르면, 읽기라는 접촉 운동의 장점은 이런 접촉 형태 덕분에 전혀 지겹지 않게 대화를 나눌 수 있다는 것이라고 한다. 그것은 '혼자 있으면서도, 즉 타인과 대화가 시작되면 즉시 와해되어버리고 혼자 있을 때라야 가질 수 있는 지적 능력을 계속 누리면서도 또 다른 방식의 생각과 소통하는 것'이기 때문이다.[206] 그것은 사교적 대화와 동작으로 주의가 산만해지지 않은 깊이와 깊이의 만남이며, 육신을 가진 채 이루어지는 그 어떤 만남보다도 더 보상이 크다(작가들을 직접 만나보면 대개 실망하게 되는 것도 이 때문이다).

이것은 또 띄엄띄엄 읽는 것은 괜찮아도 대충 읽는 것은 안 되는 이유이기도 하다. 건너뛰기는 잠시 쉬기 위한 교전 회피에 해당하지만 대충 읽기는 제대로 도전도 하지 않는 꼴이며 그래서 피상적이고 게으르고 조야하고 재미없는 정신과 접촉하게 만든다. 대충대충 읽기를 부추기는 책이라면 즉시 내던져버려야 한다. 우리의 두뇌는 이를 이해하는 것 같다. 간략하게 대충 읽으려 하다가는 장시간 집중하여 읽을 때보다도 안구의 긴장이 더 막심해지니 말이다.

신경학자들이 독서 경험에 대해 조사한 바가 있는데, 그들은 프루스트도 좋아하는 듯하다. 심지어는 《프루스트는 신경과학자였다*Proust was a Neuroscientist*》라는 책도 있다.[207] 그리고 《프루스트와 오징어*Proust and the Squid*》에서, 매리앤 울프Maryanne Wolf는 독서가 발언이나 시각과는 달리 유전적으로 프로그래밍된 것이 아니며, 따라서 개인들이 제각기 학습해야 하는 일이라고 설명한다. 이 학습 과정의 결과로 두뇌 속에 뚜렷한 연결이 만들어지는데, 그런 연결들은 사용된 언어에 의존한다. 영어와 중국어 이중언어 사용자 가운데 중풍이 발작한 환자들을 치료한 의사들은 특정한 두뇌 손상의 결과로 영어를 읽지 못하게 된 환자들이 중국어는 여전히 읽을 수 있음을 발견했다. 그러므로 실제적이고 신체적인 의미에서 "우리가 읽는 것이 우리를 규정한다"라고 말할 수 있다.

아이들이 읽기를 배울 때 두뇌 반구 양쪽의 주요 부위들이 모두 관련되지만, 읽기 수준이 높아지면 활동은 좌반구의 작은 부분에 집중된다. 물론 우반구도 어떤 예측 못할 방식으로 어디선가 활동하고는 있겠지만 말이다. 달리 말하면 좌반구는 집중적인 읽기 기능을 개발하며, 그에 필적하는 우반구, 즉 통찰력을 만들어내는 부위는 자유롭게 활동하면서 성찰하고 연상하고, 신의 정신처럼 깡충깡충 뛰놀고 돌아다닌다는 것이다. "예전에 떠올랐던 것보다 더 깊은 생각을 품게 해주기 위해 두뇌를 자유롭게 풀어주는 시간이 바로 독서의 핵심에 있는 비밀이다." 대충 읽게 되면 이 '연상적 차원', '독서하는 두뇌의 심오한 생성력generativity'을 상실한다는 문제가 생긴다.[208]

"아하!" 하고 통찰할 수 있는 이 잠재력은 독서를 시청視聽과 구별해 준다. 독서의 속도는 독자마다 다를 수 있지만, 시청의 속도는 편집자에 의해 설정된다(이 편집은 점점 더 미친 듯이 빨라지고 있다). 보는 자들은 우반구가 그 연관된 마법을 수행하는 동안에는 먼 거리까지 홀린 듯이 바라보는 사치를 누리지 못한다. 그들이 스크린을 정지시킬 때는 대개 냉장고에서 맥주 한 캔을 더 꺼내기 위해서이다.

깊이 있는 독서는 주의력을 창조한다. 과중한 시청은 주의력을 파괴한다. 이는 삶의 양쪽 끝에 있는 결과일지도 모른다. 유년 시절 초기에 과중하게 시청한다면 주의력과 반성을 담당하는 두뇌 네트워크의 발달이 저해된다.[209] 생애 후반에 과중하게 시청한다면 두뇌의 악화를 촉진하고 알츠하이머병을 일으킬 수 있다.[210]

따라서 독서는 그것 자체로 강렬한 즐거움일 뿐만 아니라, 그와 관련된 두뇌를 발달시키고 유지하는 데에도 결정적으로 중요하다. 또 경험을 고조시키기도 한다면 더욱 만족스러울 수 있다. 플로베르의 말에 따르면, "아이들처럼 재미를 위해 읽지 말라. 야심가들처럼 지시를 받기 위해 읽지 말라. 그런 것이 아니다. 살기 위해 읽으라."[211]

chapter 10
초월의 상실

종교적 신념, 신비주의, 고양된 기분, 환희, 황홀감, 기쁨, 나아가 겸손한 열정과 몰입 …… 다양한 형태의 감정에 공통되는 요소는 자아로부터의 도피이다. 이것은 자신을 신 속에서 사라지게 하고 싶은 영적인 갈망으로부터 주말에는 아무 생각하지 않고 지내고 싶은 더 물질주의적 욕망에 이르기까지 광범위하다. 가장 강렬한 자아의 경험이 자아의 상실이라는 것은 모순이다.

연로한 로커로서는 특이하게도 브루스 스프링스틴^{Bruce}

Springsteen은 창조력과 공연의 활력을 모두 유지하고 있었다. 그의 새 노
래들은 그의 고전 걸작만큼이나 훌륭하며, 한번 공연하면 인심 좋게도
세 시간씩이나 전혀 줄지 않은 풍취와 품격을 발휘하며 힘차게 노래한
다. 하지만 내 옆자리에 앉은 젊은 커플은 얼어붙은 듯 비참한 표정이
었다. 앞줄에서는 남자 넷이 갑자기 일어나더니, 지배인 나오라고 해
야겠어, 라는 표정으로 나갔다. 이들은 정말 실망한 것일까? 이 이상
더 무엇을 바랄 수가 있다고? 아직 기분이 좋아 보이는 사람들도 공연
내내 이야기하고 웃고 맥주를 마시고 있다. 마치 저녁에 술집에 가서,
먼 구석에 높이 걸린 스크린에서 들려오는 음악을 듣는 것 같은 태도
였다. 스타디움에서 열린 콘서트에 앉아 있으면서 말이다. 하지만 스
타디움과 무대 가까이에 서 있는 수천 명 가운데 춤추고 싶어하는 사
람은 거의 없었다. 빈 공간은 많았다. 이 모습을 로큰롤 초기의 시절과
비교하고 대조해보라. 그때 청중들은 미친 듯이 열광했고, 극장을 때
려 부수고, 길거리에 달려 나가서 소동을 피웠다. 앞쪽 몇 번째 줄에
있던 한 가족이 이날 저녁의 분위기를 요약해준다. 그들은 모두 탈색
한 금발에다 디자이너 작품인 새 레저용 옷을 입고 있으며, 공연에는

전혀 관심 없이 휴대전화의 카메라로 서로의 사진을 찍어주느라 여념이 없었다.

황홀경은 슬프게도 짧다

왜 그토록 많은 해설자들이 현대 문화의 평준화 경향에 대해 이야기하는지는 알기 쉽다. 워낙 꾸준히 오락에 노출되다 보니 초월은커녕 흥미를 계속 느낄 수 있는 사람도 얼마 남지 않은 것이다.

그리고 고급 문화에서도 이와 똑같이 무관심이 팽배해 있다. 이는 전적으로 모든 것을 똑같이 의미 있게 만들고 따라서 똑같이 무의미하게도 만드는 상대주의의 무효화하는 위력 때문에 벌어진 사태이다. 작가, 음악가, 화가들을 유보 조항도 달지 않고 칭찬하는 것은 순진하기 짝이 없고, 유치하고 정말 민망스러운 일로 간주된다. 평론가가 그저 좋아하는 마음만 표현해도 용서할 수 없이 서투른 행동으로 보일 것이다. 대중문화에서는 쿨함의 독재가 똑같은 억제 효과를 가져왔다. 언어는 다르지만 전략은 동일하다. 무관심을 세련됨의 극치로 취급하는 것이다. 열광은 용납되지 않는다. 그것은 무관심의 적이기 때문이다.

만성적인 전반적 무관심뿐만 아니라 만성적인 전반적 배은망덕함도 있다. 권리 요구의 시대가 낳은 피할 길 없는 결과이다. 모든 것이 당연히 주어지는 것이라면 감사해야 할 이유도 없다. 하지만 감사는 긍정과 초월의 토대이다.

하지만 무엇이 초월인가? 그 단어는 부정확하게 정의되고 중첩되는

광범위한 영역의 신념, 감정, 태도, 상태 등을 포괄한다. 그중에는 종
교적 신념, 신비주의, 고양된 기분, 환희, 황홀감, 기쁨, 나아가 겸손한
열정과 몰입, 그리고 토요일 밤에 마가리타 한 피처를 마시고 테이블
위에 올라가서 춤추는 것도 포함된다.

다양한 형태의 감정에 공통되는 요소는 자아로부터의 도피이다. 이
것은 자신을 신 속에서 사라지게 하고 싶은 영적인 갈망으로부터 주말
에는 아무 생각 하지 않고 지내고 싶은 더 물질주의적인 욕망에 이르
기까지 광범위하다. 가장 강렬한 자아의 경험이 자아의 상실이라는 것
은 모순이다. 초월 상태가 단기적일 수밖에 없는 이유가 이것이다. 정
신을 잃어보는 것은 재미는 있지만 실용적이지는 않다. 또 제정신 아
닌 기간이 길어질수록 다시 정신을 차리기는 더 어렵다. 그래서 그 경
험이 강렬할수록 지속 기간은 더 짧다. 낮은 수준의 몰입에 의한 자아
상실은 몇 시간 지속될 수 있다. 황홀경은 슬프게도 짧다.

초월이 중요한 것은 인간이란 자의식의 부담으로부터 시시때때로
도피할 필요가 있는 것 같기 때문이다. 가장 오래된 문명도 이 도피를
추구했다. 전 세계의 '원시' 사회에서 행해지는 의례들 중에는 얼굴
색칠이나 군무, 리듬 반주 등의 특징이 놀랄 만큼 비슷한 것들이 있
다.[212] 복잡한 원형 춤과 선형 춤은 특히 흔하다. 인척들과 함께 호키
코기hoeky-cokey에서 콩가conga에 이르는 온갖 음악 연주에 맞춰 하룻밤
질펀하게 놀 때, 내가 적어도 일만 년은 된 의례에 참여하고 있는 중이
라고 생각하면 기운이 더 나지 않을까. '원시' 춤을 관찰하는 서구인
들은 자포자기와 광기처럼 보이는 요소를 보고 놀란다. 그것을 광란의
분위기를 만들어내기 위한 것으로 해석하기 때문이다. 하지만 그런 의

례의 대부분은 신중하게 계획되고 엄밀한 규율에 따르고 있으며, 정숙하고, 공동체의 노력에 대한 보상으로서 한 해의 특정한 기간에만 거행되었다. 원시 문화는 공짜 황홀경이란 없다는 것을 이해했다. 황홀경은 학습되어야 하고 힘들여 획득해야 한다.

중세 유럽에서는 이 제례적 황홀경이 사육제의 형태로 계속 남아 있었지만 칼뱅주의와 반反종교개혁의 시대가 되자 무자비하게 탄압되었다. 원래 집단의 관행이던 춤은 19세기에는 커플들의 행동으로 축소되었고, 20세기 후반에는 거의 혼자 하는 일이 되었다. 이제 우리는 스스로의 샤먼이 되고 스스로의 샤먼 춤을 만들어내야 한다.

현대 세계에서는 일신교가 수용 가능한 초월의 형태가 되었다. 20세기에 이런 현상이 사라졌을 때는 국제적 사회주의의 세속 종교가 있었다. 하지만 현세 위에 있는 낙원이나 그 앞에 있는 유토피아를 믿기가 점점 더 힘들어져버렸다.

우리가 달리 찾아볼 수 있는 대안은 초월적 이상을 위나 앞이 아니라 세계 그 자체에 두는 것, 즉 범신교汎神教이다. 주류 종교 신도들의 분노를 피하기 위해 범신교는 일신교의 한 형태인 척할 때가 많지만 본질적으로는 이교異教이다.

가령 수피교는 10세기 말경 페르시아에서 번영했으며 지금까지도 현대 형태로 존속하고 있는 이슬람의 한 버전인데, 그것은 신이 세계 속에 자신을 알리기 위해 세계를 창조했다고 주장함으로써 그 범신교를 정당화한다. 신은 예언자에게 말한다, "나는 숨겨진 보물이니, 알려지기를 원했다. 그래서 나는 나를 알아줄 피조물들을 만들었다."[213] 결국 인정받기를 갈망하는 것은 그렇게 현대적인 일이 아닌지도 모른다.

신이 세계를 창조한 것도 최고의 유명인사로 숭배받기 위해서였는지도 모르니 말이다. 수피교도에게는 세계의 모든 것이 신성공현epiphany이며 세계는 단순히 마법에 걸린 것만이 아니라 신적인 것이다. 시인 젤라루딘 루미Jelaluddin Rumi에게 영감을 주어 빙글빙글 도는 데르비시의 춤dance of dervish을 만들어내게 하고 그와 상응하는 거친 시를 쓰게 한 믿음은 이런 것이다.

가벼운 씨앗 알갱이가 안에 있다.
그대는 그대 자신으로 그것을 채운다, 아니면 그것은 죽는다.

나는 이 소용돌이치는 에너지에 붙잡혔다! 그대의 머리칼!
누구든 침착하고 상식 있는 자는 제정신이 아니다.[214]

스피노자 또한 범신론자였고, '우리가 신 또는 자연이라 부르는 영원하고 무한한 존재'에 대해 말했다. 비록 신이라는 단어는 기독교도를 달래기 위해 나중에 그 문장에 추가된 것일지도 모르지만[215] 워즈워스 이후 릴케까지 시인들은 세속적 범신론의 형태를 지지했고, 그것들은 가장 황홀한 긍정을 불러일으킨다. 자아로부터 도피하여 모든 것들과의 신비스러운 통합에 도달하기 때문이다.

가장 강렬하고 지속적인 행복의 형태는 범신 사상에서 얻을 수 있을 것 같다. 후기 범신론의 예언자들인 루미, 스피노자, 워즈워스, 릴케 등으로 범신론 종교를 세워야 할지도 모르겠다. 그런 종교는 끊임없이 심각한 어려움에 직면하게 된다는 점에서 오히려 유리할 것 같다. 누구라도 멀티플렉스의 계단이나 공항 출발 라운지에서 신성한 존재를 느끼기는 쉽지 않을 것이고, 루미 외에 또 어떤 사람이 쇼핑몰에 내재해 있는 사랑의 대상을 믿을 수 있겠는가. 이런 장소들은 타락한 피조물과 영원한 어둠의 영역으로서의 세계에 대한 마니교적 신념을 권장할 확률이 더 많다.

당연히 우리 시대는 초월로 가는 빠르고 쉬운 길, 즉 마약을 선호한다. 그러나 신경학에 따르면 기분 좋게 만드는 약물, 즉 칸나비스, 코카인, 헤로인, 엑스터시 등은 자연적인 도취감을 정확하게 복제하지 않고, 다른 효과를 연장하거나 억누름으로써 그에 대등한 효과를 만들며, 이런 연장과 억제가 두뇌의 네트워크를 영구히 손상시킨다는 문제가 있다.[216] 사소한 단기적 소득을 좇다 보면 장기적으로 중요한 것을 잃게 된다. 낙원으로 가는 쉽고도 대가 없는 길은 없다는 진리의 생리학적인 증거가 이것이다. 그에 비해, 힘들게 획득된 자연적 도취감은 오래 지속되는 은혜로운 새로운 연결을 창조한다.

다른 대중적인 초월 형태, 즉 사랑에 빠지는 것 역시 노력 없이 도취경을 만든다고들 믿지만 그것에도 장기적인 복잡한 사정이 따른다. (자세한 내용은 12장에서 볼 것.)

신도가 아닌 내게는 도취감 중에서도 최고의 도취가 고양高揚이다. 막상막하라고 할 수 있겠지만 성적인 황홀경보다 더 낫다. 다행히도 이 두 가지는 상호배타적이지 않다. 그 두 가지는 동시에 경험될 수도 있으며, 그런 은총의 축복을 받은 자들은 존재의 위대한 사슬에 신비스럽게 융합될 뿐만 아니라 영원과 낙원에서 신과 일체가 될 수 있다.

하지만 고양은 포착하기 힘들고 드물게 일어나며, 예술적 영감, 신성공현(신비적 의미이지만 조이스와 프루스트가 묘사했듯이 세속적 의미도 있는 것), 통찰력, 문제 해결과 직관을 포함하는 고조된 경험들 가운데 하나이다. 이런 경험은 의지로 되는 것이 아니며 느닷없이 당도하며, 절대적으로 확실한 설명을 전혀 제공하지 않으며, 그 즐거움이 강렬한 반면 지속 시간은 짧다. 그것은 전적으로 무작위적이고 까닭 없는 것처럼 보인다.

하지만 힘들이지 않고 발휘되는 것처럼 보이는 재능이 사실은 끈질긴 노력과 인내심의 산물일 때가 많다. 예술적 영감의 경우, 이 힘든 노고는 학습의 규율이며 기술의 수련 결과이다. 통찰력과 문제 해결의 경우에는 장기적이지만 무의식적 사유의 산물이다. 직관에 관해서는 관찰과 경험의 분석이 그런 노고이다. 신성공현은 물리적 세계에 대해 강렬한 주의력을 갖는 습관을 통해 이루어진다.

하지만 심리적으로 고양을 준비시켜주는 것, 계시 없는 계시의 황홀경을 제공하는 경험은 무엇인가? 여기서 나는 두뇌가 그 이전의 노력에 대한 보상으로 제공하는 것이 고양감이라는 가설을 세우려 한다. 이를테면, 여섯 개를 사면 하나를 끼워주는 것 같은 회원제 카드 거래 같은 것이다. 과거의 집중에 대한 대가로서 두뇌는 유레카의 산물은 없는 유레카 감정을 허용할 것이다. 그러므로 어떤 점에서는 고양감조차도 노력을 통해 얻어져야 한다.

당연한 말이지만, 권리 요구의 시대는 아무 비용도 들이지 않고 오래 지속되는 경험 형태를 더 좋아한다. 미국의 신경학자인 질 볼트 테일러Jill Bolte Taylor는 실제로 그런 지속적인 경험을 했는데, 엄밀하게 말하면 공짜는 아니었다.[217] 어느 날 아침 그녀는 지극히 황홀한 기분 euphoria을 느끼며 깨어났다. 이것은 좋은 소식이다. 나쁜 소식은 그와 함께 부분적인 마비와 언어 장애가 왔다는 것이다. 그녀가 겪은 발작으로 좌뇌는 손상되었지만 우뇌는 탈이 없었다. 좌반구는 더 순차적으로 작동하며, 과거를 분석하고 미래를 준비하는 일을 담당하며, 두뇌가 끊임없이 의사소통을 하는 상태를 유지하는데, 그것이 곧 의식이다. 그리하여 발작이 일어난 테일러는 자연스럽게 초월을 겪었고, 자아를 담당하는 두뇌 부위가 불구가 됨으로써 자아를 벗어나게 되었다.

최근까지도 목적도 없고 불활성이라 여겨져 온 우반구는 정보를 더 병행적인 방식으로 처리하며 현재의 감각 자료에 대한 응집성과 의미를 제공한다. 일에 대한 부담이 줄고 새로운 연결을 만들 수 있는 능력이 커지면 우뇌는 신비스러운 경험, 신성공현, 영감, 통찰력, 직관을 만들어낸다. 그리고 우뇌 역시 직접적인 주변 환경에서 들어오는 감각 자료를 처리한다는 사실은 유레카의 백열광이 외부 세계 역시 숭고할 정도로 생생하게 만들 수 있음을 의미한다. 신비 체험이 그토록 영감이나 통찰력과 비슷하며, 그 경험이 강렬할수록 그에 수반되는 범신론적 경이감 또한 더 강해지는 이유도 이것이다. 테일러는 자신의 황홀경을 만물과 일체가 된 심오한 감각이라 묘사했다.

하지만 그녀가 회복하면서 좌뇌가 회복 체제에 반응하게 되자 불안, 두려움, 질투심, 원한, 분노 같은 부정적인 좌뇌 감정의 회로가 다시 활성화되었다. 심리학자들이 발견했듯이, 이것들은 긍정적 감정보다 더 위력이 강하다. 하지만 테일러는 자신이 발견한 일체감과 행복감을 내놓을 마음이 아니었으므로, 심술궂은 좌뇌의 영향을 억누르려고 분투하여, 스토아 사상가들이 2천 년 전에 도달했던 결론에 도달했다. 비록 발작과 신경학이라는 다른 경로를 거치기는 했지만.

"그 어떤 외적인 것도 내 마음과 심장의 평화를 가져갈 힘은 없다.…… 나는 일어나는 사건들을 전적으로 통제하지는 못하겠지만, 내 경험을 지각하기 위해 사건들을 선택하는 방식은 분명히 내 책임이다."[218] 그녀의 기법은 오래된 파충류 두뇌의 이런 본능적 반응, 즉 발작이 그 자연적인 지속 기간인 90초 동안 일어나도록 허용해주지만, 거리 두기와 분석을 활용하여 그것들의 정체를 밝히고 자기 마음을 지배하지 못하게 예방한다는 것이다. 그리고 그녀는 자신이 학생들에게 이 기법을 가르치려고 하자 그들은 정신적으로 애를 너무 많이 써야 한다고 심하게 불평했다고 말했다. 이는 어려움을 거부하는 또 다른 사례이다.

불운에 대한 테일러의 반응 역시 무슨 일이 일어나든 그것을 이롭게 돌리려는 고전적인 스토아식 전략이다. 그녀는 아마 그 경험에 열중한 유일한 발작 희생자일 것이다. 하지만 좌뇌의 발작으로 인한 마비를 겪지 않고도 우뇌를 해방할 수 있는 방법은 없는가?

우뇌를 해방하는 방법

한 가지 가능성은 명상이다. 숙련된 명상가의 두뇌를 스캔한 영상을 다룬 연구가 여러 편 있는데, 연구 팀들은 다들 비슷한 결론에 도달했다. 명상은 주의력을 집중시키고 유지하는 일을 담당하는 집행 통제 부위인 전전두엽 피질의 활동을 증가시키고, 좌뇌의 활동을 감소시킨다.[219] 하지만 증가한 우뇌 활동에 대해서는 아무 언급이 없다. (비록 명상가 본인들은 흔히 바로 곁의 주변 환경을 더 예민하게 인식한다고 말했지만.) 이는 명상가들이 어떤 한 가지(만트라, 이미지, 숨쉬기)에 강하게 집중하고, 좌뇌에서 안달복달하는 자아를 억누르는 데 성공하지만, 우뇌에 있는 해방된 몽상가를 활용하는 데는 실패하기 때문일지도 모른다. 그렇다면 반추는 잔소리가 차단되고, 몽상가의 격려까지 추가된 명상일 수 있다. 만약 적절한 의례 형식과 전문용어를 고안해낼 수 있다면 나는 초월 반추*를 팔고 다니는 도사 노릇을 하여 한몫 단단히 챙길 수 있을 것이다.

또 다른 가능성은 초월에 지금-여기의 단일성이 함께 따라온다면 그 반대 역시 참일 수 있고, 직접적인 환경에 강한 관심을 쏟는다면 도약을 용이하게 해줄지도 모른다. 이것은 조이스와 프루스트 같은 작가들이 권장하는 종류의 주의력이다.

능동적 성향을 가진 사람들, 혹은 신비적이고 미학적인 일체의 것을 불신하는 사람들이라면 몰입함으로써 낮은 차원의 자아의 초월을 맛볼 수 있다.

미국의 심리학자 미하이 칙센트미하이Mihaly Csikszentmihalyi는 고도의 기술이 필요한 어려운 행동에 강렬하고 지속적으로 집중함으로써 달성되는 마음의 깊은 만족 상태를 묘사하기 위해 '흐름flow'이라는 용어를 쓴다.[220] 이것은 외견상 서로 관련되지 않은 광범위한 행동들에서

◆ TR: Transcendental Rumination, 초월명상TM을 빗댄 말.

도 비슷하게 경험된다. 그런 행동으로는 승부를 가리는 경기, 등산, 전문가 업무, 악기 연주, 예술적 창조성, 춤, 무술, 섹스 등이 있다. 이것 역시 그 현상은 잘 알려져 있고, '부산물로 얻어지는 행복'의 특별한 사례일 뿐이다.

초월의 다른 방법이 그렇듯, 이 만족은 힘든 노고를 통해 얻어야 한다. 먼저 느리게, 또 좌절을 거치면서 솜씨를 얻어야 한다. 만족감을 즉시 느낄 수는 없다. 그런 것은 끝내 오지 않을지도 모른다. 배우는 자가 적성도 안 맞고 규율이 없을 수도 있다. 하지만 자동적으로 될 정도로 솜씨가 좋아지면 기적이 일어날 수도 있다. 몰입이 완벽해지고 자아와 장소와 시간이 사라지는 기적이 일어나는 것이다. 몇 시간, 혹은 며칠까지도 한 마디도 하지 않은 채 지나갈 수 있다. 자아는 해체되고 사라진다. 뭔가 이상한 일이 일어난다. 애쓰지 않고도 행동이 일어날 뿐만 아니라 자동적인 것이 되어서, 점령하고, 통제권을 쥐고, 스스로 진행하는 것처럼 보이기도 한다. 그리하여 악기들은 저 혼자서 연주하고, 칼은 저 혼자서 휘둘러지고, 시는 스스로 써지고, 무용수는 춤추기보다는 음악이 들어와서 신체를 장악하도록 허용하고, 연인들은 사랑의 행위를 하기보다는 대지의 아찔한 움직임에 굴복하고 만다.

여기에는 모순이 여러 가지 있다. 수고하지 않는 느낌을 만들어내기 위해서 강렬한 수고가 필요하다는 모순, 강렬한 의식이 무의식으로 이어진다는 모순, 통제력의 전적인 부재를 경험하는 전체적 통제 등이다. 자아를 완전히 소유하고 있는 자들만이 충분히 굴복할 수 있다. 사실 자아의 감각이 강할수록 그 독재에서 벗어나는 데서 느끼는 열광은 더 커진다.

명상에서, 흐름의 경험은 지속적으로 관심을 집중한 결과이다. 칙센트미하이와 선禪불교는 집중력을 핵심 단어로 꼽는다. 흐름이라는 개념은 선불교에서도 친숙하다. 여기서 스즈키 다이세쓰鈴木大拙는 대검객 다쿠앙澤庵◆이 신참들을 가르치던 방법에 대해 설명한다. 다쿠앙의 조언은 마음을 항상 흐름의 상태에 두라는 것이었다. "마음이 멈추면 흐름은 방해받고 이 방해는 마음의 복지에 피해를 입히기 때문이다. 검객이라면 그것은 곧 죽음을 뜻한다."**221**

어려운 활동에 이처럼 거듭 집중하는 것은 두뇌 각 부위의 연결들을 창조하거나 고조시키는 바로 그것이다. 흐름의 도취감이 주는 쾌감은 워낙 강렬하여, 힘이나 지위, 명성, 무엇보다도 수동적 오락이 가진 매력을 줄이고, 그 대신에 다른 활동에서도 그와 비슷한 만족감을 맛보고 싶다는 욕구를 고무한다. 이론물리학자들이 여가 활동으로 봉고를 두드리는 것은 이 때문이다.

주의를 집중하고 어려운 일을 해내야 보상을 받는다는 것을 이해하는 것이 요령이다. 칙센트미하이는 십대들을 관찰하여, 흐름의 활동이 가장 적은 아이들, 즉 TV를 많이 보고 쇼핑몰에서 어슬렁거리는 아이들이 모든 만족감 평가에서 낮은 점수를 받았다는 것을 발견했다. 그에 비해 공부를 하거나 운동 경기에 참가하는 아이들의 점수는 높게 나왔다. 그런데 그들은 쇼핑몰에서 시간을 때우는 아이들과 소파에 기대어 감자 칩을 먹는 아이들이 재미를 더 본다고 믿고 있으며, 쿨함의 독재가 끼치는 영향력이 너무 크다 보니 축복받은 자는 자기들임을 깨

◆ 사실 검객이라기보다 대검객 미야모토 무사시宮本武藏의 정신적 스승인 스님. 1573~1645.

닫지 못한다. 이것은 일반 규칙의 한 가지 사례이다. 젊은이들이 자기들이 가진 것의 가치를 알고 있는 경우는 거의 없다는 것.

칙센트미하이의 다른 연구에 따르면 취미용 장비가 더 비싸고 부피가 크고 복잡할수록 그 취미는 재미가 덜해진다는데, 이는 정말 신나는 소식이 아닌가. 아마 결국은 정의로운 신이 계시는지도 모른다. 오로지 자기 몸만이 장비이자 도구인 걷기와 춤추기가 훨씬 더 만족스럽다. 걷기와 춤추기, 규칙적이고 황홀한 리듬, 자세와 신체의 시.

니체, 초월을 갈구하다

가장 소박한 흐름의 활동인 걷기는 고양을 위한 준비 태세를 만들어내는 효과적인 방법이기도 하다. 인간 지성이 우월해진 기원이 양발 쓰기라는 이론이 있다. 인간이라는 동물이 뒷다리로 일어섰을 때 앞다리는 자유로워져서 손짓을 하게 되고, 손짓은 기호 언어로, 결국은 언어로 진화했으며, 이 풍부하고 새로운 발성 언어가 두뇌를 대폭 키웠다는 것이다. 사지를 피스톤처럼 사용하는 것은 확실히 두뇌를 작동시키는 것 같다.

고양감의 철학자 니체는 걸어 다니는 데 걸신들린 사람이었다. 그의 최대의 적인 그리스도 역시 그랬다. 그리스도가 가만히 있는 것은 도상화에서뿐이다. 레오나르도 다 빈치는 〈최후의 만찬〉에서 그를 자리에 앉혀두었지만, 좋은 스승이라면 절대로 앉지 않는다. 안심시켜주고 영감을 불러일으키는 말을 해주며 여기저기 돌아다녔을 것이다. 산상수훈을 그린 대부분의 그림은 흔히 정적인 자세를, 슬픔을 담은 눈과 굴복하는 듯 손을 내민 자세를 보여준다. 하지만 피에르 파올로 파졸리니Pier Paolo Pasolini의 영화, 《마태복음The Gospel According to St. Matthew》을 보면 말을 타고 언덕 위로 질주하면서 갓 만들어낸 팔복八福을 어깨 위로 신도들에게 던지고, 신체적으로나 정신적으로나 힘을 내라고 북돋워주는 장면이 나온다. 산상수훈이 아니라 말굽 위의 수훈이다.

　니체는 하루에 예사로 여섯 시간에서 여덟 시간씩 걸었고, 그렇게 걷는 동안 최고의 통찰을 얻었다. 또 춤에도 흠뻑 빠져 있었다. "난 춤을 출 줄 아는 신만 믿을 수 있다."[222] 니체는 자신이 부기 춤을 못 추는 것을 한탄스러워했다. "나는 최고의 것에 대한 우화를 춤으로만 발언할 줄 안다. 나의 가장 위대한 우화는 발언되지 않은 채 내 팔다리에 남아 있다."[223] 또 자신을 철학자 디오니소스, 뿔이 돋은 황홀경의 신이자 춤의 신의 원조이며, 고대 제례의 주재신인 디오니소스의 최후의 사도로 묘사하기도 했다. 디오니소스는 바쿠스, 판, 파우누스, 오시리스, 시바 등 다양한 이름으로 숭배되었다.

　다른 어떤 사상가보다도 니체는 다양한 정도의 초월을 추구하는 데 헌신했다. 열정, 중독, 기쁨, 고양. 이것은 그의 장점인 동시에 약점이다. 니체는 삶의 위대한 탄산수 제조기, 진토닉의 토닉이다(쇼펜하우어는 레몬 조각이다). 니체는 부글부글 거품을 내고, 춤추고 도약하지만, 거품이 꺼지고 나면 남은 것이 아무것도 없다. 갖고 있으면서 사용할 것이 거의 없다. 니체의 주된 기능은 약물을 쓰지 않고 기분을 띄워주는 데 있는지도 모른다. 연구의 대상이 아니라 코웃음 칠 대상인 사상가라는 것이다.

　그 자신이 책을 비합법적 자극제로 활용했다. 목적은 배우려는 것이 아니라 고취되고 높은 곳에 있기 위해서였다. 그러므로 그가 지은 제목이 아니라 편집자들이 그의 사후에 붙인 제목이지만, 그의 유명한 《권력에의 의지*Will to Power*》는 정말로 개인적인 중독의 한 형태에 불과하다.

"행복의 첫 번째 효과는 힘의 느낌이다."[224] '힘의 느낌' 이라는 핵심 구절에 주목하라. 나는 그의 저작에서 이 구절을 아홉 번 만났다. 하지만 그가 힘을 행사하거나 실천하는 것을 찬양하는 부분은 아직 보지 못했다. 사실 그는 세속적 우월성을 추구하는 자들을 오직 경멸할 뿐이다. "그들은 모두 왕좌를 향해 분투한다. 그것은 그들이 가진 광기이다. 마치 행복이 왕좌에 앉아 있기나 한 것처럼! 대개 왕좌에는 쓰레기가 앉아 있는데."[225] 그는 타인에게 휘두를 힘을 얻고자 애쓰는 자들을 경멸했고, 자기 자신에 대한 힘을 얻으려고 노력하는 성자와 금욕주의자들을 찬양했다. 그가 추구하는 것은 순수하게 개인적인 초월이었다.

그의 잘못은 일시적인 여건을 영원하게 만들려고 노력한 데 있었다. 그는 황홀경 때문은 아닐지라도 그 상태 속에 있을 때는 분명히 미쳤다. 아마 죽었다고 치부되어버려 기분이 나빠진 신이 이 소위 초인超人이라는 자에게 누가 더 생생한 유머감각을 갖고 있는지 보여주려고 했는지 모른다. 평생 연민을 비난하던 자가 길거리에서 마차꾼에게 채찍질 당하여 죽어가는 말을 눈물을 펑펑 쏟으며 끌어안게 만들었으니 말이다.

또 기억해야 할 점은 니체가 연기演技하는 때가 많았다는 것이다. 그저 충격을 주기 위해서 난폭하게 구는 것이다. 또 사드 후작Marquis de Sade으로부터 윌리엄 버로스William Burroughs에 이르기까지, 충격을 주기 위해 잔혹성을 격찬하는 것이 표준 노선이었다. 하지만 정말로 잔인한 사람이라면 그것을 공개적으로 선전하지는 않을 것이다. 당신이 공연히 당신 흉내를 낼 필요는 없지 않은가. 니체가 나치에 영감을 주었다고 비난을 받았지만, 나치는 잔인한 행태를 뽐낸 적이 한 번도 없었다. 대신에 그들은 인류에게 은혜를 베풀었다고 뽐냈다. 하지만 연기를 하면 순진한 사람들은 연기를 액면 그대로 해석해버린다는 위험이 따른다. 니체는 이런 오해를 예견했다. "친절함이라는 고귀한 정신은 악의처럼 보일 수도 있다."[226]

니체는 공안公案, 반어법, 비논리성, 놀람과 충격◆으로 제자들을 뒤흔들어 주의하게 만든 선승들과 비슷하다. 그런 수법 가운데 가장 유명한 것 중의 하나는 임제林濟의 말이라 알려졌다. "부처를 만나면 부처를 죽여라"가 그것이다. 가끔 그 흔들기는 여기 소개하는 덕산德山의 공안처럼 그저 정신적인 것만이 아니다. 그 공안은 나도 내 제자들에게 들려주어 그 자리에서 깨닫게 만들도록 써보고 싶다. "네가 할 말이 있으면 내 몽둥이로 서른 대 맞고, 할 말이 아무것도 없어도 똑같이 서른 대 맞아."[227]

선의 핵심 성질인 강한 흥미zest를 가진 서구 사상가는 오직 니체뿐이다. 이것만으로도 그의 글은 읽을 가치가 있다. "아침 일찍, 해가 뜰 때, 신선한 공기에, 힘이 막 깨어날 때, 책을 읽는다.…… 나는 이것을 악덕이라고 부른다!"[228] 끝에 나오는 '악덕'이란 말은 전혀 예상 못한

◆ 할喝, 방棒.

것이지만 단어 선택이 워낙 완벽하여 순수하게 즐거운 웃음이 난다. 보기 드문, 경이적인 일이다.

초월의 또 다른 낮은 형태인 강한 흥미^{zest}는 상태라기보다는 태도에 더 가까우므로 양성될 수 있다. 그것은 처음에는 거리 두기를 요구하며, 그 다음에는 거리 두기가 촉진할 수 있는 모순적인 참여, 즉 호기심과 관심과 분석의 복합을 요구한다. 강한 흥미는 세상을 사랑하지만 세상이 스스로를 평가하는 그대로를 받아들이는 것은 아니며, 대개는 엄숙하고 자존적인 그런 평가를 어리석다고 여긴다. 그러므로 강한 흥미는 본질적으로 전복적이다. 그것은 인간 조건의 부조리성에서 크나큰 기쁨을 느끼고 신의 무한한 희극적 천재성을 아이러니하게 인정하는 태도이다.

본질적으로 모든 것에 흥미를 강하게 느끼는 캐릭터는 《한여름 밤의 꿈*A Midsummer Night's Dream*》에 나오는 퍼크^{Puck}이다. 우스운 말다툼을 해대는 요정 주인과, 똑같이 우스꽝스러운 말다툼에 여념 없는 인간 사이의 중간적 존재인 퍼크는 그저 기능적인 역할, 선도하거나 통제할 힘은 거의 없는 관리자이다. 또 관리자들의 운명이 흔히 그렇듯이 그의 지식은 불완전하고, 그로 인해 부적절하게 행동하다가 욕을 먹는다. 하지만 그는 절대로 불평하지 않는다. 정말로, 원망 많은 직원들의 모범이 될 만한 그는 인간의 어리석음("주인이시여, 이런 인간이란 얼마나 바보입니까!"[229])과 전반적인 어리석음("터무니없는 일이 발생하면 난 제일 기분 좋아."[230])을 맛보면서 자신의 일도, 또 혼자 있는 시간도 모두 즐긴다.

퍼크는 세련되고 아이러니한 무질서의 주인이며, 중세의 사육제에서 기득권층을 조롱하고 풍자하는 캐릭터이다. 풍자와 조롱은 흔히 황홀경을 추구하던 고대 제례의 특징이었다. 강한 흥미는 오래전부터 초월의 특징이었고, 불손한 유머를 담고 있었다.

어떻게 하면 강한 흥미라는 축복을 누릴 수 있을까? 그것이 가장 흔히 발견되는 곳은 단시간의 폭발을 선호하는 예술 형태에서다. 철학에서 그것이 드문 것도 같은 이유이다(니체는 갈수록 경구 쪽으로 나아갔다). 소설에서도 드물다(테리 서던Terry Southern의 고전적인 단편인 〈매직 크리스천The Magic Christian〉은 그런 예인데, 이 단편에 나오는 억만장자 장난꾸러기인 가이 그랜드는 자본주의 시대의 완벽한 무질서의 제왕의 모습이다).

강한 흥미는 시와 재즈에서 가장 자연스럽게 나타난다. 둘 다 리듬을 토대로 한다는 것도 우연의 일치가 아니다. 하지만 좋은 시와 재즈 독주는 저절로 솟아나오는 솔직성과 간결함 덕분에 쉬운 것처럼 보인다. 아무나 다 할 수 있을 것처럼 보이고 들린다. 그러므로 아무나, 또 모두들 시도해보는데, 그 때문에 시와 재즈의 99%는 기분이 우울해지는 쓰레기이다. 진짜를 찾아내는 데는 시간과 에너지가 든다.

좋은 재즈 독주는 특히 찾기 힘들다. 그래서 내가 전설적인 뉴욕 클럽에 가는 것은 영감을 얻고 싶어서라기보다는 순례 정신 때문이다. 그런데 클럽은 정말 실망스럽다. 축축하고 어둡고 누추한 지하실인데다, 담즙을 첨가한 부동액 같은 맛이 나는 와인을 터무니없이 비싸게 판다. 연주자들은 환상을 깨뜨리는 살찐 중년 흑인 남자들이고 매일 밤 두 번씩, 주말이면 세 차례나 새 음악을 만들어내어 청중들을 놀라게 하라는 요구를 받는다. 도대체 어떤 사람이 그렇게 할 수 있겠는가? 그래서 그들은 죽은 지 오래된 위대한 인물들과 한때 함께 연주한

적이 있지만 지금은 생계를 위해 제안이 들어오는 대로 타협해나가는 게 분명한 백발의 드러머가 산만하게 반주하는 가운데 타성에 젖어 미끄러져간다. 대부분 백인인 몇 안 되는 청중들은 미적지근한 반응을 보였고, 연주자들은 지친 듯 고개를 숙여 그 빈약한 갈채에 응답했다. 이게 삶이다. 견디는 것이고 버티는 것이다.

하지만 마지막 노래가 끝나갈 무렵, 색소폰 주자 한 사람이 갑자기 앞으로 나서더니, 다리를 벌리고 서서 숨을 들이마시고는 발가락 끝으로 서듯 온 힘을 다하여 사납게 불어댔다. 불타는 듯이, 조롱하는 듯이, 넘칠 정도로까지 불었다. 다들 몽롱한 기분에 젖어 앉아 있다가 이 연주에 전기 충격을 받은 듯 벌떡 정신을 차렸다. 습관과 일상적인 졸음은 삶이 아니었다. 이것이 삶이었다. 복잡하고, 놀랍고, 도전적이고, 열정적인 이것이.

이번에는 청중들이 진심으로 열렬한 갈채를 보냈다. 하지만 독주자는 그것을 듣지 않았다. 그는 술 한 잔을 단숨에 마셔버리고는 내면에서 들리는 가장 달콤한 갈채를 들었다. 하지만 그 늙은 드러머, 그때까지는 러시모어 산의 암벽 조각처럼 무표정하던 드러머가 스틱을 들어 그의 팔을 가볍게 두드렸을 때는, 아마 달콤한 기분이었을 것이다.

chapter 11

일과 직업이 우리를 구원해줄까

과거에는 사람들이 살기 위해 일했다. 지금은 일이 곧 삶이다. 쇼핑과 여행과 소통이 그렇듯, 수단이 목적이 되어버렸다. 당신 직업은 당신의 정체성이자 지위이고 삶이다. 진짜 삶을 지원해주는, 어쩔 수 없이 해야 하는 지루한 일이라는 개념은 오래전에 사라졌다.

엄숙하게, 늦은 오후 스러져가는 빛 속에서, 서로 1미터 가량의 간격을 두고 원 비슷한 것을 그리며 서 있던 한 무리의 사람들이 뭔가를 고대하는 표정으로 지휘관을 돌아보았다. 그는 아주 큰 실뭉치 하나를 꺼내더니 실 끝을 잡고는 원에 서 있는 사람들 중 하나에게 던지며 소리쳤다. "조, 네 발제가 아주 좋았다고 생각해." 조도 실뭉치를 단단히 붙잡더니 크리스의 일 처리에 대해 잔뜩 칭찬하면서 그에게 던졌다. 그리하여 실 뭉치는 크리스에게서 질에게로, 또 데이브에게, 수에게, 밥에게, 잰에게, 자크에게, 이런 식으로 원 안에서 이리저리 건너다니면서 점점 작아지다가, 마지막 사람이 다시 지휘관에게 던졌다. 그는 말고삐를 잡듯이 양손으로 실 끝을 단단히 붙들고는 이 긍정의 복잡한 그물망을 자랑스럽게 바라보면서 선언했다. "이처럼 굉장한 팀을 만나게 되어 정말 다행이야."

'거미줄'이라 알려진 이 제의는 '워크숍'이라는 제의의 마지막 단계이다. 두 가지 모두 노동의 종교에 포함된 새로운 제의인데, 노동의 종교는 거대한 세계 종교들의 반열에 비교적 늦게 추가되었지만 급속도로 개종자가 늘어나고 있으며, 근본주의자들의 수도 많아지고 있다.

그러니, 직장에서만큼 거리 두기가 필요한 곳도 없다. 하지만 그것을 달성하기가 그곳보다 더 힘든 곳도 없다. 그것이 있어야 집세를 내고 자동차 값을 내고 묵직한 수저와 빳빳하게 풀 먹인 냅킨이 있는 고급 레스토랑 음식값을 내며, 부겐빌레아로 뒤덮인 프로방스의 빌라에서 지낼 휴가비를 낼 수 있으니 말이다. 그 대안은 기름통에 피운 모닥불 주위에 둘러앉아 지내는 것일 수도 있다. 엄청난 시간과 에너지를 업무에 쏟아 붓기 때문에 그에 합당한 보상이 절실하게 필요해진다. 그렇기 때문에 동료, 업무 그 자체, 본인이 기여한 바의 가치를 과대평가하려는 경향이 생긴다. 자신이 대단한 일을 하는 대단한 사람들 집단의 필수불가결한 구성원이라는 착각을 갖기는 쉽다.

일이 곧 삶인 시대

사실은 노동의 종교가 거둔 대단한 승리는 자신이 순응하는지 거의 깨닫지 못하면서 순응하도록 압력을 키우는 것이었다. 과거에는 사람들이 살기 위해 일했다. 지금은 일이 곧 삶이다. 쇼핑과 여행과 소통이 그렇듯, 수단이 목적이 되어버렸다. 당신 직업은 당신의 정체성이자 지위이고 삶이다. 진짜 삶을 지원해주는, 어쩔 수 없이 해야 하는 지루한 일이라는 개념은 오래전에 사라졌다. 이제 누구나 직업을 원한다. 왕, 대통령, 암살자, 사제, 시인, 매춘부 등 모두가 자기 일을 하고 있는 일개 노동자라고들 주장한다.

그렇게 하여 노동의 종교는 확신을 더해간다. 기술이 발달하여 모두들 여가 생활을 누릴 수 있게 되리라는 20세기의 예측은 얼마나 우스운 것이었는가. 이런 온갖 자유 시간을 적절하게 채우지 못할지도 모른다는 걱정은 또 얼마나 웃기는 것인가. (한나 아렌트는 미래 사회에서는 노동자가 일거리를 찾지 못하게 될까 봐 고민했는데!) 중세 때 사람들은 한 주일의 며칠만, 그리고 한 해의 절반만 일했는데, 지금 미국과 영국의 대기업에서는 휴가도 거의 없이 한 주당 70시간 일하는 경우가 흔해졌다는 사실은 얼마나 충격적인지. 에리히 프롬이 말했듯이, "역사상 그 어느 때도 자유민이 이토록 전적으로, 일이라는 한 가지 목적에만 온 에너지를 바친 적은 없었다."[231]

성공하는 종교의 비밀은 온화한 가부장주의이다. 자유를 내놓고 항복하는 대가로 종교는 사랑으로 보살펴주고 모든 필요를 만족시켜주는 겉모습을 제공한다. 그리하여 기업들은 제각기 상점, 카페, 술집, 레스토랑, 운동 시설, 미용실, 마사지룸, 의료 시설을 갖춘 자족적인 하나의 세계가 되었다. 직장은 새로운 마을이고, 고용과 지위만이 아니라 모든 필수 서비스와 풍요롭고 다양한 사교 생활, 그리고 온갖 재미를 제공하는 공동체이다.

형제 사회는 사회적 네트워크가 필요하다. 직장은 기성품처럼 제공되는 친절한 사회적 네트워크이다. 친구가 필요한데 왜 다른 데서 찾는가? 로맨스도 다른 곳에서 찾을 일이 있는가? 직장 내 인간관계에 부과되었던 금기는 약해지고 있다. 직업 찾기 웹사이트인 커리어빌더 CareerBuilder에 따르면 직장 내 연애를 비밀로 해야 한다고 느끼는 직장인의 비율은 꾸준히 낮아지고 있다. "'개인 펜을 회사 잉크에 찍어 쓰지 말라'는 경고를 들었을지 모르지만, 오늘날의 노동자들에게 그 조언은 구식이다."

《뉴욕 타임스*The New York Times*》는 전형적으로 가슴을 따뜻하게 해주는 다음의 이야기를 전해준다. "사라 케이와 매트 랙스가 사내 연애를 하고 있다는 소문이 퍼진 지 얼마 안 되어 케이는 인적자원관리부로 불려갔다. 그런 호출이 연애에는 죽음의 조종弔鐘 소리가 되던 때도 있었다. 직원들의 경력도 위험에 처할 수 있었다. 하지만 29세인 케이는 쾌활하게 말해주었다. 관리부장은 '우리는 당신이 친구를 갖게 되어 그저 반가울 뿐입니다' 라고 말했다고."**232**

지금도 동료란 절대 내 마음대로 고를 수 있는 존재가 아니라는 말을 마음속에 담아두고 있다든가, 직장 밖에서 직장 동료를 만나게 되면 대개의 경우 부리나케 달아난다고들 생각하고 싶은가? 직장 환경은 노동의 페르소나를 강요한다. 순종적이고, 얄팍하고, 쾌활하고, 사람들과 잘 어울리고, 익살스러워야 한다는 것이다. 이런 페르소나는 흔히 새 이름, 대개는 단음절의 축약형인 새 이름을 부여하는 방법으로 강화된다. 그래서 현대의 직장은 조, 크리스, 질, 데이브, 수, 밥, 젠, 자크들이 사는 곳이다. 나는 직장에서 마이크로 통한다.

수녀와 신부들이 새 이름을 얻는 것처럼 새 직장에서의 이름은 옛날의 자아를 포기하고 새 공동체의 가치와 관행에 헌신하겠다는 것을 상징한다. 페르페투아 수녀와 베네딕트 신부처럼, 나는 동료 마이크로 거듭난 것이다. 하지만 종교적 재생과는 달리 이것은 절대로 공식적으로 포고되지 않는다. 누구도 내가 마이크로만 불릴 것이라고 선언하지 않았다. 또 그 어떤 조직적인 강화 캠페인도 없었다. 사실 십중팔구는 그런 것이 부과되었다는 사실을 깨닫지도 못할 것이다. 이 현상은 '익명적 권위' 의 완벽한 보기이다. 그 어디에도 공개적인 지휘권이나 출처가 없기 때문에 반대하기도 불가능하다. 그래서 나는 여러 달 동안 '마이크'라는 이름에 저항했지만, 결국은 포기했다. 새 이름에는 장점 도 있었다. 내가 서로 다른 두 인물임을 항상 인식시켜주었다.

니콜슨 베이커Nicholson Baker의 소설 《메자닌The Mezzanine》은 오늘날의 종합 직장 시설의 독특한 분위기를 잘 포착하고 있다. 그곳은 서로 친 해지려고 필사적으로 애쓰는 사람들이 있는, 집합적으로 익명적인 광 대한 공간이다.

> 사무실에는 사람들이 서로 소개시켜주지도 않고 날씨 이야기 따위의 시 시한 농담에도 끼워주지 않는 부류인 기피 인물들이 항상 있다. 그런 기 피 인물은 점점 수가 적어진다. 밥은 최후까지 남은 그런 부류의 인물이 었다. 그의 얼굴은 너무나 익숙한데도 모르는 사람처럼 지내는 그의 현 재 처지 때문에 사실은 낯이 뜨거워지곤 했다. 바로 그때, 하행 에스컬레 이터에 타고 있던 밥과 상행 에스컬레이터에 올라탄 내가 서로 점점 가 까워져 그 중간쯤에서 교차하지 않을 수 없다는 것, 붉은 대리석으로 지 은 거대한 궁륭 모양의 로비 중간 허공의 20피트 고도에서 서로 눈을 마 주치지 않을 수 없고, 고개를 까딱하고, 인사말을 웅얼거리거나 돌같이 무표정하게 허공을 응시하게 되리라는 것이 확실해지자…… 나는 절망 적으로 싫은 기분이 들었다.[233]

순응해야 한다는 또 다른 압력은 최근에 발전한 상시적인 가시성이 라는 추세이다. 사무실이나 작업장이 트인 구조나 유리벽으로 둘러친 형태로 만들어지는 추세가 갈수록 심해지므로, 화장실을 제외하면 잠시라도 혼자 있거나 프라이버시를 누릴 수 있는 곳이 없다. 화장실조차도 은둔을 최소화하기 위해 화장실 문의 상부와 하부가 잘려 나가버렸다. 니콜슨 베이커는 집합적 세계에서 프라이버시를 여전히 누릴 수 있는 유일한 장소는 엘리베이터라고 지적한다. 《메자닌》에서 그가 등장시킨 인물들은 이 희귀한 사치를 최대한으로 활용한다.

> 엘리베이터 몇 군데는 승객이 가득 차 있었다. 다른 곳에는 아마 한 사람만이, 잠시 누리는 진정한 프라이버시의 특별한 순간을 맛보고 있을 것이라고 상상한다. 사실은 그곳이 회사의 화장실 변기에 앉아 있을 때보다도 더 진정한 프라이버시를 누릴 수 있는 곳이다. 여기서는 큰 소리로 말을 할 수도 있고 노래를 해도 엿듣는 사람이 없으니까. L은 내게, 가끔 엘리베이터에 혼자 있을 때 치마를 머리 위로 뒤집어쓰기도 한다고 말했다. 나도 혼자 타게 될 때는 태엽 감는 장난감처럼 벽으로 걸어 올라가는 흉내를 내기도 하고, 얼굴의 라텍스 가면을 뜯어내버리면서 고통스러운 비명을 지르는 시늉도 해본다. 상상의 승객을 가리키면서 말한다. "이봐, 친구, 자네 목줄기를 한 대 갈길 작정이야. 난 조심하라고 말했어."[234]

아무도 없는 사무실이라는 생각은 분명히 옛날 일이다. 지금은 혼자 있을 만한 데나 눈에 띄지 않는 곳이 없다. 비밀의 자아를 보호하고 길러줄 곳이 없고, 반추할 곳도 없다. 정말로 직장에서는 반추하여 생각한다는 것이 어찌나 생소해졌는지, 그런 식으로 생각하는 표정만 지어도 대부분 슬픈 징후로 해석될 것이다. 그런 거리 두기가 워낙 흔하지도 않고 불편한 일이다 보니, 동료들은 그런 일을 위중한 고통을 겪는 표정이라고밖에는 이해하지 못한다.

결국 이런 끊임없는 노출은 프라이버시를 갈망하는 것을 신경질적이고 구식이며 도착적이기까지 한 태도로 몰아간다. 혼자 있고 싶어하는 사람은 아동 포르노 웹사이트나 그보다 더 심한 것들을 몰래 보는 게 틀림없다는 듯이 말이다. 또 책을 들고 몇 분 있노라면…… . 시카고의 한 광고회사 직원이 등장하는 조슈아 페리스Joshua Ferris의 소설인 《그러다가 끝에 도달했다Then We Came to the End》에서 간단하지만 아주 영리한 책략이 나온다. 열렬한 독서광인 한 직원이 동료들보다 먼저 출근하여 도서관의 책을 몽땅 복사한 다음, 하루 종일 업무 자료를 읽는 것처럼 책만 읽고 있는 것이다.[235]

하지만 노출되지 않기는 점점 더 힘들어진다. 가령 파일캐비닛이나 포스터나 달력, 공지문 같은 것으로 유리벽으로 된 사무실 정면을 막으려 해보면 금방 눈에 띄게 되고 열성적인 안전요원이 와서 그렇게 하지 말라고 한다. 흔히 동료들이 바리새인 노릇을 한다. 소심하거나 비열한 자들을 끌어들이는 것이 안전 감시의 쩨쩨하고 대체로 금지적인 본성임이 분명하다.

예전에 나는, 비계로 온통 뒤덮인 건물을 나온 뒤에 한 안전요원과 놀라운 방식으로 만난 적이 있다. 그는 내 앞에 섰다.

"그 출구로 나오면 안 됩니다. 건축 자재가 떨어질 위험이 있습니다."

"그래요, 난 저기로 나왔지만 아직 살아서 말을 하고 있잖소."

"아니, 아니요. 다시 돌아가서 지시된 출구로 나와야 합니다. 저기에 돌아가라는 표시가 있어요."

그는 앞쪽으로 조금 움직였다.

"자, 무슨 말인지 좀 봅시다." 나는 너무 화가 나서 제정신이 아닌 것처럼 웃었다.

"낙하하는 자재로부터 날 보호한답시고 낙하 자재 밑을 다시 걸어서 돌아가라는 거군. 내가 말을 잘못 알아들었소?" 나는 더 미치광이처럼 웃었다.

긴 침묵.

마침내 그가 말했다. "당신 이름과 직원 번호를 알려주십시오."

복종하라는 압력은 팀제로 시행되는 휴일이나 워크숍을 통해서도 가해진다. 동료들을 일주일 내내 직장에서 보는 걸로는 부족한 것처럼 주말에도 탐험하고 폐광을 뒤지며 연대감을 강화해야 할 수도 있다. 특히 워크숍이라는 것이 그렇다. 상당히 비싸고, 대개는 직장보다 들어가기도 힘든 장소를 빌리고, 다들 지도와 시간표를 들여다보아야 하고, 돈이 많이 드는 새 여행 일정을 짜야 한다. 하지만 그래 봤자 결국은 직장과 비슷한 회의실로 낙착되고, 똑같이 너덜너덜한 차트와 주루룩 끌어내리는 스크린과 워크스테이션과 집단 모임과, 같은 사람들이 오로지 말을 하기 위한 말만 하는 그 모든 절차를 진행한다. 노동의 종교에서는 모든 회의에서 말을 하겠다고 주장하는 사람들은 교회에서 항상 신도석 맨 앞줄에 앉는 올바른 신도들의 등가물이다. 직장은 현대판 바리새파의 거주지이다.

워크숍에서 기대할 것은 공짜 점심뿐이다. 하지만 그것도 우울할 정도로 익히 보던 것들이다. 단체 뷔페의 표준 같은 차가운 요리, 똑같이 맛없는 샌드위치 코너, 손으로 집어 먹는 아시아식 요리가 약간의 이

국적 효과를 내주고, 똑같은 생과일 접시에는 파인애플과 멜론 조각이 담겨 있고 아무도 먹을 엄두를 내지 않는 딸기 두 알이 있다. 그런데도 부장은 워크스테이션 앞에 앉아서, 의미심장하게 눈알을 굴리면서 열정적으로 소리친다. "사무실을 벗어나니 이렇게 좋군." 물론 이런 워크숍의 진짜 요점은 그 자리에 있는 그 누구도 직장에 묶여 있지 않다는, 회사 밖에서도 이렇게 즐겁게 조화될 수 있는 만큼 우리의 조화는 분명 진짜라는 인상을 주려는 것이다.

그런 다음 지루한 오후가 느리게 계속되고, 참을 수 없어진 당신은 그 딸기 한 알을 집어 먹고, 군중은 '분단 모임'이라는 소그룹으로 나뉜다. 거기서는 SWOT 분석, 즉 강점strength, 약점weakness, 기회opportunities, 위협threats을 알아보는 일을 한다. 각 그룹은 목록을 작성하여 전체 모임에서 보고한다.

발표가 계속되면서 열성적인 신입사원들이 진심으로 흥미를 보이며 내게 다가와서 물어본다. "저 사람들은 이런 보고서를 가지고 나중에 뭘 합니까?"

작은 데니시 패스트리는 다 없어졌고, 또 다른 바보 작자가 나머지 딸기 한 알을 먹었고, 남은 커피는 미적지근하고 향도 다 빠졌고, 남은 것은 '거미줄'의 제례이다. 그러니, 나는 좀 퉁명스럽게 대답한다. "엿이나 먹겠지."

그는 깊은 충격을 받고 멀어진다.

현대란 원래 냉소적인 시간이라고들 알고 있다. 하지만 노동에 관해서는 냉소주의가 놀랄 정도로 없다. 조슈아 페리스의 화자는 실망스럽게 말한다. "우리는 냉소주의자들은 별로 참아줄 수가 없어."[236] 그러니 지나치게 많은 회의나 불필요한 행정이나 실 뭉치 돌리기가 무슨 소용이 있을지, 무슨 도움이 될지를 아주 조금이라도 의심하면 곧 모욕적인 냉소의 반응이 돌아온다.

이와 비슷하게, 평생 그토록 오랜 시간을 격벽으로 막힌 사무 공간에서 일하고, 답신을 하지 않은 이메일이 5백 통이 넘지 않도록 부지런히 답신을 해야 할 전망에 대해 절망감을 드러내는 사람도 거의 없다. 물론 과중한 업무에 대해, 빈약한 지원에 대해, 잘못된 관리 지침 등등에 대해 투덜거리는 소리도 있다. 하지만 이것들은 흔히 마치 마음속에 숨긴 진정한 원망감 따위는 없다는 듯이 제의화되고 편안한 기분으로 투덜거리는 것일 뿐이다. 심지어 징징대는 불평도 행복한 투정 같다.

아주 드물지만, 무의식적으로 적응하는 면이 드러나기도 한다. 직장에서 나는 값싼 인스턴트커피를 마시는데, 집에서는 프랑스산 커피콩을 갈고 이탈리아제 커피머신을 써서 크레마가 적당히 얹힌 진한 에스프레소를 추출한다. 직장에서는 인스턴트커피가 항상 맛있게 느껴졌고, 한번은 커피콩이 다 떨어졌을 때 집에서도 먹은 적이 있다. 그런데 도저히 마실 수 없었고 놀랄 정도로 썼다. 하지만 그 다음 날 직장의 내 책상에서 마시니 또다시 먹을 만해졌다. 그러니 직장에서는 내 미뢰도 복합성과 깊이를 포기한 것이다.

문제는 노동이 그저 보수를 위한 활동만이 아니라 단순화된 페르소나를 유지하는 일, 항상적인 수행, 끝없는 연기를 포함한다는 것이다. 이것이 직장 밖에서 동료를 만나면 그토록 누추해 보이고 왜소하고 능글맞게 보이는 이유이다. 그들은 잠시 세트장 밖으로 나와 있는 것이며, 그래서 인공적인 생동감의 불이 꺼졌고, 잿불만 남은 상태이다. 더욱이 우리는 연기하는 줄도 모르는 채 연기하고 있고, 심지어는 이것이 자연스러운 행동이라고 믿고 있다는 것이다. 부정적인 감정은 모두 숭고화된다.

높은 연봉을 받으며 외견상 만족하고 있을 것 같은 전문직 종사자들이 갑자기, 명백한 이유도 없이 우울증으로 쓰러지는 이유가 이것 때문인지 모른다. 문제는 집단에 굴복하는 데서 요구되는 정체성의 상실이다. 가면이 얼굴에 녹아들어간 것이다. 조슈아 페리스의 소설에 나오는 광고회사 직원은 모두 서로에게 열광한다("우리는 다들 다른 사람들을 좋아했어."). 모두 똑똑하고 창의적이고 재치 있고 생기 있다. 그러면서 모두 항우울제를 복용하고 있다("우리는 우울증과 싸웠어…… 앉아서 샤워를 했고, 주말에는 일어날 수가 없었지. 마침내 전문의를 만나봐야 할지 HR과 상의했고, 전문의는 약을 처방해주었어.").

직장에서 가장 필요한 기술

예전에 나는 직원들이 발전하기 위해 정말로 필요한 기술을 가르치는 수업을 고안해보았다. 거기에는 네 가지 핵심 단위가 있었다.

1. 직업적 유머
2. 직업적 평가의 이론과 실천
3. 신조어 만들기

4. 멘토 구하기

직업적 쾌활함[PC]의 더 세련된 형태인 직업적 유머[PH]가 이 수업의 핵심 능력이며, 보편적인 윤활제이고 촉진자[facilitator]이지만, 그런 훈련이 되어 있지 않은 사람에게는 혼란스럽다. 농담은 항상 속 시원한 웃음으로 보상을 받아야 하지만 실제로는 그만큼 우습지 않은 법이다. 이는 직업적 유머가 유머가 아니라 익살이기 때문이다. 유머는 실재에 참여하는 한 가지 길이지만 익살은 그것을 회피하는 길이다. 가령 직업적 유머는 아무 위협도 제기하지 않으면서 항상 기괴할 정도로 전복적으로 들려야 한다.

> 고참 동료(크게 웃으면서): "잘 처신하고 있는가?"
>
> 신참 동료(공손하게. 아직 익살에 훈련되지 않은 상태): "네."
>
> 고참 동료(더 크게 웃으면서): "거 참 안됐군."

그것은 전혀 악의가 없으면서도 야만적인 학대처럼 들려야 한다.

> 회의에서 첫 번째 동료: 그래서 나는 그 회의에 참석했는데…….
>
> 두 번째 동료(믿지 못하겠다는 듯): 아니, 그들이 자네는 들여보냈단 말이지?
>
> 세 번째 동료(더욱 믿지 못하면서): 아니, 우리가 자네를 내보냈다고?
>
> 모든 참석자들이 웃는다. 특히 첫 번째 동료가 떠나갈 듯이 웃는다.

직업적 유머 때문에 직장은 더 견딜 수 없이 혼란스러워진다. 직원들의 재치 있는 무관심이 아니었더라면 그런 혼란은 참기 힘들었을 것이다. 좀처럼 도움이 안 되는 지원 스태프들이 이번에는 결정적인 지원을 해준다. 워크스테이션을 포스터와 카드로 장식해놓은 것이다.

· 미친 사람이라야 여기서 일하는 건 아니다. 하지만 미치면 도움이 된다!

· 코카인 중독자에게 축복 있으라. 거기서 빛이 들어오나니!

· 상황이 악화되고 있음…… 초콜릿을 보내주시오!

난 이런 카드를 모두 챙겨두었는데 제일 좋아하는 것은 다음과 같다. "로빈슨 크루소가 아닌 다음에야 아무도 금요일까지 일을 다 마칠 수 없다!"

PH 학습을 위한 요점 도서는 《경거망동의 효과: 기분이 밝아지면 왜 보상이 있는가*The Levity Effect: Why It Pays to Lighten Up*》일 것이다. 이 책은 직원 동기부여 컨설턴트인 에이드리언 고스틱Adrian Gostick과 스콧 크리스토퍼Scott Christopher가 썼다. 고스틱이 분명하게 설명하는 대로, "우리는 경거망동을 쾌활함 쪽에 가깝게 규정한다. 우습기보다는 재미 쪽에 더 가까운 것으로."[237] 그들이 세운 목표는 '유쾌한 직장'이다. 또 다른 책으로는 《생선! 사기를 드높이고 성과를 개선하는 탁월한 방법*Fish! A Remarkable Way to Boost Morale and Improve Results*》이 있다. 이것은 시애틀의 생선장수의 관행을 받아들여 '유쾌하게 하기'의 '생선 철학'을 상세히 설명해준다. 그들은 서로에게 생선을 내던져 분위기를 밝게 만든다.[238] 물론 진짜 생선을 사무실에서 던진다면 냄새가 너무 심해질 테니, 회사에서는 농어 퍼시Percy the Perch라는 말랑말랑한 장난감을 던진다.

그리고 직업적 유머는 경력을 닦아주는 길을 열어줄 수도 있다. 어떤 회사에는 공식적인 '경거망동 관리자Levity Manager'와 '경거망동 팀Levity Team'이 있다. 아이리스 광고회사의 북미 지점Iris North America이 그런 곳인데, 그 회사의 경거망동 관리자는 자기 팀을 '미소 분대'라 부르며 그 기능을 '일반적인 행복과 뜻밖의 기쁨serendipity'을 진작시키는 것이라고 설명한다.

직업적 평가의 단위 이론과 실천TPPE: the module Theory and Practice of Professional Esteem은 대체로 아첨에 관한 것인데, 직업적 유머가 그렇듯 겉모습보다는 더 복잡하다. 누구든 쉽게 아첨할 수 있으리라고 생각하는 사람이 많다. 하지만 상관들이란 아첨 감식의 전문가이다. 그들은 매일같이 아첨을 받으며, 조잡한 아첨에 감명 받을 가능성은 낮다. 그런 것은 고마운 마음이 드는 게 아니라 짜증스러울 수 있다. 아첨이 하나의 기술임을 기억해야 한다. 먼저, 아첨을 하려면 각 상관들이 정말로 듣고 싶어하는 칭찬이 정확하게 무엇인지 알아내는 주의력, 이해, 감수성이 있어야 한다. 그 다음에는 이런 맞춤식의 찬양을 언제 공개할지 가장 알맞은 순간을 골라내는 섬세함과 요령이 필요하다. 마지막으로는 물론 아첨을 농담으로 위장시키는 익살도 필요하다. 상사에게 성공적으로 아첨하려면 이 모든 요령이 필요하다.

하지만 그에 못지않게 아랫사람들에게 아첨하는 것도 중요하다. 상사들이 흔히 저지르는 잘못이 권력을 노골적으로 휘두르려 하는 것이다. 하지만 모두가 친구인 현대의 직장에서 아첨은 위협보다 말할 수 없이 더 효과적이다. 영리한 상사는 명령을 내리기보다는 손을 부들부들 떨며 한탄하는 방법으로 협조를 얻어낸다. "마이크, 자네에게 이런 일을 떠맡기기는 정말 싫지만, 워낙 중요한 일이라 여기 다른 사람은 제대로 할 수 있을 것 같지가 않네." 이는 직원들이 가장 소중하게 생각하는 착각, 즉 자신이 필수적인 존재라는 착각을 길러준다. 페리스 소설의 화자는 인정한다: "우리 모두는 자신이 매일 기여하는 바가 없으면 회사 전체가 지옥으로 굴러떨어질 것이라는 착각을 하고 있다." 사실 그 누구도 필수불가결하지 않다. 모든 직원은 피라미드의 돌덩이를 지고 갔던 익명의 노예들처럼 신속하게 대체되고 잊힌다.

신조어 제작 연구는 모든 전문가들이 항상 요구하는 새로운 용어, 제목, 언어의 발명과 사용을 연구하는 것으로, 그 연구의 존경받는 전문가들은 신조어 작가로 알려질 것이다. 회의에 참석하게 되면 다음과 같은 발언으로 감명을 줄 필요가 있다. "우리는 이런 수직적 사일로를 벗어나서 시너지와 크로스 퍼틸라이제이션에 더 많은 기회를 주어야 합니다." 시너지와 크로스 퍼틸라이제이션은 현재 직장에서 가장 신나게 쓰이는 용어에 속한다. 새로운 형태의 협동, 동업, 소통을 의미하기 때문이다. "이 조직에는 재능 있는 인재가 무척 많다. 사람들이 자기들의 좁은 원통을 부수고 나와서 함께할 수만 있다면."

'혁신'은 또 다른 핵심 개념이며, 그 자체로도 끊임없이 '한계 뛰어넘기', '창의적 사고방식', '브레인스토밍', '원대한 목표 설정' 따위의 혁신적인 용어가 필요하다. 하지만 모든 상황에는 항상 새 용어가 있다. '아니 땐 굴뚝에 연기 나랴no smoke without salmon?', '그저 1인 2역을 해야 할 거야.', '그건 내 특기는 아니야.' (이 말은 '난 그것에 대해 아무것도 몰라' 보다 훨씬 더 만족스럽다.)

마지막으로, 사기를 유지하는 데는 공감이 가는 새 제목을 개발하는 일이 결정적으로 중요하다. 최근 가장 성공적인 사례는 '인사부'를 '인적자원관리부'로 개명한 일이다. 비록 인사부 부원들은 대화할 때 자신들을 익살스럽게 '인사부 인사the people people'라고 지칭하지만.

위의 네 단위 중 마지막 것인 멘토 구하기는 경력이 발전하도록 가장 잘 도와줄 성싶은 사람을 골라 그들과 연대하는 문제이다. 이 문제를 해결하고 나면 다음 차례로는 자신에게 기꺼이 유용한 도움을 줄 의지가 있는 사람들의 멘토가 되는 일이다. 본질적인 전략을 말하자면, 업무가 끝난 뒤 멘토가 될 가능성이 있는 사람과 술을 한잔 하면서 최근에 배운 아첨과 익살의 기술을 써먹는 것이다. 새로운 흥밋거리와 스포츠 활동을 개발해두는 것도 필요할 것이다. 나는 요트에 푹 빠진 상사에게 적어도 한 세기 동안은 물이 움직인 적이 없는 운하에서나 마음 편히 돌아다닌다고 털어놓았다가 직장 내에서 처지가 엉망이 된 적이 있다.

살아남으려면 위선이 필요하다. 이 악덕을 공격한 사상가는 수없이 많다. 그중에서도 가장 일관되게, 또 격렬하게 공격한 것은 그리스도였다. 하지만 그리스도는 한 번도 생계를 위해 일해본 적도, 동료들을 참아내야 했던 적도 없었다(사도들은 결코 동료라고는 할 수 없다). 업무상의 정직성은 위험한 사치이다. 진정한 감정을 드러내는 것은 바보짓이다. 분노의 폭발이나 분쟁, 원한, 터지기 직전의 적대 관계에 개입하는 것은 그보다 더한 바보짓이다.

스토아학파가 분노의 무용성에 대해 말한 것을 기억하면 도움이 될 것이다. 특히 세네카는 이 주제에 대해 광범위하게 쓴 바 있다.[239] 말다툼은 인간관계를 성립시키는 감정적 개입의 한 형태이며, 직장에서는 진정한 관계가 맺어지기 힘들다. 하지만 뿌루퉁한 표정으로 잘난 척하는 것도 똑같이 나쁘다. 전문가의 입장에서 볼 때 그런 태도는 보이면 안 되고, 인격에 피해가 너무 크며, 자기 속을 너무 많이 내보이는 짓이다. 직장에서 거리 두기를 할 수 있는 비밀은 동료들이 나를 이해하지 못하게 하면서 그들을 이해하는 데 있다. 한 가지 기술은 온갖 유쾌한 관례를 활용하지만 교묘하고 아이러니한 예를 갖추어 하는 것이다. 그렇게 하면 규칙도 깨뜨리지 않고 동료들을 갖고 노는 것도 아닐 수 있다. 이것은 유용한 불확실성을 만들어낸다. 궁금하게 만드는 것이다. 저 사람은 어떤 게임을 하고 있는가?

거리 두기가 모순적으로 발현되는 형태가 곧 열정이 과열된 상태에서의 참여이다. 그것은 의무적인 쾌활함과는 완전히 다른 경악스럽고 공모적인 강한 흥미이다. 영화 《폭력탈옥*Cool Hand Luke*》에는 죄수들이 도로 공사에서 자갈을 넓게 펴는 일을 하는 장면이 나온다. 그들은 평소처럼 최대한 느릿느릿 일하고 있다. 갑자기 루크(폴 뉴먼)가 미친 듯이 열심히 일하기 시작한다. 같은 작업조 죄수들은 처음에는 어리둥절해하다가 하나둘씩 그를 따라 하기 시작한다. 이 때문에 간수들은 당혹스러워졌다가 화가 난다. 이 멍청이들이 무슨 짓을 하는 거야? 죄수들은 정신 나간 사람처럼 흙을 삽으로 퍼 던지면서 어찌나 미친 듯이 일했는지, 결국은 더 이상 작업할 도로가 남지 않게 되었다. 그러자 그들은 히스테리컬하게 웃으면서 벌렁 드러누웠고, 간수들은 뭐라고 하지도 못하고 화만 내고 있었다.

하지만 인간이라는 존재는 예상에 따라 살기를 좋아하고, 다른 사람들과 구분되고 싶어한다. 그러므로 승진에 대한 욕구를 떨쳐내기는 힘들다. 그리고 권리 요구의 시대에는 다들 당연히 승진하는 것이라고 믿고 있다. 심지어, 어떤 직위에 오르려면 특정한 자격과 경험을 갖추어야 하는데, 그런 것을 갖추지 못한 사람들도 자신 있게 응모하고서는 거부당하면 화를 낸다. "난 그 자리에 오를 자격이 있는데." 그들은 당혹감을 느끼며 분개한다. 그들이 왜 자격이 있다고 생각하는지는 물어보지 않는 편이 현명할 것이다. 승진하는 데 성공한 사람에게, 봉급 인상분이 책임감과 스트레스의 증가분을 상쇄해주는지 물어보지도 말일이다. 승진은 그 자체로 좋은 것이니까.

노동 만족감을 결정하는 핵심 요인은 돈이나 지위가 아니라 개인적 책임감의 정도에 달려 있다. 하지만 이 사실을 인정하는 노동자는 거의 없다. 평생 직장 생활을 해왔지만, 나는 지금 자신들의 직위나 새 직위에서는 자율성이 보장된다고, 그것이 새 일자리의 결정적인 특징이나 장점이라고 기뻐하는 동료는 한 번도 본 적이 없다. 그런 말을 쓰는 사람도 본 적이 없다. 하지만 직업 생활을 더 충만하게 만들어주는 것은 바로 자율성에 달려 있다.

물론 관리부는 승진이 직원들을 얼마나 흥분시키는지 알고 있다. 그리고 승진 기회가 불충분하다는 것도 알고 있다. 그 때문에 성과급 PRP:Performance Related Pay이라는 것이 영구적이고 보편적인 인센티브로 개발되었다. 여분의 보수를 준다면 다들 무슨 일이든 하지 않겠는가? 하지만 실제로는 그렇지 않다. 심리학자인 프레더릭 허즈버그^{Frederick} ^{Herzberg}는 20세기의 후반을 노동 동기를 연구하면서 보낸 뒤, 일에서 느끼는 만족감의 근원이 두 가지 있다고 결론지었다. 그가 '위생 요인$^{hygiene factors}$' 이라 부르는 것은 보수나 작업 여건 같은 것이며, '동기부여 요인$^{motivation factors}$' 은 통제의 정도나 일 자체에 있는 도전 등을 말한다. 하지만 위생 요인은 불만족을 유발하는 것밖에 할 수 없다. 보수가 낮으면 직원들의 동기가 낮아지지만 금전적 인센티브가 그 반대 효과를 낳지는 않는다. 동기부여는 더 많은 직원들이 자율성을 갖고 과제가 더 도전적일 때에만 증가한다.[240] 그러므로 일할 때 개인적 책임감과 난이도는 성취를 위해 필수적이다.

또 허즈버그는 성과급 이론이 지닌 다른 두 가지 잘못을 확인했다. 첫 번째 잘못은 작업 수행이 객관적으로, 또 정확하게 측정될 수 있다는 주장이다. 그런 측정은 어렵거나 불가능할 때가 많고, 직원들로 하여금 사실은 비위를 맞추는 능력이 진짜 측정 기준이 아닌가 의심하게 만든다. 두 번째 잘못은 작업의 한 측면이 바뀌는데 다른 측면들은 동일하다는 가정이다. 하지만 실제로는 모든 것은 다른 모든 것에 연결되어 있으므로, 한 요소가 변하면 다른 것들도 모두 변한다. 그리고 성과급이 초래하는 가장 중요한 결과는 선善의지의 상실이다. 그러므로 관리자가 달성하고자 하는 바로 그것(자발적인 노동의 증가)이 흔히 상실되고 만다. 여분의 보수를 받지 못한 직원들은 갑자기 자문하게 된다. 노력해봤자 인정받지도 못하는데 왜 여분의 노동을 계속해야 하느냐고.

금전적 인센티브를 도입하면 실제로 어떤 일을 잘해내는 데서 자연스럽게 느끼는 만족감이 파괴되고 동기부여가 줄어든다. 심리학자 에드워드 L. 드시Edward L. Deci는 실험대상자 두 그룹에 일련의 퍼즐을 풀도록 했다. 하지만 옳은 답을 낸 한 그룹에만 보수를 주었다. 시간이 다 되었을 때 두 그룹은 계속 일을 하도록 허용되었다. 그러자 아주 흥미 있고 기분 좋은 사실이 발견되었다. 보수를 받지 못한 그룹은 받은 그룹보다 두 배나 더 긴 시간을 작업했다는 것이다.[241] 그리고 드시는 일백 건 이상의 다른 연구를 조사한 뒤 동일한 결론을 끌어냈다. 외부적 동기는 생산성을 저해한다는 것이다.[242]

똑같이 기운을 북돋우는 사실이자 나의 직업 인생에서도 가장 신났던 일은 강사들을 대상으로 한 성과급 제도가 모든 강사들의 반대로 완벽히 실패했다는 것이다. 처음에 그 제안을 발표한 뒤 관리자들은 뒤로 물러나서 음흉하게 웃으면서, 응모가 쇄도할 것이라고 예상했다. 하지만 강사들은 교육이라는 것이 정밀하게 평가될 수 없고 서열 매기기를 도입하면 분열이 생긴다는 것을 알고 있었다. 그래서 그들은 아무도 응모하지 말자는 합의를 보았다. 욕심 많은 몇몇은 그 유혹을 뿌리치기 힘들었으리라. 하지만 그 합의는 지켜졌고, 한 사람도 응모하지 않았다. 그러자 깜짝 놀란 관리부는 몇몇 사람들을 불러 응모하라고 했다. 하지만 이것 역시 관리부의 눈에 든 사람들에게만 여분의 돈이 분배될 것이라는 의심을 확인해주었을 뿐이다. 또 그렇게 뽑힌 사람들도 영원히 관리부의 애완동물로 낙인찍힐 것이 두려워 응모를 거절했다. 마침내 절망한 관리부는 실제로 선발된 사람들의 은행 계좌에 여분의 돈을 입금했지만, 선발된 사람들은 그들이 기대한 대로 입을 다물고 있지 않고 돈을 출금하여 모두 합친 다음 직원들 사이에서 똑같이 분배했다. 그 기획은 철회되었고, 다시는 시도되지 않았다. 동료들에 대한 존경심이 피어오르고, 일하러 나갈 때 새삼 즐거워지고, 진정으로 인간에게 새로운 신뢰를 갖게 만든 승리였다.

이처럼 승진에 응하지 않는 간단한 방법만으로도 승진 시스템을 망가뜨릴 수 있다. 물론 수많은 일자리에서는 그처럼 대담하게 비야심적인 행동이 해고로 이어지기도 한다. 하지만 교직 같은 공공 분야의 직장에서는 그런 일이 완벽하게 가능하다. 보수가 충분하고 공정하게 자율성을 보장해주는 지위에 이미 도달했는데, 왜 불필요한 스트레스를 받으려 애쓰는가? 이는 규칙을 위반하지 않으면서 규칙에 따라 게임하기를 거부하는 또 다른 방식이다. 그것은 관리자들이 알고 있는 유일한 지렛대를 없애고, 자율적인 직원들을 어떻게 다루어야 할지 확신할 수 없게 만든다.

하지만 현대 문화가 변화 그 자체를 권장하는 면도 있다. 요즘 직원들은 일자리를 더 자주 바꾸는데, 이는 그저 돈이나 지위 때문만이 아니라 이동 그 자체가 필요하다고 여기기 때문이다. 한자리에 2, 3년 이상 머무는 사람은 구제 불능으로 지루한, 진창에 주저앉은 사람이라고들 생각하는 것이다. 하지만 사실은 새 일자리에 완전히 자리를 잡고, 새 직장의 예로부터 내려오는 의례를 배우고 신뢰를 받을 만큼 충분히 오래, 한결같이 유능하게 처신하기까지는 한두 해 이상 걸린다. 그러니 사람들은 기존 세력의 혜택을 막 누릴 만하게 될 무렵 일자리를 옮겨서는, 지도도 없고 언어도 모르고 왜 자기가 그곳에 가 있는지 이유도 모르는 채 낯선 도시에 갑자기 공간 이동한 것 같은 상황에서 고생한다는 아이러니가 생긴다. 니콜슨 베이커가 《메자닌》에서 설명하듯이 새로 입사한 직원이 편안하게 느낄 수 있는 곳은 오직 한 곳뿐이다.

신입 직원에게 여기 들르는 횟수는 하루에 8, 9회에 달할 수도 있다. 기업체 화장실은 전체 사무실 가운데 자신이 무슨 일을 할 것인지 완전히 이해할 수 있는 한 곳이기 때문이다. 당신 업무의 다른 부분은 불분명하다.…… 하지만 남자화장실에 가면 당신은 숙련된 전문가이다. 회사에 오랫동안 재직해온 어떤 남자나 마찬가지로 대수롭지 않은 듯 익숙한 태도로 편안하게 물 손잡이에 손을 댄다. 한번은 신입 직원을 점심 식사에 데려간 적이 있다. 샌드위치를 먹으면서 그는 좀 요령부득인 질문을 했고, 내가 대답하는 말을 별로 이해도 하지 못하고 반응도 없이 고개를 끄덕였지만, 복도를 지나 남자화장실에 가자 그는 갑자기 잘 안다는 듯한 남자 대 남자로서의 표정을 짓고는 말했다. "큰 볼일 봐야겠어요. 나중에 봅시다. 감사합니다."

그런데도 사람들은 새 일자리가 가하는 고문을 정기적으로 겪곤 한다. 베이커는 새 복사기로 양면복사를 하려는데 그 이해할 수 없는 컨트롤 패널을 어떻게 다루어야 하는지 몰라 쩔쩔매는 고통에 대해서는 언급도 하지 않는다. 당신 뒤에는 울화통을 간신히 억제하면서 기다리는 동료들의 줄이 점점 길어지는데 말이다. 최소한 별 생각을 하지 않고도 일상의 업무를 처리할 수 있는 직장에서는 습관화가 장점이 된다. 그러므로 개인 생활에서는 저주스럽던 것이 업무에서는 축복이다.

그 다음에는 업무에 얼마나 노력을 쏟아야 하는지에 관한 짜증스러운 문제가 생긴다. 식물의 삶을 닮아보라는 그리스도의 조언은 실천할수도 없고 현명하지도 않다. "들판의 백합꽃을 보라. 그것들이 어떻게자라는가. 그들은 노고를 하지 않고 실을 잣지도 않는다."[243] 막스 베버가 말한 프로테스탄트적 노동 윤리를 지지하는 사람들은 성서가 딱부러지게 노동을 회피하라고 고취하는 이런 부분에는 관심이 없었던게 분명하다. 하지만 명백하게 동료들에게 멸시당하거나 해고될 만한수준 이상으로 노동을 회피하는 데 대한 반대는 있다. 먼저, 모든 것이다른 모든 것에 영향을 미치므로, 어느 한 분야에서 회피하는 결과가다른 분야로 새어나간다.

하지만 회피로는 만족감을 얻지 못한다는 것이 더 중요한 문제다. 부처, 스피노자, 릴케, 프레더릭 허즈버그가 주장했듯이, 우리는 들판의 백합꽃이 아니라 어려움을 찾아 나서고 그것을 달성하기 위해 끊임없이 노력하는 존재로 태어났다. 이것이 바로 그토록 많은 직원들이요청이 없어도 여분의 일을 하며, 금전적 보상이 반드시 있어야 일을한다는 견해에 대해 모욕감을 느끼는 이유이다. 또 흔히 일을 하다가흐름의 경험을, 자아와 시간으로부터 해방된 비할 데 없는 만족감을맛볼 수도 있다. 그리스도는 이렇게 말했어야 했다. 자신들이 즐기는일을 하고 보수를 받는 자들에게 축복 있으라. 천국이 그들의 것이니.

인간은 거의 모든 일에서 즐거움을 느낄 수 있다. 알렉산드르 솔제니친의 자전적 소설인 《이반 데니소비치의 하루*One Day in the Life of Ivan Denisovich*》에는 소련의 강제노동수용소에 갇힌 죄수들이 영하의 날씨에 벽을 쌓으려고 줄지어 나가는 장면이 있다. 그곳이 어딘지도 모르고 왜 쌓는지도 모르지만, 그래도 그들은 전력을 다하여 일을 하고, 하루를 마칠 무렵에는 이 일을 하면서 행복했음을 깨닫는다.[244] 얼어붙을 듯 추운 날씨에 강제노동수용소에서 강제 노역을 하면서도 행복할 수 있다면, 개방형 사무실에 있는 스크린에다 포스트잇을 붙이는 칸막이 속의 노예도 행복해질 수 있다. 의미 있는 노동 전략은 이런 것일 수도 있다. 즉 프로젝트에는 굴복하지만 프로젝트 팀장에게는 굴복하지 말라. 업무 자체에는 몰입하더라도 업무의 윤리를 받아들이지는 말라.

그렇다면 프로젝트 팀장에게 굴복하지 않고 어떻게 저항할 것인가? 쉬운 대답은 없다. 그들이 왕이 되고 주인이 되고 싶어하는 것만으로도 충분히 힘들다. 그런데 그들이 당신의 친구까지 되고 싶어할 때는 문제가 더 복잡해진다. 하지만 한나 아렌트가 아돌프 아이히만의 행동의 원인으로 밝혀낸 생각 없음과, 순응성에 대한 심리학 실험을 기억하면 쓸모가 있을 것이다. 그런 실험은 권위 있는 인물이 복종을 명령하기가 얼마나 쉬운지 보여준다. 전기 충격을 가하는 것 같은 명백하게 가학적인 행위에 대해서도 그렇다.

'행정적 복종 패러다임'을 조사하는 네덜란드의 연구팀이 직장에서의 순응성을 조사하는 이와 비슷한 실험을 행한 적이 있다. 실험 참여자들은 구직자라고 소개된 사람들(실제로는 연구자의 조수들)을 선발하는 테스트를 진행해보라는 지시를 받았다. 관리자의 입장이 되어보는 것이다. 그리고 참여자들은 이 구직자들이 테스트를 통과하면 직장을 얻게 되며, 이 구두 테스트는 스트레스 하에서 일하는 능력을 측정하기 위한 것이라는 설명을 들었다. 그래서 테스트 질문 사항을 물어보는 과정에서 참여자들(지금은 '관리부'로 소개된)은 '구직자들'을 점점 더 압박하고 수행과 성격에 대해 비판적으로 이야기하라는 지시를 받는다.

처음에는 "당신 행동은 정말 바보 같았어요" 따위의 비교적 온화한 말로 시작했지만, 점점 개인적인 적대감을 강화시키고 학대하도록 했다. 테스트가 진행되면서 구직자들은 불편해하고 스트레스를 받는 기미를 보였고, 항의하는 사람도 있었다. (하지만 관리부가 테스트를 중단하려 하면 권위주의적인 연구자는 계속하라고 강요한다.) 명백히 불쾌해진 구직자들은 점점 더 틀린 대답을 했고, 테스트에 불합격했으며, 관리부들이 아는 한 고용된 사람은 없었다. 하지만 구직자들이 점점 더 불행하게 느끼고 실패 사례가 점점 늘어나는데도 연구자들이 계속 진행하라고 하자 그 말대로 끝까지 학대를 계속한 것이 전체 관리부의 91%였다.

'관리부'와 비슷한 그룹을 대상으로 그런 실험에 어떻게 반응할 것인지를 미리 조사했을 때, 90%는 고집스럽게 자신들은 절대로 그에 따르지 않을 것이라고 주장했다. 그러나 순응성의 정도는 참여자들이 스스로 예언한 것과 정반대로 나타났다. 직원들을 세심하게 다루는 훈련을 받았다고 하는 실제 인적자원관리부의 직원들이 '관리부'로 참여한 실험에서도 결과는 동일했다.[245] 그러니 '인사부 인사'라는 사람들도 결국 그 정도밖에 안 된다.

자신들이 알지 못하는 연구자에게도 그처럼 맹목적으로 복종하는데, 거대한 사무실에서 자신의 생계에 권력을 행사할 수 있는 위풍당당한 상관이라면 복종하려는 욕구가 얼마나 더 압도적일까?

그 해결책은 부분적으로는 상관이 그리 대단한 존재가 아닐 수도 있다는 사실을 기억하라는 것이다. 프롬에 따르면, "권력에 대한 갈망은 강함이 아니라 허약함에서 생긴다. 그것은 개인적 자아가 자립하여 살아가지 못하는 무능력의 표현이다. 그것은 진정한 힘이 부재하는 곳에서 2차적인 힘을 얻고자 하는 필사적인 시도이다."[246] 이것은 당신이 공연히 당신인 척할 필요는 없다는 원칙이 또 다른 형태로 응용된 예이다. 권력을 추구하는 자는 실제로는 힘이 별로 없기 때문에 힘이 있는 척해야 한다. 거대한 책상 뒤에 앉아 있는 당당한 인물은 앞의 심리학 실험에 나온 권위주의적인 연구자들만큼 거짓일 수도 있다. 이 사실을 이해한다면 어떤 상관도 좀 덜 무서워질 것이다. 거꾸로, 책상 뒤에 앉아 있는 별로 눈에 띄지도 않는 존재가 진짜 인재일 수도 있다. 관리자가 되고 싶다는 절실한 욕구가 없었던 사람이 최고의 관리자가 되는 경우는 흔하다. 인간이라는 존재를 관리하고 싶은 사람이 누가 있겠는가? 잘 봐줘야 고집불통들이고 지금은 도저히 말이 안 통하는 존재들, 자기는 모든 것을 가질 자격이 있지만 아무것도 하지는 않겠다는 사람들을?

최악의 경우, 상관은 폭력적인 사람이고 그렇기 때문에 더 위험하지만, 그들은 평범하게 권력을 추구하는 사람들에 비하면 오히려 약한 면이 더 많을 수도 있다. 고전적인 폭력배의 사고방식은 위로는 아부하고 아래로는 억누르는 것이다. 또 위에 대한 비겁한 아부와 굴종은 그들의 극단적으로 약한 면을 반드시 노출시키게 된다. 아랫사람들을 억누를 때 폭력배들은 가장 약하게 보이는 자만 공격한다. 그러므로 두려움을 보이지 않는 것이 흔히 충분한 방어가 될 수도 있다. 가장 적절한 태도는 경멸이지만, 이런 태도는 신중해야 한다. 폭력배들은 앙심을 품기 때문이다. 한나 아렌트는 나쁜 정부에 대한 경멸감이 극도로 널리 퍼지고 모든 곳에 스며들어가서 그 체제가 그저 무너지게 될 때라야 혁명이 일어난다고 주장했다.[247] 이 이론은 공산주의의 와해로 입증되었다. 그러니 복사실에서 선동을 교묘하게 조장하여 폭력배 상관에 대한 경멸을 퍼뜨리고 강화하는 것이 도움이 될 수도 있겠다.

여러 세기 동안 인류가 일상의 빵을 벌기 위해 흘린 땀을 생각하면 이 거의 보편적인 필요를 수행하는 데 거의 아무런 지침도 제시되지 않았다는 것은 놀라운 일이다. 물론 사상가들은 유급 고용의 부담을 대단히 성공적으로 회피해왔고, 현실의 문제로 자기들 마음을 더럽히는 것조차 거부했다. 하지만 문필가들 역시 대체로 노동이라는 주제를 기피했다. 비록 그들은 거의 모두 노동해본 경험이 있으니 그것에서 소재를 얻어올 수 있고, 직장이라는 곳은 절망적이고 경쟁력 없는 사람들이 장기간 강제로 수용되어 권력에 대한 굶주림, 탐욕, 육욕, 증오, 분노 같은 격렬한 감정을 겪는 무대임에도 그렇다. 시간과 에너지를 놀라울 정도로 낭비하는 노동의 경험은 그냥 바라보고만 있기에는 너무나 참혹하다. 혹은 생기를 죽이는 습관화 때문에 상상력의 수준을 끌어올리기가 불가능해졌는지도 모른다. 하지만 오로지 직장만을 무대로 하는 소설이 거의 없다는 것은 이상하고도 중요한 사실이다.

이 때문에 《메자닌》이 그만큼 더 귀중해지는 것이다. 그 소설은 독자들이 금방 알아볼 수 있는 세부 사항들, 직장이 전적으로 황량한 곳만은 아니고 풍부하고 기묘하고 인간의 엉뚱함과 부조리함으로 가득한 곳임을 상기시키는 완벽하게 관찰된 묘사로 가득 차 있다. 다음은 화자가 한 비서의 사무 공간을 묘사하는 부분이다.

쓰지 않는 형광등 아래 선반의 그늘에다 그녀는 줄무늬 셔츠를 입은 남편, 조카와 조카딸들, 바브라 스트라이샌드의 사진, 고딕 활자체로 된 '피할 수 없다면 즐겨라!' 란 경구를 확대 복사한 종이를 핀으로 꽂아두었다. 도와준답시고 하는 이런 말들이 어떻게 변해가는지, 누군가를 시켜 그 도시의 사무실을 살펴보면서 추적해본다면 얼마나 좋을까. 디안느는 자기 공간의 격벽에 또 다른 경구를 꽂아두었다. 하도 여러 번 복사와 재복사를 거치다 보니 대문자의 형체가 부스러질 지경이었다. 그 경구는 '내가 서둘러 하려고 서두르는 급한 일을 내가 서둘렀으면 좋겠다는 거야?' 였다.

애석하게도 《메자닌》이 다루는 시간은 점심시간뿐이다. 하루 전체로 확대했더라면 직장에서의 《율리시스》가 될 수 있었을 텐데. 또 그 책을 읽는 특권을 누리는 독자들은 아침의 출근 전차에서 호메로스의 영웅이 된 기분이었을 텐데. 이 책은 노동까지도 찬양할 작정이며, 마르쿠스 아우렐리우스의 글을 기쁘게 인용한다. "당신이 오늘 우연히 발견하게 된 이 삶의 조건만큼이나 철학의 실천을 위해 잘 응용될 수 있는 것은 없다!" 심지어 직장에서도 어떻게 하면 개인적인 활기와 열정을 즐길 수 있는지 힌트까지 준다.

한번은 화장실에 앉아 있다가 봉고를 두들기는 것처럼 시끄럽게 방귀를 뀌는 바람에, 의도하지 않게 고위 관리부 직원과 한 중요한 방문객이 나누고 있던 대화를 방해하게 되었다. 두 사람은 잠시 멈추었다가 한 치의 공백도 없이 다시 대화를 이어나갔다. "아, 그녀는 매우 유능한 아가씨예요. 아주 분명하지요." "그녀는 스펀지 같아요. 스펀지 말이에요. 어디에 가든 정보를 모조리 흡수하지요." "정말 그래요. 또 그녀는 강인한 사람이에요. 그게 중요해요. 무장이 탄탄하다고요." "그녀는 우리에게 중요한 자산입니다." 등등. 불행하게도 나는 내 방귀 소리가 기괴하게 개입한 상황이 너무나 우스워서, 변기에 앉은 채 입천장 뒤쪽으로 웃음을 틀어막느라 애를 먹었다. 이렇게 짓누르고 압박하다 보니 작은 방귀가 또 나왔다. 나는 소리를 내지 않고 무릎을 두들기면서, 히스테리를 억누르느라 눈을 찡그리고 얼굴은 흙빛이 되었다.

chapter 12
사랑이 우리를 구원해줄까

관계란 아무리 강렬하더라도 무의식적으로 잠정적인 것이기 때문이다. 결혼에서
조차 영원함이란 없다. 그런데, 뒤집을 수 있는 결정이 매력적으로 보이기는 해도
그런 선택은 돌이킬 수 없고 영원한 것보다 훨씬 만족감이 덜하다.

촛불을 켠 식탁에서 두 사람이 오붓하게 나누는 만찬만큼 호소력이 큰 것이 또 있을까? 하지만 먼저 집 근처에서 먹을지, 시내로 나갈지를 선택해야 한다. 근처에서 먹으려면 고를 수 있는 레스토랑의 범위는 좁아지지만 차를 타고 나갈 필요가 없으며, 안락한 집에서 식후 술을 한잔 할 수도 있다. 시내로 나가면 메뉴의 선택지는 넓어지지만 대중교통을 이용해야 하며, 식후 술을 마시려 해도 시끄럽고 값비싼 시내 술집에 들어가야 한다.

이날 저녁 두 사람은 멀리 나가지 않기로 결정했다. 하지만 근처의 레스토랑은 너무나 구식이다. 이탈리아식, 중국식, 인도식 요리가 유행한 지 벌써 몇십 년인가? 그런데도 이 지역 레스토랑들은 '새 물결'이라는 말은 들어본 적도 없는 모양이었다. 이 지역에는 근사한 베트남 식당이 시급하게 필요하지 않을까.

그러다가 그는 자기가 먼저 고르고 예약하겠다고 주장했고, 그녀는 그가 결정하는 레스토랑은 텅 비어 있고 서비스도 형편없을 것이라고 주장했다.

"텅 빈 레스토랑이 뭐 어떻다고 그래?"

그가 어찌나 불손하게 묻는지, 그녀는 눈을 하늘로 돌리고 기도한

다음, 영웅적인 인내심을 발휘하여 차분하게 말했다. "우리 그냥 산책하다가 어디든 들어가기로 해."

　그래서 그들은 얼굴을 찡그린 채 산책을 하면서 익숙한 지역 식당들을 훑어 나갔다. 그가 말은 하지 않아도 중국 음식을 먹고 싶어한다는 것을 아는 그녀는 냉정하게 말한다. "모든 음식이 기름 범벅일 거야." 그녀가 사실은 인도 음식을 먹고 싶어한다는 것을 아는 그는 거칠게 웃는다. "메뉴를 훑어보기만 해도 2킬로는 살이 붙을 걸."

　그러자니 남는 것은 이탈리아 요리뿐인데, 둘 다 별로 좋아하는 편이 아니었다. 또 알랑거리면서도 동시에 윽박지르기도 하는 끔찍한 식당 주인도 문제다. 예전에 이 남자는 그들을 지하방에 앉히려 한 적도 있다. 이번에는 예약을 했는지 묻는다. 예약하지 않은 손님인 줄 뻔히 알면서 말이다. 그녀는 창가 테이블을 달라고 하지만 주인은 철저하게 불성실한 태도로 손을 비비면서 사과하는 시늉을 하고 그 테이블은 예약이 되어 있다고 말한다. 이 남자는 뭘 생각하는 건가? 우리처럼 세련되고 매력적인 커플이라면 당연히 창가 좌석에 앉아야 할 뿐만 아니라, 그런 자신들을 보면 이곳을 양로원 구내식당 꼴로 만드는 손님들이 아닌 다른 부류의 손님도 들어올 테니, 수고비라도 주어야 하는 것 아닌가.

　대신에 그들은 다른 두 사람이 앉아 있는 테이블 사이의 작은 원탁에 끼어 앉아야 했다. 그런 자리에서는 아무리 작게 속삭이는 소리도 양쪽 테이블 모두에게 들린다. 그러니 오붓함이란 이미 물 건너간 일이다. 그리고 그는 나중에 함께 포르노 영화를 보자는 로맨틱한 제안을 하고 싶어했다. 물론 조잡한 것은 아니고 시간을 무척 많이 들여 찾아낸 여성 친화적인, 좋은 취향의 프로덕션에서 만든 것이었다. 한편 그녀는 성욕 감퇴 현상에 대해 의논하고 싶었다.

실내를 바라보는 벽 쪽 자리로 가면서 그녀가 말했다. "내가 여기 앉아도 괜찮아?" 그는 공허하게 웃었다. "벽을 바라보는 데는 이미 익숙해졌어."

이제 메뉴와 와인 리스트가 나온다. 그는 하우스 레드와인과 다른 와인들 간의 상당한 가격 격차를 가리킨다. 그녀는 하우스 레드와인은 어디건 식초 맛이더라는 사실을 상기시킨다. 그는 값비싼 키안티 리제르바를 주문하고, 웨이터가 병을 가져와서 따른다. 그 태도를 보니 또 다른 문제가 있다는 것이 생각났다. 웨이터들은 항상 와인을 따라주려고 달려와서는, 손님들의 자율성을 앗아가기 때문이다. 와인을 너무 빨리 마셔버리도록 강요하며, 제일 빨리 마시는 탐욕스러운 자가 불공정하게도 제일 많이 마시게 해주는 것이다. 잔소리를 해야 할까, 아니면 이 성가신 방해꾼을 내버려둘까?

음식에 관해 말하자면, 외식 행사의 본질적 부분인 좋고 다양한 메뉴를 맛보는 혜택을 누리기 위해 그녀는 그와 다른 요리를 주문하고 로맨틱하게 한 숟갈씩 나눠 먹는 편을 좋아한다. 하지만 그들은 대개 같은 요리를 좋아한다. 결국 그들은 공생적인 결합이었다. 그래서 그는 한순간이라도 빨리 자기가 선택하고 말해버리는 전략을 쓴다. 이제 그런 책략을 알고 있는 그녀는 차가운 경멸감을 담아 말한다. "그래서, 이게 당신 새 전법이군." "우리가 둘 다 같은 걸 먹고 싶어하는데 왜 그냥 같은 걸 먹지 않나?"

그의 수많은 질문이 그렇듯, 이 질문에도 대답할 가치가 없다. 대신에 그녀는 처음 먹고 싶었던 것을 포기하고 첫 요리와 주 요리를 그와 다른 것으로 고르고는 메뉴를 탁 닫아버린다.

그리고 웨이터가 물러난 뒤, 그제야 그들은 테이블에 촛불이 없다는 것을 알아차렸다. 다른 테이블에는 모두 펄럭거리는 불꽃이 있는데. 그래서 이 웨이터가 계속 와인을 부어주겠다고 고집한 것이다. 필요도 없지만 짜증나는 일이기도 했다. 그래서 한 가지 본질적 항목을 무시하게 된다. 촛불 가져와, 이 멍청이야.

하지만 촛불이 있다고 해도 로맨스는 쉽지 않다.

간절한 기대

오늘날의 인간관계를 둘러싼 괴로운 착각, 어려움, 요구, 원망, 부담, 긴장감이 워낙 다양하고 많다 보니, 그토록 많은 관계가 실패한다는 것보다도 그런 장애물을 넘어 살아남는 관계가 있다는 사실이 오히려 놀랍다. 그런데도 어느 때보다도 많은 사람들이 그토록 간절하게 관계를 추구하고, 그토록 높은 기대를 품고 관계를 맺는다. 실제의 관계는 점점 더 단기 업무 거래처럼 변했지만 본질적인 전제조건으로서의 영원한 사랑을 믿고 싶은 마음은 더 강해졌기 때문이다. 낭만적이던 1960년대에는 사랑 없는 결혼을 기꺼이 받아들이겠다는 여성들이 전체의 40%였지만, 돈에 집착하며 냉혹하게 현실적인 1980년대에는 경제적으로는 안정되지만 사랑 없는 결혼을 받아들이는 비율이 15%로 낮아졌다.[248] 기묘하고 파괴적인 도착 효과가 있는 것 같다. 실천이 더 각박할수록 이론은 더 많은 것을 요구하게 된다.

연인들은 더 많은 것을 기대하면서도 주려는 마음은 더 적어진다. 하지만 피할 수 없는 재앙을 겪는다고 해서 이런 낭만주의자들이 경각심을 갖게 되는 일은 거의 없다. 사이버스페이스는 끊임없는 과거의 실패에 전혀 주눅 들지 않고 연애를 찾아 헤매는 자들로 넘쳐난다. 노력을 해야 하는 다른 분야에서는 당황하고 좌절하게 되면 포기하거나, 적어도 문제가 어디 있는지 알아보려고 물음을 던지게 마련이다. 하지만 이 시대의 결정적 촉진자인 가능성의 마법은 성적 매력 분야에서 가장 강력해진다. 사랑, 혹은 사랑에 대한 기대는 정말로 맹목이다.

제1의 착각은 남녀가 사귀는 것이 쉽다는 착각이다. 언어 표현에도 이런 착각이 내재해 있다. 사랑이 마치 그저 수동적으로 받아들이면 되는 문제인 것처럼 '사랑에 빠진다'고 말하고, 수동적으로 받아들이기만 하면 곧 최종 상태로 확정되는 것처럼 '사랑받는다'고 말한다. 에리히 프롬은 고전적인 저서 《사랑의 기술*The Art of Loving*》의 첫 부분에서 이 문제를 거론한다. "현실은 그와 정반대임을 말해주는 증거가 넘쳐흐르는데도 이 태도, 사랑받는 것보다 더 쉬운 일이 없다는 태도가 여전히 사랑에 대한 생각을 지배해왔다."[249] 사랑에 빠지고 사랑받기 위해서는 그저 딱 맞는 사람을 찾기만 하면 된다. 그런 사람은 나를 보호해주는 영원한 사랑으로 어려움과 불안정함과 외로움을 금방 없애줄 것이다.

딱 맞는 사람을 찾아내는 것만이 문제라는 이 믿음은 개인적 책임감의 거부로, 내면을 바라보고 의무를 다하기보다는 외부를 내다보면서 요구를 하는 경향으로 더욱 고무된다. 사랑을 제공하는 것은 상대방의 책임이므로, 관계가 깨진다면 그것은 필히 상대방의 잘못 때문이다.

이 사람은 분명 꼭 맞는 사람이 아니었을 것이고, 올바른 사람을 찾아 내면 문제는 해결된다.

줄줄이 인간관계에서 실패한 사람들이 적어도 문제의 일부는 자신들에게 있다는 것을 인정하는 일이 거의 없는 걸 보면 놀랄 정도다. 더 놀라운 일은 연이어 실패하고서도 또 실패할 것이라고는 도무지 생각하지 않는다는 것이다. 실제로는 참담한 실패를 연속해서 겪었다는 사실이 다음번에는 반드시 성공하리라는 보장으로 여겨진다. 그토록 고통스럽게 많이 실패해보았으니 이제는 성공을 누릴 자격이 있다는 것이다. 권리 요구의 느낌은 불평불만으로 강화된다. 이번에는 정말로 일이 제대로 되어야만 한다고! 그리하여 신중함보다는 무모함이 발동한다. 상심한 독신자는 큰 손실을 만회하기 위해 더 큰 돈을 거는 도박사처럼 연애 게임에 다시 뛰어든다.

독신자가 파트너를 만나게 되면 절망적인 자포자기의 심정으로 관계를 맺으려고 덤벼든다. 사랑이 자아의 황홀한 항복이며 사랑하는 자와의 융합이자 일종의 신비적인 합일이라고 믿고서 말이다. 그들은 서로에게 아첨과 약속과 선물과 성적인 호의를 퍼붓고, 서로를 친척들과 친구들과 동료들에게 소개하고, 잠시도 떨어지지 않는다. 떨어져 있는 동안에는 낭만적인 메시지로 집중 폭격을 하다시피 한다. 이런 것은 전적인 자포자기와 몰입으로서, 어느 편도 미처 깨닫지 못하는 사이에 사도마조히즘적인 관계를 발전시키고 부추기게 된다. 사실 이런 의존성은 흔히 황홀함을 안겨주며, 자유가 주는 부담감과 불안으로부터 해방시켜준다. 그래서 지배하는 쪽은 그 통제권이 영원하리라고 생각하며 굴복한 쪽은 오직 통제권자의 뜻대로 하면 모든 필요가 충족되리라고 생각한다. 그러다가 문제가 생기고 긴장이 발생하면 양쪽 모두 혼란스러워진다. 나 자신을 이토록 완전하게 바쳤는데 어떻게 이 관계가 잘못될 수 있는가? 하지만 원래 사랑을 보장하려는 목적에서 굴복했지만 실제로는 그 때문에 사랑이 불가능해졌다. 그 결과, 당혹감과 분노와 조급증이 발생했다. 그래서 결국은 이 사람도 맞는 상대가 아니었다는 결론이 내려진다.

관계란 아무리 강렬하더라도 무의식적으로 잠정적인 것이기 때문이다. 결혼에서조차 영원함이란 없다. 그런데, 뒤집을 수 있는 결정이 매력적으로 보이기는 해도 그런 선택은 돌이킬 수 없고 영원한 것보다 훨씬 만족감이 덜하다. 그래서 다음과 같은 자기실현적인 예언이 있다. 즉 최종적이 아닐 수도 있는 것으로 간주된 관계는 최종적이 아닌 것으로 판명될 확률이 크다.

또한 문제는 현대의 도시에서는 남녀 간의 관계가 외부와의 유일한 연결고리이고, 구조이고, 의미이고, 매혹일 수도 있다는 것이다. 전통 사회에서는 의미와 마법을 안겨주는 종교가 있었고, 한 해의 틀을 짜는 제례가 있었고, 뒷받침 역할을 해주는 강한 관련들과 확대가족이 되어주는 공동체가 있었다. 지금은 불쌍하게 신음하는 커플들의 '관계'가 그 모든 것을 제공해야 하며, 허약해진 등이 삶의 모든 짐을 짊어져야 한다. 그 긴장감에 무너지지 않는다면 이상한 일이다.

인간관계의 초기 단계는 항상, 특히 판타지를 좋아하고 가능성의 매력에 홀린 시대에는 더욱 흥분성이 강하다는 문제가 있다. 사실 초기와 말기 단계는 어찌나 다른지, 다른 이름으로 불러야 마땅하다. 초기 단계를 매혹으로, 말기 단계를 사랑으로 묘사하면 더 정확할 것이다. 그리고 사람들은 결정적으로 오판하는 것은 다들 사랑을 찾고 있다고 주장하지만 대개는 매혹을 찾고 있을 뿐이라는 점에서 결정적으로 오판한다.

이는 놀랄 일이 아니다. 소위 연애담이라는 것은 거의 모두 사실은 매혹의 이야기이다. 성숙하고 행복한 사랑을 그려내는 소설이나 영화가 있는가? 다들 그런 축복을 원한다고 주장은 하지만 아무도 그런 소설이나 영화를 읽거나 보고 싶어하지 않는다.

사실 낭만적 사랑이라는 서구적 개념은 함께 있음^{cohabitation}의 불가능성 위에 성립되는 경우가 많다. 단테는 베아트리스를 거의 만난 적도 없었다. 아벨라르는 엘로이즈를 만난 지 얼마 안 되어 거세당했고, 실제로 엘로이즈와 함께 살아야 하는 지루함을 겪지 않을 수 있었다. 배신당해 죽은 트리스탄은 이졸데와 함께 집을 구하러 돌아다닌 적도 없었다. 음유시인들의 궁정 사랑은 손 닿지 않는 곳에 있는 기혼 부인들을 대상으로 했다. 그들은 사랑하는 사람과 동거하기는커녕 말 그대로 손도 댈 수 없었다. 로미오와 줄리엣은 하룻밤을 함께 보낸 뒤 죽었다(단 하룻밤의 황홀경이라는 개념은 《트리스탄과 이졸데^{Tristan and Iseult}》에서 《콜드마운틴^{Cold Mountain}》 같은 소설과 영화에 이르는 온갖 매혹 이야기에서 영구히 인기를 누린다). 젊은 베르테르는 다른 남자와 약혼한 샤를로테에게 반했고, 더 복잡해져 구질구질해지는 상황을 피하기 위해 자신에게 방아쇠를 당겼다. 《폭풍의 언덕^{Wuthering Heights}》에서 캐시와 히스클리프는 함께 어울렸다가 각기 징벌을 받았다. 매혹 이야기의 고전인 스탕달의 《연애론^{De L' Amour}》은 마틸드 뎀보스키라는 여성에 대한 채워지지 않은 열정을 토대로 하고 있다.

스탕달은 사랑에 빠지는 것을 연인의 완벽한 형상을 다듬어내는 과정으로 묘사했다. 암염 폐광 안에 던져 넣은 나뭇가지 하나에 소금 결정이 달라붙어 '번쩍이는 다이아몬드'가 박힌 모습으로 변하듯이, 사랑은 "세상에 일어나는 온갖 일로부터 사랑하는 사람의 완벽성을 증명하는 새로운 증거들을 끌어낸다."[250] 연인은 실제의 그 인물과는 거의 상관없는 환상을 창조하며, 완전히 그의 개인적인 창조물인 이것과 사랑에 빠지는 것이다. "사랑에 빠졌을 때 사람들은 자신을 위해 만들어낸 환상만을 즐긴다."[251] 그래서 사랑은 사실은 자기도취의 한 형태인 자기애自己愛이다. 그것은 거의 대부분 기대 속에서 융성한다. 스탕달이 언급했듯이, 실제의 연인을 만나는 일이 민망스럽고 불필요해지기도 한다. 세상 역시 수축되고 연인은 확대되어, 나중에는 하나의 압도적인 이미지로 융합되어 다른 모든 것을 가린다.

그래서 매혹은 책임감을 받아들이는 길이 아니라 그것을 회피하는 길이다. 연인들은 자기들 바깥에 있는 삶의 지루한 임무를 피해도 괜찮다. 《트리스탄과 이졸데》의 전설에서 사랑의 영약의 효과가 연인들의 무책임한 행동의 핑계가 되어준다. 현대 세계에서는 매혹이 가진 비자발적이고 비합리적이기도 한 본성이 그런 도피처가 되어준다. 그것은 의학적인 장애니까 연인들이 어찌할 수 있는 일이 아니다.

하지만 매혹이 비합리적인 것으로 보이는 것은 오로지 그것을 몰아붙이는 힘이 이해되지 않았기 때문이다. 그것은 마치 사디스트가 마조히스트를 만날 때처럼 상보적인 병적 상태들 간의 제정신이 아닌 조합일지도 모른다. 아니면 사랑의 상대는 무의식적으로 어떤 음울한 유년 시대의 일을 재현하기 위해 선택되는지도 모른다. 심지어 무의식적인 사회적 동기도 있을 수 있다. 가령, 고등교육을 받게 된 노동계급의 젊은 남자는 자신들을 경멸하고 조롱할 것이 뻔한 중산계급의 공주에게 치명적으로 매혹된다.

매혹된 자들은 자기들이 아무렇게나 쏘아대는 큐피드의 화살을 맞았다고 믿기 쉽다. 하지만 그보다는 그들은 결핍과 외로움과 불안정의 희생물이며, 책임감을 양도할 마음이 있고, 자기 인식이나 자기 이해보다는 환상에 빠질 성향이 더 많은 사람들이다. 하지만 이런 것들이 무슨 소용이 있는가. 그들은 삶과 세상에 그와 같은 광채를 던져주는 황홀경에 압도되어 있는데? 매혹된 자들은 끝내주는 섹스를 하게 되지 않는가? 또 그 외에도 온갖 것이 더 재미있지 않은가?

문제는 매혹에는 지속성이 없다는 것이다. 매혹은 길어봤자 2년가량이 한계라는 데는 일반적인 합의가 이루어져 있다. 실제로는 그보다 더 짧을 때가 더 많다. 평균적으로는 대략 1년 정도라고 보면 될 것이다. (또 관심이 지속되는 평균 기간이 그렇듯이 이것도 아마 점점 줄어드는 중인 것 같다.) 하지만 매혹된 자들은 그런 시한을 알지 못한 채 그저 행복하므로, 매혹이 깨어질 때의 충격은 그만큼 더 크게 느껴진다.

그것은 왜 끝날 수밖에 없는가? 매혹은 초월한 상태, 자아가 상실된 상태인데, 초월한 상태는 오래 지속될 수 없다. 초월한 자는 다시 지상으로 돌아와야 한다. 현실과 완강한 자아는 항상 자신들의 지배권을 재확립한다.

최근의 신경학 연구에서는 매혹과 사랑의 차이가 확인되었다. 인류학자 헬렌 피셔Helen Fisher는 각각 다른 두 단계를 '낭만적 사랑romantic love'과 '애착attachment'이라는 용어로 부르는데, 자신이 연구한 175개 문화 모두에서 '낭만적 사랑'을 발견했다. 오래된 흑마법黑魔法인 사랑이 실제로 어떻게 작동되는지 알아보기 위해 그녀는 신경학자들로 팀을 구성하여 사랑의 상이한 단계에 처한 사람들의 두뇌를 스캔해보았다. 이런 스캔 영상에서 '낭만적 사랑'과 '애착'은 완전히 다른 두뇌 회로와 신경전달자가 관련되어 있음이 밝혀졌다. 낭만적 사랑은 도파민 수위는 높아지고 세로토닌 수위는 낮아지는 현상에 관련되어 있으며, 애착은 여성의 경우 옥시토신과, 남성의 경우 바소프레신과 결부되는데, 이 두 신경전달자는 동물의 경우 짝짓기에 관련된 호르몬이다. 그리고 낭만적 연인들에게서 현저하게 나타나는 두뇌 회로와 도파민 수위는 심한 마약중독자들의 것과 비슷하다. 피셔는 낭만적 사랑이 정말로 중독의 한 형태라고 결론짓는다.[252]

이는 스탕달의 통찰을 확인해준다. 스탕달은 그런 사랑이 가장 비이기적인 활동처럼 표현되지만 실제로는 대체로 이기적이라고 본다. 사랑하는 자는 상대 인물이 아니라 도취 상태를 사랑하는 것이다. 사랑받는 자는 정말 전율을 느끼지만 그것은 오직 중독자에게 코카인이 만들어내는 것과 동일한 전율일 뿐이다. 매혹이 왜 절대로 지속적이지 못한지는 이로써 설명된다. 중독되면 내성耐性이 생긴다. 같은 정도의 효과를 맛보려면 약의 분량을 점점 더 늘려야 한다. 하지만 매혹은 그런 분량을 어느 정도 이상으로는 늘릴 수 없다. 그렇기 때문에 도취감은 결국은 사라진다. 또 다른 신경학자 팀은 사랑의 도취감이 지속되는 기간을 조사하여, 통념이 옳다고 결론지었다. 매혹은 대개 12개월에서 18개월 정도 지속된다는 것이다.[253]

매혹이 사라진 후

매혹이 사라지면 어떻게 해야 할까? 한 가지 방법은 스토아적으로 그
것을 받아들이는 것이다. 이 무렵이면 커플들은 결혼해서 자식을 낳았
을 수도 있다. 전통 사회에서 흔한 해결책이 이것이었다. 주세페 토마
시 디 람페두사Giuseppe Tomasi di Lampedusa의 《레오퍼드The Leopard》에 나오
는 공작은 사랑을 '1년간 타오른 불과 뒤에 남은 30년간의 재'라고 묘
사하면서,[254] 쾌락을 찾아 창녀에게 간다. 현대에는 많은 사람들이 택
하는 대안이 간통이나, 중산계층의 중년들이 떠나는 모험 관광이다.
또 다른 선택지는 좀 다른 종류의 수용인데, 불꽃이 꺼지려 하면 이를
곧 새 파트너를 찾아 나서라는 신호로 받아들이는 것이다. 다른 곳에
서 불을 피울 수 있는데 왜 재 속에서 살겠어? 환멸 단계를 건너뛰고
매혹만 연쇄적으로 즐기면 왜 안 되나? 이 방법 역시 인기가 있지만,
자식을 키우지 않아야 하고 새 파트너에게 항상 매력적으로 보일 수
있어야 한다. 하지만 그 매력도 시간이 가면 줄어든다. 연쇄적인 매혹
의 황혼은 쾌락주의자들의 황혼만큼 황량할 것이 뻔하다.

최후의 선택지는 매혹에서 사랑으로 넘어가려는 노력이다. 그래서
매혹 이야기는 '독자들이여, 난 그 남자와 결혼했다'로 끝나지만, 사
랑의 이야기는 '독자들이여, 나는 갑자기 내 여생을 그와 함께 보내야
한다는 것을 깨달았다'로 시작한다. 그런 사랑 이야기는 많지 않다.

톨스토이의 단편 〈가족의 행복Family Happiness〉은 그런 예인데, 그 이
야기에서는 한 커플이 미친 듯이 사랑에 빠지고 결혼하고, 둘만의 오
붓한 저녁 식사와 음악과 웃음이 넘치는 행복한 생활을 한다. 그러나

시간이 흐르면서 매혹은 줄어든다. 아내의 설명에 따르면, "우리가 서로에게 세상에서 가장 완벽한 사람이었던 시절은 오래전 일이다. 이제는 서로를 다른 사람들과 비교하고, 남몰래 서로를 평가한다."[255] 그녀는 남편이 좋은 사람이며 친절하고 신사적이고, 훌륭한 동반자이자 아버지인 줄은 알고 있지만 그의 지혜라고 해봤자 뻔히 예측 가능하고, 한결같은 침착함 때문에 짜증이 나고 외모는 늙고 보기 싫어졌다. 우울해지고 화가 난 그녀는 움직임과 흥분과 위험을 갈망하여, 엠마 보바리처럼 파티와 무도회에 나가서 소란스러운 사교생활 속에서 로맨스를 다시 만들어보려고 시도한다. 하지만 이 흥분감 역시 닳아 없어지고, 결과적으로는 부부 사이가 더 멀어졌을 뿐이다.

하지만 엠마와는 달리 이 아내는 결혼에 의미를 부여하고 싶어한다. 그녀는 자신의 감정을 남편에게 털어놓는다. 그런데 알고 보니 그의 침착함이란 자신을 짜증나게 만들기 위한 책략이 아니라 그들 간의 문제점을 예견하고 이해한 데서 나온 거리 두기의 산물이었다. 그는 그 경험을 헤쳐 나가는 수밖에는 다른 길이 없다고 말한다. "우리는 모두…… 삶 그 자체로 다시 돌아오기 위해서는 평생의 무의미를 겪으며 살아가야 하오. 다른 누군가의 말을 그대로 믿고 따라가도 소용이 없지요." 그녀는 이를 이해하고 삶으로 돌아가는 여정을 시작한다. "그날 이후 남편과 나의 로맨스는 끝났다. 해묵은 감정은 귀중하고 다시는 올 수 없는 기억이 되었지만, 아이들과 그 아이들의 아버지에 대한 새로운 사랑의 감정은 전과는 아주 다르지만 또 다른 행복한 생활의 출발점이 되었다."

불행하게도 톨스토이는 이 '아주 다른 행복한 생활'이 어떤 성격을 띠는지, 혹은 그것을 어떻게 달성하는지 설명하지 않는다. 그저 그 과정이 길고 고통스러운 것임을 시사할 뿐이다. 그리고 실제로 매혹에서 사랑으로 넘어가는 길은 힘들다. 그 둘이 많은 측면에서 상반되기 때문이다. 매혹은 초월이고 사랑은 지상으로 내려오는 길이다. 매혹은 환상을 창조하지만 사랑은 현실을 받아들인다. 매혹은 중독이고 사랑은 헌신이다. 매혹은 합일을 갈망하지만 사랑은 분리를 귀중히 여긴다. 매혹은 책임감을 회피하지만 사랑은 진심을 다하여 그것을 받아들인다. 매혹은 노력이 필요 없지만 사랑은 힘든 작업이다.

그리고 지상에 발을 디딘 리얼리즘이 가장 필요한 그 순간에 기대의 가장 파괴적인 형태가 실행되곤 한다. 즉 사람들은 완벽한 결혼을 계획한다. 또 한 가지 이상야릇하게 발전한 현상이 바로 결혼에 대한 투자는 줄어드는데 결혼식에 대한 투자는 급상승하는 추세이다.

이제는 영국에서 평균 수준으로 결혼하려면 평균적인 연봉 일 년 치를 다 털어 넣어도 한참 모자란다.[256] 이는 실질보다 이미지를 강조하는 또 다른 사례다. 이는 삶의 현실이 아니라 하루의 상징을 위한 계획이다. 대부분의 구경거리가 그렇듯이 애당초 발상은 역사적 장소와 의상과 장식품을 사용함으로써(성, 시골 저택, 보석 관, 실크해트, 마차, 빈티지 자동차 등등) 엄숙한 전통을 상기시키자는 생각에서 나왔을 것이다(그러면서도 테이블마다 일회용 카메라도 비치해두어야 한다). 그러므로 오늘날의 결혼식은 마치 올림픽 경기처럼 엄청나게 복잡하고 터무니없이 돈을 낭비하며 긴 시간 동안 조사하고 준비해야 하지만, 본 행사는 시작했다가는 금방 끝나버리는 구경거리가 되었다. 설사 모든 것이 계획대로 진행된다 하더라도 결혼식은 하루 안에 끝나는데, 그동안은 내내 사진

사의 지시에 따라 이리저리 움직이고 있을 뿐이다. 손님들이 떠나고 의상이 상자(다시는 꺼낼 일이 없는)로 돌아가고 나면, 평범한 남자와 여자가 서로를 쳐다보면서 생각한다. "이게 전부야?"

형태를 분석하다 보면 법칙을 찾아낼 수도 있다. 결혼이 지속되는 기간은 결혼식 비용에 반비례한다는 법칙 말이다. 이렇게도 말할 수 있겠다. 이름을 새긴 개인용 샴페인 잔으로 건배를 한 모든 결합은 실패할 운명이라고.

꿈같은 결혼식이 끝나면 충격과 함께 현실이 귀환하고 가능성의 주문으로 억눌려져 있던 문제들이 갑자기 너무 선명해진다. '딱 맞는' 사람은 어디에도 없다는 이유 때문만이 아니라, 그 누구도 함께 살기 쉬운 사람이 아니며, 파트너를 즉각적이고 지속적이고 무조건적인 사랑으로 감쌀 수 있는 사람은 더욱더 없기 때문이다. 이것이 근본적인 원칙이다. 누구라도 함께 살기는 쉽지 않다. 얼마나 어려운지 정도 차이가 있을 뿐이다.

상대방은 번쩍이는 다이아몬드만이 아니라 짜증스러운 신념과 습관과 미신과 신경증, 기분, 통증, 태만함, 나쁜 취향, 끔찍한 친척들과 이해할 수 없는 친구들로 단단히 둘러싸여 있는 존재임을 반드시 깨달아야 한다. 함께 살게 되면 이 모든 평범함과 너저분함이 노출된다. 촛불 아래에서 그토록 유혹적으로 반질거리던 머리칼은 샤워꼭지의 그물망처럼 칙칙해 보이고, 그토록 전율적으로 발기하던 물건은 변기에 소변을 흘리는 흐느적거리고 쭈그러든 살덩이가 된다.

조금이라도 공존 가능성이 있다면, 그것은 저절로 생긴 전제조건이 아니라 힘들게 노력하여 얻어낸 산물이다. 하지만 파트너의 짜증스러운 습관은 점차 눈에 보이지만, 자신에게도 그에 못지않은 단점들이 있다는 것을 깨닫기는 더 어렵다. 자신들의 괴상한 행태는 자연법에 따라 허가되었고, 지독하게 역겨운 습관까지도 귀엽고 사랑스럽다고 믿는 것 같은 사람들이 많은데, 응석을 받아주는 부모 슬하에서 자란 사람들이 특히 그렇다.

누구라도 함께 살기는 쉽지 않다. 또 사랑의 최종적이고 확정적인 단계란 없다. 행복이 그렇듯이 사랑은 계속 진행되는 과정이며, 일종의 끝나지 않는 연합 창조력 프로젝트 비슷한 것이다. 또 행복처럼 성취를 위한 노력 그 자체가 성취가 된다. 창조적 노력이라면 모두 그렇듯이 사랑은 탈진과 쇄신의 순환을 따른다. 쇄신의 기쁨을 맛보려면 탈진은 꼭 필요하다. 그 프로젝트에는 시간과 인내가 필요하다. 어떤 기술이든 가치 있는 것을 제대로 배우는 데는 평생이 걸린다. 사랑도 예외가 아니다.

여기서 필요한 것은 굴복과 몰입이 아니라 자율성과 거리 두기이다. 파트너의 성장은 흔히 위협으로 받아들여지지만 쇄신의 원천이 될 수도 있다. 한 사람에게 이롭고 이기적인 것처럼 보이는 것이 둘 모두에게 이익이 될 수도 있다. 그 반대 역시 참이다. 한쪽 파트너가 발전하지 못한다면 상대방은 그를 경멸하고 끔찍하게 여길 수도 있다. 하느님 맙소사, 이 꼴을 평생 봐야 하나. 개인이든 집단이든 어떤 관계에서도 가장 위험한 사태 변화가 경멸이다. 독재자가 추락하는 것은 그들에 대한 경멸감이 확산되고 극단으로 치달을 때이다. 결혼이 실패하는 것은 경멸이 너무나 부식성이 강하여 어떤 연대도 끊어버리기 때문이다. 하지만 자율적이고 독립적인 파트너는 함께 살기는 더 힘들어도 경멸감을 느낄 여지는 훨씬 적다. 그러니 커플은 상대방이 제각기 성장하도록 격려한다면 더 확실하게 성장할 것이다.

그리고 여기에는 성숙한 사랑에서는 거리 두기가 애착을 부추긴다는 모순이 있다. 릴케가 표현했듯이, "사랑에 빠진 사람은 중대한 과업을 수행해야 하는 사람처럼 행동해야 한다. 그는 혼자서 많은 시간을 보내고 성찰하고 생각하고 자신을 추슬러 자립성을 유지해야 한다. 그는 일해야 한다. 뭔가가 되어야 한다!"[257] 이것은 근본적인 조언이다. 연인으로 성공하려면 혼자서 더 많은 시간을 보내야 한다는 것.

그러므로 그 과정은 수동적이고 의존적인 것이 아니라 능동적이고 독립적이다.

그리고 릴케가 제안하듯이, 사랑은 행복처럼 직선적으로 달성될 수 있는 것이 아니라 생산적인 삶의 부산물이다. "사람이 사랑의 영역에서는 생산적이고 다른 영역들에서는 비생산적인 그런 식으로 삶을 분리할 수 있다고 믿는 것은 착각이다. 생산성은 그런 노동 분업을 허용하지 않는다. 사랑할 능력은 강렬함, 깨어 있음, 고양된 활력의 상태를 요구하는데, 그런 것은 삶의 다른 분야들에서 생산적이고 능동적인 지향점을 갖고 있을 때의 산물로서만 나타난다. 다른 영역에서 생산적이지 못하다면 사랑에서도 생산적일 수 없다."[258]

그러므로 '정념正念'이라는 불교식 개념이 사랑에는 필수적이다. 하지만 부처와 다른 사상가들이 왜 사랑을 경계했는지 기억해야 한다. 거기에는 광기와 난폭함이 있기 때문이다.

사랑은 좋아함, 존중, 욕망이라는 세 다리로 이루어진 삼각대로 받쳐져 있다. 어느 다리 하나라도 휘어져버리면 전체가 무너진다. 하지만 좋아함과 존중은 달콤한 이성에 속해 있고, 조커 노릇을 하는 것은 욕망이다. 욕망은 모든 것을 복잡하고 불안정하고 들뜨게 만드는 어둠의 힘이다.

날씨와 주식시장처럼 결혼(혹은 다른 어떤 성적 관계)은 혼돈의 시스템이다. 이것은 너무 복잡하여 이해할 수 없는 힘에 내몰리며, 무작위적으로 해명될 수 없는 비슷한 행동이 장기적으로 이어지는 시스템이다. 그러니 좋거나 나쁜 날씨는 계속 좋거나 나쁘게 이어지고 상승하거나 하락하는 주식시장은 그 추세를 계속 이어간다. 결혼에서도 차분함은 더 차분해지고 말다툼은 더 잦은 말다툼을 낳는다.

혼돈 시스템의 또 다른 특징은 길게 이어지던 사태가 뭔가 예기치 않았던 일, 대개는 사소한 일로 돌연히 끝장난다는 점이다. 투입 자료가 아주 조금만 바뀌어도 산출 결과 면에서는 엄청난 불균형이 생긴다. 이것이 나비가 남아메리카에서 날개를 퍼덕이면 북유럽에서 폭풍이 일어난다는 진부한 이야기이다. 모든 것이 잘되어 나가는 듯싶다가도 한쪽 배우자가 말 한마디 잘못하면 결혼이 와해되어버린다는 뜻이다.

달리 말해 사랑의 시스템은 난기류로 치닫게 되고 정상적일 때는 통하던 그 어떤 원칙도 더 이상 통하지 않는다. 물리학자 베르너 하이젠베르크Werner Heisenberg는 죽기 직전에 신에게 물어볼 말이 꼭 하나 있다고 했다. "왜 난기류인가?"라는 물음이었다.[259] 죽어버린 사랑의 당사자들도 신에게 같은 질문을 하고 싶을지 모르겠다. 어찌하여 모든 것이 한순간에 정반대 상황으로 돌아서버릴 수 있는가? 어찌하여 사랑이 증오로, 친절함이 잔인함으로, 기쁘게 해주고 싶은 욕망이 상처 주고 싶은 욕망으로, 사랑하는 사람을 영원히 보고 싶던 욕구가 다시는 그 지겨운 얼굴을 보고 싶지 않은 욕구로 변할 수 있느냐 말이다.

부부싸움은 기묘하고도 무시무시한 현상이다. 양쪽 모두를 지상에서 빨아올리는 돌연한 사이클론이며, 두 사람 모두 정신이 나가도록 한동안 허공에서 빙빙 돌리다가, 탈진하고 녹초가 되고 어리벙벙해진 그들을 지상으로 내던진다. 도대체 이게 다 어찌 된 상황인가? 하지만 이 과정의 역동성은 도저히 설명될 수 없다. 아담과 이브 이후로 모든 커플이 이런 경험을 해왔지만, 결혼생활에서 겪는 진짜 폭발을 설득력 있게 그려낸 문학작품은 거의 없다. 모든 작가들이 그렇듯, 존 밀튼 John Milton은 아담과 이브가 최초로 한 말다툼을 이렇게 묘사하면서 이 문제를 회피했다. "그래서 그들은 서로 비난하느라/ 시간을 헛되이 보냈다. 하지만 아무도 자신의 잘못은 돌아보지 않았다."**260**

섹스, 사랑을 잃어버리다

폭발력을 지닌 요인은 섹스다. 어떤 성적 관계든 원천적으로 불안정하다. 문제는 그 요구의 대상에게 아무런 위력도 발휘하지 못하는 무절제한 요구에 있다. 그로 인해 사랑이 순식간에 정반대쪽으로 뒤집혀버릴 수 있는 절망에 빠지게 된다. 손쓸 수 없는 데 대한 수치, 역겨움, 분노가 뒤섞여 복잡해진 유달리 추악한 증오가 발생하는 것이다. 그러므로 소유하고 싶던 압도적인 충동이 갑자기 똑같이 압도적인 파괴하고 싶은 충동으로 변한다. 미국의 어떤 판사는 폭력범을 판결할 때보다도 이혼하는 커플들을 상대할 때 신변의 위협을 더 많이 느끼며, 이혼 법정에 나온 사람들이 결혼으로 인한 분노를 통제하지 못할 때를

대비하여 사무실에 비상벨을 달아둔 판사들이 많다고 말했다.[261]

모든 성적 관계의 심장부에는 긴장감이 있다. 동물적이고 감정적인 요구는 고통스럽게도 절박하지만 절대로 완전히 이해되거나 통제되는 것이 아니기 때문이다. 하지만 긴장감은 연애 관계의 중심 요소이다. 그것을 해체해버릴 수 있는 위험 요소는 동시에 그것을 살아 있게 하는 요인이기도 하다. 친교는 필수적이고, 친근한 섹스는 성인들이 누리는 큰 위안거리이지만, 성적 관계는 아무리 변하더라도 절대로 그저 친근하기만 한 관계가 되지는 않는다. 평형과 안정감은 유혹적일지도 모르지만 그것들은 죽음의 평형과 안정감이다. 항상 위험과 모험의 소지가 있어야 한다. 모든 연인은 악마 같은 연인이 되어야 한다.

하지만 악마들은 지루해하기 쉽다. 관계에 문제가 생기면 제일 먼저 사라지는 것이 섹스이다. 이 누락은 흔히 최초의 경고 신호이다. 그러므로 섹스는 갱도에 들어간 카나리아이다. 새가 계속 잘 노래하면 모든 게 정상이다. 카나리아가 죽으면 공기가 나빠진다는 신호다.

어떻게 하면 카나리아가 계속 노래하게 할 수 있을까? 어찌 하면 악마를 계속 붙들어둘 수 있을까? 섹스에 관련된 문제들 가운데 하나는 그것이 섹스에만 관련된 문제일 경우는 드물다는 것이다. 그 밖의 수많은 문제들, 곧 허영, 권력, 통제력, 확신, 습관, 진기함, 유행 따르기, 남에게 뒤지지 않게 소유하기 등 온갖 것들이 섹스에 결부되어 있기 때문이다.

요즘은 그것이 점점 더 오락 산업의 한 분과처럼 변해가고 있다. 이미 여러 나라에서 도처에 섹스 테마파크가 세워지고 있다. 나는 섹스를 신비, 기적, 마르지 않는 경이감의 원천으로 여기는 마지막 세대에 속할지도 모르겠다. 여자와 함께 있기만 해도 숭고함을 접하게 된다. 한때는 누구나 다 그런 식으로 요술에 걸리고 열광하고 마법에 사로잡혔다. 하지만 이제 섹스는 그저 나태한 오락의 한 가지 형태에 불과하다. 현대식 사랑은 구강성교를 하는 자신의 모습을 사진으로 찍어 수많은 친구들한테 회람시키는 것이다.

이제 우리는 닳고 닳은 상태다. 시험하고 또 시험했고, 성공적인 관계 맺음의 비밀은 다양하고 참신한 섹스를 하는 데 있다고 되풀이하면서 진기함의 중요성을 끝없이 강조하는 조언에 따라 충동적으로도 행동해보았다. 그 정치적 선배들이 그랬듯, 성의 혁명도 일종의 독재로 변했다.

해방된 시대의 지침서 가운데 원조라 할 《섹스의 기쁨*The Joy of Sex*》은 1972년에 출판되었는데,[262] 당시에는 하나의 계시였지만 개정판은 백 가지 이상의 새로운 체위를 실었고, BDSM◆의 중요성과 중요한 새 이성애적 섹스의 연원으로 항문을 인정하게 되었다.[263]

사실 오늘날의 연인들은 온갖 분야에 관한 지침서가 필요하다. 그래야만 에로틱한 기구(사랑의 그네, 질식 상자smothering boxes, 여왕 되기 의자queening stools), 에로틱한 장식품(유두 집게nipple clamps, 남근 고리cock rings, 항문 플러그butt plugs)에 대해 알아볼 수 있고, 급속도로 발달하는 기술(진동식 토끼끈Rabbit strap-on, 속도가변식 터보탄환multi speed turbo bullet, 원격딜도 시뮬레이터teledildonic sinulator)에 대해서도 알 수 있다.

◆ 인간의 성적 기호 가운데 가학적 성향을 일컫는 용어. 구속 또는 결박Bondage, 징벌 또는 지배Discipline or Domination, 가학성 또는 복종Sadism or Submission, 피학성Masochism의 머리글자를 딴 약어.

섹스 장난감 박물관이 세워질 때도 되었다. 그런 곳에 가면 어떤 세대의 커플들은 1970년대의 포장 그대로 전시된 원래의 넌닥터 진동기 non-doctor vibrator를 보면서 씁쓸달콤한 눈물을 흘릴지도 모르겠다. 그 포장 상자 앞쪽에는 진한 립스틱에다 마스카라를 하고 머리를 뒤로 빗어 넘기고 층층이 웨이브를 내고 반질반질하게 왁스를 바른 헤어스타일의 모델이 그려져 있다. 옛날에는 이토록 모든 게 단순했다니! 지금은 섹스를 한다는 것이 마치 브로드웨이 뮤지컬을 무대에 올리는 것 같다. 오리지널 대본, 의상, 전주, 무대장치, 특별 조명이 있어야 하고, 물론 체격이 단단하고 정력적이고 열정적이고 노래하고 춤추는 운동선수와 곡예사 팀이 있어야 한다. 이제 모두들 침대에서 서커스 곡예를 해야 한다. 아니, 집 전체에서 서커스가 벌어져야 한다.

어리벙벙한 연인들을 이 모든 과정으로 안내하기 위한 치료사와 카운슬러 군단이 점점 더 많아지고 있다. 그들은 걸핏하면 황금시간대의 TV에서 조언을 한다. 이런 남녀들은 지스폿G-spot이라는 성배를 찾아나서는 현대의 탐험대를 열렬하게 믿는 눈이 반짝거리는 신도들이다. 그곳은 매몰된 아틀란티스만큼이나 전설적이고 부유하고 찾기 힘든 곳이다. 사실 그 G는 성배Grail의 머리글자가 아니라 에른스트 그레펜베르크Ernst Gräfenberg를 가리킨다. 그는 질의 앞쪽 벽면에 성감대가 분명히 있을 것이라는 가설을 제시했던 독일의 부인과 의사였다. 개와 같은 자세의 섹스가 주는 자극적 효과를 '클리토리스를 고환이 단순하게 두드리는 부드러운 움직임만으로…… 설명해 치우면 안 되기' 때문이었다.[264]

섹스를 섬기는 새로운 제사장은 삼위일체도 숭배한다. TV에 나오는 한 화려한 치료사가 기존의 오르가슴도 나쁘지 않다고 인정하지만 훨씬 더 나은 것이 클리토리스와 지스폿이 모두 관련된 이중 오르가슴이며, 궁극적인 목표는 물론 클리토리스, 지스폿, 항문에서 모두 한목소리로 환희의 외침이 울려나오는 삼위일체인 삼중 오르가슴이라는 것이다. 더 많이!

문제는 섹스가 그 신체적 입맛과 신체의 자연적 사이클과 수용 능력과의 접촉을 상실하고 있다는 것이다. 성적 정체성조차도 불확실해지고 변동 가능한 것이 되었다. 자신이 이성애자인지 동성애자인지 둘 다인지 완전히 확신하는 사람은 거의 없다. 어떤 다른 정체성이 되면 느낄 수도 있을 충족감을 놓치고 있는 건 아닌가 하는 생각이 뇌리를 떠나지 않는다. 신체적 정체성과 욕구와의 접촉을 잃으면서 섹스는 점점 더 두뇌적인 것이 되고, 개념과 이미지, 즉 판타지가 제공하는 개념과 포르노가 제공하는 이미지로 추동되어간다. 그 판타지는 또 진기함과 위반에 의해 추동되므로 항문섹스에 대한 매혹(항문은 새로운 질이다)과 BDSM의 위반적 스릴이 그래서 성행하는 것이다.

해방의 시대가 구속에 의해 전원이 켜질 때가 점점 더 많아진다는 것은 확실히 아이러니하며 또 중요할 수도 있다. 앤 서머즈 섹스숍 체인에서 가장 인기 있는 물품은 초보자 족쇄 세트Bondage Starter Kit이다. 그리고 닳아빠진 사람들을 위한 BDSM의 최신 히트작은 당신을 납치하는 프로그램이다. 거리를 걸어가는데 밴이 갑자기 끽 소리를 내며 당신 곁에 멈추더니, 얼굴에 두건을 뒤집어쓴 건장한 남자 여러 명이 뛰어나와서는 당신을 묶어 지하실로 데려간다. 그러고는 계약서에 명시된 대로 온갖 모욕을 가하는 것이다. (납치자에 대한 취향 면에서는 나라마다 차이가 있는 모양이다. 영국인들은 미국의 남부 시골뜨기들에게 납치되는 것을 아주 좋아한다.)

이런 서비스의 교묘한 특징은 그것이 굴레를 쓰고 싶은 욕구만이 아니라 기대가 주는 전율을 근거로 한다는 데 있다. 고객은 언제 어디서 그 맞춤형 납치가 벌어질지 절대로 알지 못하며, 흥미진진한 기대감이 며칠, 또는 몇 주일씩 길어질 수도 있다. 대기 기간 동안에는 감시와 스토킹으로 더욱 고조되므로 주의력이 기대에 추가된다. 마침내 만족한 피랍인은 그 경험을 촬영한 기념 DVD를 받는다(동영상으로 촬영되지 않은 경험은 일어나지 않은 것이 되므로). 이 서비스를 고안해낸 천재는 이 세기의 흥행가 상 후보가 되어야 할 것이다.[265]

하지만 그런 연기 놀이에는 어떤 해로운 점이 있는가? 두건을 뒤집어쓴 남자들은 특정한 계약 조항의 제약을 받는다. 앤 서머즈 수갑은 분홍색 모피로 장식되어 있다. 문제는 위반적 쾌감은 항상 원래 자극을 그대로 재생하는 것 이상을 요구한다는 것이다. 그렇기 때문에 처음에는 잠깐 동안 실크 슬리퍼로 얻어맞는 정도로도 쾌감을 느끼겠지만 다음 순간에는 음낭을 마룻바닥에 못 박는 정도가 되어야 만족하게 된다.

또, 이 모든 것에 연료를 공급하는 이미지인 포르노 영화가 예전에는 비싸고 구하기 어렵고 낯 뜨거움을 감수해야 했지만, 지금은 집에서 편안하게 마음대로 손에 넣을 수 있게 된 것도 새로운 요인이다. 포르노는 확실히 카나리아에게 생기를 불어넣지만 그것이 왜곡하는 현실이 적어도 한 무더기는 된다.

아이러니하게도, 지금 같은 기대의 시대에 포르노는 무엇보다도 가장 스릴 있는 기대, 즉 전희前戱를 빼먹는다. 가까이 있으면서 느끼는 서로의 존재와 향기가 주는 중독성, 숭배하는 손길의 전기가 오른 듯한 자극, 지퍼와 단추가 항복하는 듯 매끄럽게 열릴 때의 매혹적 순간, 바스락거리며 옷이 부드럽게 미끄러져 떨어지는 순간들이 모두 누락되는 것이다. 그 대신에 포르노는 벌거벗는 동작과 빨기로 곧바로 돌입한다. 행동은 언제나 드라마틱해야 하고 눈에 보여야 한다. 그러므로 부드러운 결합이 아니라 미친 듯한 돌진만 있다. 항상 남자가 미친 듯이 동작하는 모습만 있고 오르가슴에 도달하기 위해 여자가 하는 것은 리듬을 통제하고 더 부드럽게 만드는 일뿐이다(끝에 가서는 그렇지도 않지만). 또 내부로부터의 오르가슴 대신에 항상 여자 위에다 사정하는 장면만 있다. 그러니 새로운 애인은 남자로부터 아무런 속삭임도 듣지 못한다. "당신 얼굴 위로 와도 괜찮겠어?" 따위의.

하지만 구멍과 체위의 조합은 한정되어 있다. 곧 인간 신체가 할 수 있는 모든 것을 모든 사람의 거실에서 해볼 수 있게 될 것이다. 그때가 되면 우리는 위반이 주는 흥분을 어디서 찾아야 할까. 몽상가들은 이미 이 문제도 해결하려고 애쓰고 있다. 인공지능 연구자인 데이비드 레비David Levy는 이렇게 약속한다. 21세기 중반경이면 "로봇과의 사랑이 인간들끼리의 사랑이나 마찬가지로 정상적인 현상이 될 것이다. 한편 인간들이 행하는 성행위와 정사 때 할 수 있는 체위의 범위가 넓어질 것이다. 로봇이 세상의 모든 섹스 지침서를 다 합한 것보다 더 많이 가르쳐줄 테니까."[266]

습관화를 방지하는 길로서 다양성에 집착했던 현대의 강박증은 잘못된 것이다. 입맛에 관한 실험에서 두 그룹의 자원자들을 매주 한 번씩 실험실로 오게 하여 테스트를 치르게 했는데, 그 테스트는 사실 핑계에 불과했고, 사실은 보상으로 제공된 간식이 진짜 실험이었다. 한 그룹은 자기들이 먹을 간식을 미리 다양하게 고를 수 있었다. 다른 그룹은 자기들이 제일 좋아하는 간식 한 가지를 매주 먹었다. 연구가 끝날 때 만족감의 정도를 비교해보니, 다양한 간식을 먹은 쪽보다는 같은 간식만 먹은 쪽의 만족감이 더 컸다.[267] 이는 한 주일이라는 시간 간격이 있다면 예전에 좋아하던 간식의 매력이 충분히 복구되기 때문이라고 설명된다. 그러므로 습관성의 함정을 극복하는 데는 다양성보다 희귀성이 더 나을 수 있으며, 삶의 향미는 이것저것 다 해보기보다는 가장 좋아하는 것을 적당한 간격으로 즐기는 데서 나올 수도 있다.

역시 잘못된 것은 성적 만족감이 사랑이라는 결과를 낳는다는 생각이다. 십중팔구 순서는 반대일 것이다. 가장 만족스러운 섹스는 교재에 나온 기술을 숙달함으로써가 아니라 부드러움을 표현하는 데서 이루어진다.

가장 깊은 즐거움은 힘들여 얻어진 것이며, 섹스에서도 마찬가지다. 가장 강렬한 경험은 힘든 노고, 고통, 분노, 격동 뒤에 온다. 격렬한 말다툼을 하고 난 뒤에 온다는 것이다. 화해의 섹스는 인간이라는 존재가 누릴 수 있는 가장 숭고한 경험이다.

물론 이것도 드물게 얻는 하사품이다. 즐거움을 꾸준히 누리려면 간격을 적절하게 띄우라고 급진적인 제안을 해보자. 단순한 섹스, 더 드물게 누리는 섹스, 선禪 섹스는 어떨까. 연인들이 밤에 침대에 누워 서로를 만지고 감탄하면서, 이따금씩 상대방의 입술을 찾아 조용하지만 깊은 감사의 소통을 하도록 해보자. 마침내 두 사람은 한 몸처럼 천천히 움직이면서(여성이 주도하는 최소한의 움직임) 꼭 필요한 자세를 찾아 부드럽게 교합할 것이다. 그럴 때 달콤한 침묵 속에서 거의 움직이지 않으면서 그들은 고요히 누워 저절로 발생하는 황홀감이 서서히 그들을 감싸도록 허용할 것이다.

　이것이 삶을 떠나는 이상적인 방법은 아닐까? 동시에 쾌감이 왔다가 사라지는 경우도 있는데, 이는 절묘한 부조리라 할 만하다. 하지만 평생 책임감 있고 사려 깊게 처신해온 사람이라면 연인을 시체처럼 내버려둔 채 잠자리를 떠나는 일은 결코 없을 것이다. 그런 행동은 달콤하고 조용하고 고요한 후광을 철저히 망가뜨릴 테니 말이다.

chapter 13
나이듦이 우리를 구원해줄까

가장 좋은 것은 흔히 그토록 재앙처럼 느껴지던 절박함의 소멸인데, 이는 축복일지도 모른다. 가능성의 주문은 감각을 차단하고 정신을 발광시키는 악의 주문이니 말이다. ······ 중요한 교훈, 여정이 목적지보다 더 중요하며, 활동이 성과보다 더 중요하다는 교훈 말이다.

난 예전에 우리 반에서 제일 나이 어린 학생이었는데, 어찌 이렇게도 늙을 수 있는가? 나이를 먹는다는 것은 직관에 반하는 일이다. 충격적이고…… 부조리한 상황이다.

신체의 변화는 금방 알아볼 수 있다. 하지만 정신적, 심리적 변화도 있다.

1. **기억의 쇠퇴**: 사실은 정보를 잊는 것이 문제가 아니라 되살려내는 시간이 점점 더 길어져서 결국은 남아 있는 삶의 시간보다 길어지는 게 문제이다. 그러므로 언젠가 당신은 갑자기 눈을 뜨고는 대히트곡인 '샹티이 레이스Chantilly Lace'를 부른 남자 이름은 빅 바퍼*야, 라고 소리치면서 일어날지도 모른다. 하지만 의기양양하게 허공에 주먹을 내지르려 해봤자 당신은 이미 공기에서 2미터 아래 땅속의 나무 상자 속에 들어 있다.

2. **수축**: 모든 것은 수축한다. 신체도, 그 구성 부분들(두뇌, 간, 음경, 특히 심장도)도 수축한다. 심리적으로 수축된다는 사실이 아마 유일한 회

---

* The Big Bopper : 본명은 J. P. Richardson. 미국의 로큰롤 가수.

소식일 것이다. 가끔은 자아도 수축하니까.

안 좋은 소식은 흥미와 활동도 위축된다는 것이다. 세월이 흐를수록 어려움에서 물러나 안락한 영역으로 들어가려는 유혹이 압도적이 된다. 특히 생각하는 노력은 힘이 많이 들고 헛수고로 치부되어 흔히 포기되곤 한다. 세상은 점점 더 낯설어지는데, 왜 그걸 이해하려고 상관해야 하는가? 하지만 이런 굴복은 곧바로 노화로 직결될 확률이 높다. 삶을 유지하는 유일한 길은 삶의 모든 것에 흥미를 가지는 것이다. 그렇지 않으면 삶은 보복을 한다. 흥미를 보이지 않는 사람은 곧 흥미의 대상에서 제외된다.

3. 인색함 : 늙은 구두쇠라는 전형성은 뭔가 진실을 말해주는 것 같다. 나 자신부터도 지갑을 꺼내기가 점점 더 꺼려지는 것이 느껴지니 말이다. 이것은 자원이, 특히 체력, 에너지, 시간 같은 것들이 줄어들기 때문인가? 이것들은 모두 비축되어야 하는데, 그래서 비축 본능이 전반적으로 발달하는 것인가?

4. 시간이 점점 빨리 지나감 : 시간이 얼마 남지 않았을 뿐만 아니라 남은 시간마저도 그냥 지나가는 것이 아니라 가속도가 붙는다. 더 정확하게 말하자면, 기분 나쁜 이중 효과가 있다. 단기적으로 보면 시간이 잘 안 가는 듯하지만 장기적으로 보면 속도가 빨라진 것 같다. 심리학에서는 이를 시간 축이 공간 차원과 닮았기 때문이라고 설명한다. 즉 원근법에 따라 그림을 그릴 때, 두 지점 간의 거리는 그 사이에 흥미 있는 대상이 놓여 있다면 더 길어 보이며, 둘 사이에 아무것도 없으면 짧아 보이는 현상과 같다는 것이다. 시간의 축에서 젊음은 온갖 생생한 사건으로 가득 차 있고, 사건들이 더 생생하게 경험된다. 그 첫 경험을 포

함한 참신하고 최초인 시간들이 연속적으로 이어지기 때문이다. 우중충한 중년이 느끼는 공통적인 느낌은 아무 일도 일어나지 않는다는 것이다. 그래서 중년의 시간은 더 빨리 지나가는 것처럼 느껴진다. 어제 일어난 일은 기억하기 힘든 반면 젊었을 때의 기억은 놀랄 만큼 생생하게 기억되는 까닭도 이것으로 설명된다.

5. 형이상학적 조급증: 시간의 속도가 빨라진 결과일 수도 있겠는데, 이것은 세상의 완고함, 고집불통, 끈질김, 계속해서 내 뜻대로 되지 않는 세상에 대해 점점 커지는 분노이다. 본질적으로는 형이상학적이지만 그것은 특정한 형태로 나타날 수 있다. 가령 새치기하는 것을 볼 때 느끼는 분노라든가, 내 식으로 말하자면 에스컬레이터 위에서 느끼는 분노 같은 것이다. 에스컬레이터에서 둘이 나란히 서서 길을 막고 있는 사람들을 보면 기꺼이 둘 다 목 졸라 죽일 수 있을 것만 같다.

6. 불확실성: 원래는 젊음이 우유부단과 의혹의 시기이고 중년은 확신의 시기여야 한다. 하지만 나는 그와 정반대였다고 말할 수밖에 없다. 젊은 시절에는 열정적인 신념, 열광과 혐오가 있었다면 중년으로 넘어오면서 점차 불확실성이 커졌다. 언젠가는 내가 그때까지 믿어오던 것들을 더 이상 알고 있지 않다는, 혹은 내가 무엇이든 믿기나 하는지 알 수 없다는 충격적인 깨달음이 왔다. 내가 무엇을 좋아하고 싫어하는지도 알 수 없었다. 내가 연어보다 농어를 더 좋아하나? 윌리엄 포크너가 좋은 작가인가? 이런 문제에 내가 신경이나 쓰는가?

◆ 합리적 견해 두 가지가 상반되는 상황, 어려운 문제.
◆◆ 마음이 동요되지 않고 평안한 상태.

중년이 되자 나는 아포리아aporia◆, 아타락시아ataraxia◆◆, 안헤도니아 anhedonia◆ 등 그리스어로 부르는 수많은 증세들에 떠밀려 내려간 조난자 신세가 되었다. 그냥 영어로 말하자면 당혹감, 무관심, 기쁨 없음이 된다.

7. 대장 강박증 : 이것은 이상한 현상이다. 이것을 설명할 이론을 찾아내지 못하겠다. 그렇기는 한데 이런 현상이 있다는 것을 부정할 수는 없다. 친구 중에 80대가 한 명 있는데, 갈수록 드물어지는 희귀종인 현명한 사람이다. 그런 그가 삶의 의미를 한 마디로 규정해주겠다고 제안했으니 나는 정신을 집중하여 들을 수밖에 없었다.

한동안 기다린 다음(그의 타이밍 감각은 여전히 매우 정교하다) 한 마디를 작게 중얼거렸다.

"비사코딜◆◆."

침묵이 흘렀다. 나는 그가 원했던 대로 얼이 빠졌다.

마침내 내가 말했다. "그게 무슨 비아그라 같은 겁니까?"

그는 참지 못하겠다는 듯 얼굴을 찡그렸다.

"아니, 아니야…… 섹스 같은 건 상관없어."

그러고는 찡그린 표정이 바로 펴지더니 얼굴이 부드러워지면서 경이감으로 찬란하게 빛났다.

"젊은이처럼 배설하는 게 중요해."

8. 영화 《베니스에서의 죽음》이 전하는 메시지 : 이 80대 친구는 솔직하지 못

◆ 쾌감 상실.

◆◆ Bisacodyl : 자극성 변비약 이름.

하게도 이성에 대한 흥미를 잃었다고 주장했다. 점심을 먹는 내내 그의 눈은 웨이트리스들을 계속 따라다녔으면서도 말이다. 젊은이들은 도무지 알아차리지 못하는 모양인데, 젊음이 가진 아름다움은 나이 든 사람들을 놀라게 하고 현기증을 유발한다. 릴케는 말했다, "아름다움은 우리가 아직은 간신히 견뎌낼 수 있는 공포의 시작이다."[268] 그런데 이 공포는 나이가 들어가면서 점점 심해질 뿐만 아니라, 젊은이라면 거의 모두가 아름답고 무섭게 느껴지기 시작한다. 젊은 신체에서 그토록 멋지게 만개하는 삶은 그것을 바라보는 노인에게는 소멸의 기약이기 때문이다. 그런데도 바라보고 싶은 충동은 참을 수 없이 강하다. 아름다움은 회색 토끼를 마비시키는 조명등이며, 다 써버린 껍질을 시들게 하는 작열하는 태양이다. 어두워가는 눈길을 돌리라. 눈을 딴 곳으로 돌려라.

또 어느 날, 앞서 말한 것과는 전혀 다른 점심 식사를 한 적이 있다. 유명 영화배우, TV 출연자들, 유명 요리사들을 치료해주는 치과의사의 집에서였다. 우리는 아이들과 아내들이 같은 어린이집에 다니다 보니 알게 된 사이이다. 그 치과의사는 엄청나게 성공한 사람으로, 얼마 전 한적한 교외에 있는 수영장이 딸린 큰 단독주택인 이 집으로 이사했다. 손님들 중에는 유복한 이웃과 그 아내들도 있었다. 친근하고 진심 어린 웃음을 자주 보이는 매력적인 4, 50대 여성들이었다. 화창한 4월이었고, 신선하고 앞일이 잘될 것 같은 그런 날이었다. 빛은 잔잔한 수면에서 춤추었고 봄날의 샘물처럼 샴페인이 즐겁게 쏟아졌다. 여기저기서 코카콜라 깡통을 따듯이 샴페인 병마개가 자주, 쉽게 터졌다.

개츠비가 베푼 전설적인 파티 같은 분위기였다. 이처럼 샴페인이 무한히 나오는 광경을 나는 생전 처음 보았다.

이윽고 아내들은 수영을 하자고 의견을 모았다. 우리는 24시간 내내 섹시한 이미지의 폭격을 받고 살지만, 그들은 항상 터무니없이 마르고 젊은 모델들이다. 성숙한 여성들의 장중하게 묵직한 허벅지란 정말 보기 힘든 대단한 광경이 아닌가. 그런데 수영객들이 실내에서 옷을 갈아입고 막 문을 나서는 참인데, 집주인이 야외용 의자를 끌어다가 내 자리 바로 앞에 놓고 앉는 바람에 그 광경을 보지 못하게 되었다.

"당신은 생각이 깊은 분 같으니, 제게 아침에 왜 일어나야 하는지 좋은 이유를 한 가지 말씀해주시지요."

이런 요청은 개츠비의 입에서 나올 만한 것이 아니었다. 그의 등에 가려 보이지 않는 곳에서, 성숙한 바다의 요정들은 소녀처럼 소리 지르며, 그림자가 점점이 흩어진 물속에 근사한 허벅지를 담그고 있었다.

이야기를 들어보니, 손님 초대를 하지 않았다면 그는 아마 침대에서 일어나지 않았을 것이다. 그는 주말이면 거의 내내 잠을 잤고, 항우울제를 다량 복용하고 있었다.

"난 할리 가에서 개업한 치신경치료 전문의 제1세대였어요. 지금은 그런 의사가 수없이 많아요.…… 모두 더 젊고 치료비는 더 싸고, 아마 실력도 분명히 나보다 낫겠지요. 그러니 불안해지는 거요. 일을 망칠까 봐 무섭소. 환자들은 요구가 많고 참을성도 없고 무자비하거든요. 그들이 날 파괴할 거요." 그는 집과 정원과 수영장을 가리켰다. "이런 것들이 다 뭐겠소? 목구멍까지 꽉 차도록 대출을 받아 산 건데요."

이런 식으로 그의 이야기는 계속되었다. 우울증, 탈진, 홍통, 성욕 상실. 이 마지막 징후는 설명할 필요도 없었다. 그는 바로 등 뒤에 있는 풍요로움이 넘치는 광경에도 눈길 한 번 주지 않았다. 아내들이 풀장에서 나와서 물을 줄줄 흘리며 집 쪽으로 뛰어갈 때도 마찬가지였다. 나는 그를 비껴 그들을 바라보려고 했지만 물론 아무것도 보지 못했다. 그저 타월이 휘날리고 웃음소리, 놀리는 소리만 허공에 가득했다.

그동안 그는 강한 눈길로 나를 지켜보고 있었다. 그의 몰두한 표정은 뭔가 현명한 조언을 기대하는 것 같았다. 하지만 시대는 현자를 존중하지 않는다.

그는 말했다. "당신 치아는 미백할 필요가 있군요."

그래도 나는 버텼다. "당신 지금 몇 살입니까?"

"막 쉰네 살이 되었소."

나는 그에게 아마 갱년기 우울증을 겪는 중인 것 같다고 말했다. 이것은 '중년의 위기' 따위의 진부한 말이 결코 아니다. 그런 증상이 나타나면 흔히 마흔 살 난 남자가 터보 엔진이 달린 빨간색 오픈스포츠카를 사고 질주하면서 가슴이 큰 젊은 여자를 찾아 나선다고들 한다. 그와 달리 갱년기 우울증이란 이 치과의사에게서 보듯이 십중팔구 그와 반대쪽 행동을 부추기는 현상이다. 섹스에 대해 완전히 흥미가 사라지고 침대 밖으로 나오기가 죽도록 싫어지는 것이다. 이 증상은 50대에 일어나기 쉽고, 여자들도 겪는다. 내 친구와 친척들은 50대가 되어 거의 모두가 겪었는데, 지속 기간과 정도와 스타일은 제각각이었지만, 갑작스럽고 예기치 못하게 삶이 무너진다는 공통적인 증상이 있었다. 극단적이고 장기적인 우울증에서 간헐적인 공황장애의 발작에 이르기까지 정도는 다양하다. 이렇게 무너지는 것은 돌연한 신경쇠약,

확실성과 신뢰감의 상실, "난 더 이상은 이렇게 살 수 없어"라는 느낌이 압도적으로 밀려들기 때문이다.

내 경우에는 대형 강의를 앞두고 갑작스러운 공포감이 습격해오는 형태로 나타났다. 오랫동안 그런 강의를 해왔는데, 돌연히 불안이 몰려오고 흉통과 심장 통증이 생기고 식은땀이 나고 떨리는 증세가 나타난 것이다. 평생 노력해 얻은 권위, 학식, 가르치는 능력이 무시무시한 암흑 속으로 사라졌고, 확실한 것은 단 한 가지, '난 이걸 더 이상 할 수 없어' 라는 생각밖에 남지 않았다.

이 상황을 어찌 벗어났던가? 아직도 확실히 다 알 수는 없다. 하지만 아마 그런 기법이나 용어는 모르는 상태였지만 인지행동치료법 Cognitive Behavioral Therapy이라 부를 수 있는 방법이 도움이 되었던 것 같다. 먼저 나는 불안이 발작할 때에 대비하여, 빈틈 하나 없이 세심하게 강의 자료를 준비하여 암기하거나 즉흥으로 생각해내야 할 필요가 없게 만들었다. 그런 다음, 20년간 유능하게 강의했음을 생각해보라고, 이 두려움은 비합리적인 것이라고 스스로에게 상기시켰다. 마지막으로 적어도 학생들 앞에서는 권위 있는 태도를 갖추라고 스스로에게 강요했다. 그들이거나 나, 둘 중의 하나는 권위에 굴복해야 하는데 내가 그럴 수는 없었으니까.

더 이상 아무 일도 일어나지 않으리라는

갱년기 우울증은 무엇 때문에 발생하는가? 수많은 요인이 관련되어 있다. 변화와 신체적 쇠퇴의 자각, 개인적 무능력과 하찮음에 대한 깨달음, 세상은 갈수록 무관심해지고, 자신의 힘과 에너지는 줄어드는데 요구는 많아지고 무자비해지는 현상에 대한 인식이 그런 원인일 것이다. 신념의 상실로 인해 자신이 돌팔이이거나 늙은 사기꾼처럼 느껴지는 증상도 있다. 죽는다는 사실이 확실해지고 한 번도 존재한 적이 없었던 것처럼 신속하게 잊히리라는 것도 깨닫는다. 하지만 가장 중요한 것은 아마 가능성의 죽음, 절박한 느낌의 상실일 것이다. 우리는 끊임없는 기대 속에 살고, 뭔가가, 초대나 기회가 등장할 것이라고 항상 믿으며, 한 걸음 나서서 운명을 손에 쥐고 마침내 진정한 우리 자신이 될 것이라 생각한다. 하지만 중년이 되면 더 이상 아무 일도 일어나지 않으리라는 끔찍한 깨달음이 온다. 이제 아무것도 마법처럼 등장하지 않는다. 지금 있는 것이 정말로 전부이다. 더 심한 것은, 이 빈약한 전부조차도 줄어든다는 사실이다.

그러니 이 모든 흰개미들이 조용하고 눈에 보이지 않게, 하지만 쉬지 않고 확신감을 갉아먹어 끝내 확신감이 갑자기 와해되고 먼지 속에 무너지게 되는 것이다. 최악의 공포는 공황과 우울증이 영속적인 것이 된다는 데 있다. 더 심해질 수도 있다. 하지만 대부분의 사람들은 이 경험을 감당해내며, 지나고 나서는 놀란 눈으로 돌이켜본다. 지금은 나는 그것이 일종의 통과의례 같은 것이었다고 이해한다. 사춘기라는 통과의례를 거쳐 성인이 되고 삶 속에 들어갔듯이, 갱년기 우울증은 성인들을 노년과 죽음으로 끌어들인다. 그것은 파리드 우드 딘 아타르 Farid Ud-Din Attar의 시에 나오는 마지막 골짜기인 빈곤과 무의 골짜기이다. 새들은 그곳을 날아서 통과해야 스스로 변형되어 시무르그가 될 수 있다.

그것을 겪고 나면 모든 상황이 나아진다는 보상이 온다. 세트포인트의 그래프, 기질의 기본값의 그래프는 U자 형이다. 젊은 시절의 고양된 기분이 하강하여 중년에 최하점에 도달했다가, 갑자기 예전 같은 고점으로 치솟는 것이다.[269] 결혼의 만족도 그래프도 같은 형태로서, 중년에는 꾸준히 떨어지지만, 그 커플이 헤어지지 않는다면 말년에는 다시 상승한다.[270] 기억도 이 곡선을 따른다. 칠십대가 되면 젊은 시절의 기억이 강하게 남아 있으며 중년의 기억은 거의 없고, 최근의 과거에 대한 기억은 다시 강해진다.[271]

모든 조사 결과가 중년은 쓰레기 같은 시절이라는 견해에 동의하는 것으로 보인다. 세계보건기구WHO에 따르면 "우울증은 중년에 사람들을 무기력하게 만드는 으뜸가는 원인이다." 심지어 중년에는 자살률이 높아진다는 증거도 있다. 미국에서 1999년에서 2004년 사이에 젊은 층의 자살률은 늘지 않았지만 45세에서 54세 사이의 자살률은 거의 20퍼센트나 늘었으며, 더 높은 연령대의 자살률은 평균 10%까지 내려갔다.[272] 기질 곡선에서는 U자 형태가 더 현저해지는 것 같다. 하지만 적어도 희소식은 있다. 목매어 죽지 않고 버틸 수만 있다면 상황은 다시 밝아지리라는 것이다.

여기에는 이유가 몇 가지 있다. 늙는다는 것은 원치 않는 분리와 관련되어 있다. 직장에서 은퇴해야 하고, 자녀들이 독립하고, 성욕이 감퇴한다. 본성, 욕구, 욕망, 자아의 별난 특징들이 더 잘 이해되고, 그렇기 때문에 통제하기도 더 쉬워진다. 어떤 것이 만족스럽고 어떤 것이 그 반대인지 더 잘 알게 된다. 노년의 상황이 젊은 시절에 비해 더 우울할지는 몰라도 부정적 생각을 억누르기는 더 쉬워지는 것 같다. 젊은 성인들의 두뇌를 스캔해보면 편도체가 긍정적 자극과 부정적 자극 모두에 반응하지만 연로한 성인들의 경우에는 긍정적 자극에만 반응하는 경향이 있다.[273] 이는 전전두엽 피질이 편도체를 더 잘 통제할 수 있게 되었다는 것으로 설명된다. 에고가 마침내 이드를 길들이는 법을 배운 것이다.

스릴 넘치는 섹스 모험을 떠나거나 직업적인 성공을 이루기는 점점 더 불가능해진다. 그러므로 세상이 부르는 사이렌의 유혹 소리에 저항하기도 쉬워진다. 다른 사람들과 같아져야 하는 필요도 줄며, 사람들이 나를 좋아하고 내가 그들을 좋아해야 할 필요도 줄어든다. 적응해야 한다는 강요도 적어진다. 노년이 누리는 가장 큰 영광 가운데 하나는 고집 부리기인데, 의식으로 통제되는 범위 내에 머무르고, 너무 완고해져 괴팍스러움으로 변하지 않는 한 그래도 된다. 내가 본 가장 스릴 있는 연구 결과는 캘리포니아 대학의 하워드 프리드먼Howard Friedman 이 행한 것으로, 장수를 누리는 데 쾌활함은 상관이 없고 만성적으로 쾌활한 사람들은 평균보다 수명이 짧다는 결론이었다. "유쾌한 사람이 오래 산다는 말은 나쁜 조언이다."[274] 그러므로 이것은 노년에 관한 또 하나의 희소식이다. 버티다 보면 '웃는 얼굴smiley face'의 무덤 위에서 춤을 출 일이 생길지도 모른다.

반면, 정념正念, 집중력, 새 기술의 습득은 수명을 연장해주며 그 품질도 개선시켜주는 것으로 보인다.[275] 그러므로 늙었다고 해서 새롭고 힘든 일에서 움츠러드는 성향은 문자 그대로 치명적일 수 있다. 심지어 두뇌가 꾸준히 쇠퇴하기는커녕 죽을 때까지도 계속하여 새 뉴런을 만들어낼 수 있다는 증거도 있다. 이 현상은 신경발생neurogenesis이라는

기적으로 알려져 있다.[276]

가장 좋은 것은 흔히 그토록 재앙처럼 느껴지던 절박함의 소멸인데, 이는 축복일지도 모른다. 가능성의 주문은 감각을 차단하고 정신을 발광시키는 악의 주문이니 말이다. 주문이 마침내 벗겨지면 결정적으로 중요한 교훈을 배우기가 더 쉬워진다. 여정이 목적지보다 더 중요하며, 활동이 성과보다 더 중요하다는 교훈 말이다. 이것은 여러 번 되풀이하여 얻어진 결론이다. 배우려는 노력이 배움 그 자체보다 더 귀중하며, 별 목적 없는 생각은 가장 즐거운 사유 형태이며, 어려운 기술에 몰입하는 것, 흐름의 경험은 그 어떤 인식보다도 더 큰 보상이 된다. 사랑하려고 노력하는 것은 사랑에 빠지는 것보다 더 만족스럽다. 모든 것에는 그 자체의 보상이 있게 마련이다.

우리에게 주어진 것은 현재 영위되고 있는 삶밖에 없다는 것은 분명하다. 하지만, 보고, 듣고, 맛보고, 남의 도움 없이 걷고, 계단을 뛰어올라가고, 무슨 화학 약품의 도움 없이도 발기를 지속시키는 것도 결국엔 나쁘지 않다. 그렇다, 사실 이것은 놀랄 만큼 좋은 일이다. 자연 세계는 그 모든 숭고한 충분함을, 또 인간 세계는 그 모든 숭고한 부조리함을 지니고 있다. 하지만 이 부膚는 엄격하게 제한된 동안에만 주어지므로, 그것에 감사해야 한다는 강제 규정이 있다. 셰익스피어가 쓴 마지막 발언이라 알려져 있는 것은 다음과 같다. "있는 그대로에 대해 감사하도록 하자."[277] 이상하고 예기치 않은 노년의 선물은 바로 감사 感謝이다.

제2의 유년

어떤 측면에서 보든, 삶은 U자 형태인 것 같다. 힘, 에너지, 야망의 곡선은 뒤집힌 U자 형태이고, 중년에 가장 높은 곳에 도달한다. 기질의 곡선은 중간이 낮은 U자 형태이고, 삶 전체의 진전 과정은 평평해진 U자이다. 그것은 멈추었다가 처음에는 밖으로 나갔다가, 짐을 좀 덜어 놓고 그 진가를 더 많이 인식하고 감사하면서 다시 돌아오는 스위치백이다. 그러므로 나이가 들어가는 커플은 다시 연인 사이가 될 수 있지만 젊은 시절처럼 기력을 소진시키는 전투와 자녀 양육이라는 힘든 부담은 지지 않아도 된다. 또다시 학생이 될 수 있지만 경력과 커리큘럼이나 시험의 독재에 휘둘리지 않아도 되며, 공부할 교재를 선택하고 실제로 즐길 능력도 있는 그런 학생이다. 물론 이 스위치백의 최종 형태는 제2의 유년인데, 이 단계가 가까워지면서 이 말은 점점 더 많은 의미를 담게 된다. 그런 의미는 손대지 않은 채 내버려두는 편이 제일 좋지만 말이다.

U자 곡선이 끝나가는 부분에서 결정적으로 중요한 요인은 노화와 죽음을 받아들이는 것이다. 영원한 젊음의 문화에서 이것은 쉬운 일이 아니다. 지금 같으면 누가 릴케처럼 "나는 노년을 믿고, 일하고 늙어가는 것을 믿는다. 삶이 우리에게 기대하는 것이 이것이다"라고 말하겠는가?[278]

형제 사회에서 도시는 죽음을 축출해버렸다. 내가 아일랜드의 작은 마을에서 자랄 때 죽음은 항상 곁에 있었다. 내가 할아버지 댁을 찾아 갈 때마다 그는 심술궂게도 즐거운 표정으로 최근에 죽은 사람들을 열

거하곤 했다. 지역 신문에서 뉴스란은 한 면인데 부고란은 여러 면이
었다. 장례 행렬이 거의 규칙적으로 거리를 따라 내려갔고, 길 가던 사
람들은 걸음을 멈추고 모자를 벗고 엄숙하게 머리를 숙였다. 현관문과
장례식장에는 큰 화환이 여러 날 걸려 있으면서 마을 전체에 '유해'
를 돌아볼 시간을 주었다.

하지만 지금은 도시에서는 죽음은 보이지 않는 것이 되었다. 장례
행렬도, 부고도, 언급도, '유해'도 없다. 누군가가 죽었다는 흔적도 없
이 세월이 흐를 수도 있다. 마치 도시에서 쥐들이 번성하는 것과도 같
다. 항상 가까이 있지만 절대로 거론되지 않고 보이지 않는 것은 물론
이다. 장례식도 없고, 세속적인 화장장에서는 조문객들 대부분이 시신
이나 관을 보지 못한다. 화장 자체는 물론이다. 마치 은퇴하는 당사자
가 없는 직장에서 열리는 은퇴식과도 같다.

사람들은 '내가 죽고 나면'이라든가, '그 꼴을 보도록 살지는 않겠
다', 또는 '내 생전에는' 등등의 말을 하곤 했다. 하지만 이제는 그 누
구도 종말을 언급하지 않는다. 죽음이 가까워질수록 그것을 더 많이
의식해야 하지만, 흔히 사태는 정반대쪽으로 간다. 문제는 삶이라는
것 자체가 삶에 포함된 모든 활동처럼 습관을 형성한다는 데 있다. 우
리는 그저 여기에 존재하는 데 너무나 익숙해진 것이다. 에밀 시오랑
E. M. Cioran의 표현에 따르면, "세월이 더 내려앉을수록 자신의 죽음을
멀고도 일어날 성싶지 않은 사건으로 언급하려 한다. 삶이 너무나 뿌
리 깊은 습관이 되다 보니 인간이 죽음에 어울리지 않게 되어버린 것
이다."[279] 그러므로 죽음에 대한 새로운 해결책은 시야에서 또 심중에
서 그것을 축출해버리고, 습관으로 도피하는 것이다. 하지만 덧없음을

깨닫는 것이야말로 삶에 그 향미를 준다. 죽음을 피할 수 없다는 사실은 삶의 향신료이다.

에세이 〈덧없음On Transience〉에서 프로이트는 불영속성이 삶의 모든 것의 가치를 떨어뜨린다는 젊은 시인의 주장을 물리쳤다. "그와 반대로 그 가치는 높아진다! 덧없음의 가치는 시간의 희소성의 가치이다. 즐길 수 있는 것이 한정되어 있다는 사실이 그것을 더욱 희귀하게 만든다."**280**

죽을 수밖에 없다는 인식은 경험에서 흔히 누락되는 집중성과 강렬성을 제공하는 말년의 또 다른 선물이다. 시간이 많은 젊은이들은 물질적인 부자처럼 주제넘고 신중하지 못하다. 무엇이든 살 수 있다면 귀중한 것은 하나도 없게 된다. 하지만 시간이 얼마 없는 노인들은 살 수 있는 것이 거의 없음을 알기 때문에 모든 것이 귀중해진다. 가령 성적 즐거움은 능력이 사라지거나 파트너가 죽어 그것을 누릴 수 없게 될 날이 얼마 남지 않았음을 알기 때문에 헤아릴 수 없이 풍부해지고 강렬해진다. 내가 쓴 글귀 중에서 가장 가슴 저린 것은 '매시간이 마지막 시간일 수 있다면 그것은 최초의 시간만큼 아름다울 것이다'라는 구절이다.

호메로스 이후 문학은 지상의 존재가 실현하고 있는 기적을 깨닫도록 상기시키는 글로 넘쳐난다. 오디세우스가 지하 세계에 있는 아킬레스에게 지상에서 그의 명성이 얼마나 높아졌는지 알려주어 그를 위로하려고 애쓰자, 전설적인 전사는 이렇게 대답한다.

오디세우스여, 평의회의 빛인 자네로부터 죽음에 대한

그런 매끄러운 말은 듣고 싶지 않네.

가난한 시골 농부가 되어 근근이 먹고살면서

밭에서 흙을 파더라도

생명이 고갈된 죽은 자들을 다스리는 군주보다 낫겠네.**281**

"철학을 한다는 것은 어떻게 죽는지를 배우는 것이다To philosophize is to learn how to die." 라는 문장은 플라톤의 그리스어 문장에서 인용한 키케로의 라틴어 문장을 다시 인용한 몽테뉴의 프랑스어를 영어로 번역한 것이다. 그들 모두가 나오기 전에 부처가 있었다. "나는 생명을 연장하기 위해 마술을 쓰지 않는다. 자, 내 앞에 나무들이 살아 있다."**282**

죽기를 배우는 것은 살기를 배우는 것이다. 죽음은 삶을 가져다주는 자이다. 엘비스가 경고했듯이, "지금이 아니라면 영원히 아니다."

죽음은 삶을 연장해주기까지 한다. 그리스의 아토스산 수도원의 수도사들은 깨어 있는 매순간 인간은 죽어야 한다는 사실을 상기시키기 위해 검은 옷을 입지만, 그들 대부분은 매우 장수한다. 그러니 장수의 비밀은 수명이 짧음을 인정하는 데 있는지도 모른다. 이 사실을 인정한다고 해서 생명이 연장되지는 않는다 하더라도 그 품질은 분명히 개선된다. 아토스산 수도사 중에는 알츠하이머병에 걸린 사람이 없다.

마지막 불꽃

죽음을 인정하는 데서 모든 것이 설명된다. 딜런 토머스Dylan Thomas의 유명한 분노, 〈저 밤의 안녕으로 말없이 가지 마세요Do not go gentle into that good night〉에서, 또 "모든 생명체가 얼마나 덧없고 하찮은 존재인지 보라. 어제의 한 방울의 정액이 내일은 한 줌의 재가 된다. 그러니 이 흘러가는 지상의 순간들을 자연이 그대가 소비하도록 시켰을 법한 방법으로 소비하라. 그런 다음 선한 은총과 함께, 수확철이 된 올리브가 떨어지듯이, 그것을 품었던 대지를 축복하고 그것에 생명을 준 나무에게 감사하면서 편안히 쉬라"라는[283] 마르쿠스 아우렐리우스의 아름답게 수용하는 자세에 이르기까지, 반응은 저마다 다르다. 이런 반응들은 상반되는 것처럼 보이지만 둘 다 환영받지 못하는 진실을 직면한다.

이런 인정을 통해서만 특별한 불꽃의 발화, 곧 소멸할 예정으로 점화된 백열광이 작열한다. 그 한 예가 '후기 스타일late style'이라는 현상인데, 화가, 작곡가, 작가들의 삶에서 마지막 단계에 보통 작품 활동이 활발해지는 현상을 말한다. 예술가들과 예술 분야에 따라 차이가 많지만, 한 가지 공통점은 사나운 조급증을 보인다는 것이다. 그것은 강박증에 사로잡힌, 거의 광기라 할 정도의 조급증으로, 덕성, 수사학, 마무리 손질을 거부하고, 관례적인 형태를 깨뜨리며, 테크닉을 초월하고, 본능적 힘의 의식적 통제를 포기하며, 청중과 반응에 대해 전적으로 무관심한 태도이다. 그 때문에 이런 작품들은 동시대인들에게 충격을 주고, 유치하다거나 조야하다거나, 단편적이고 미완이고 반복적이고 악화되는 정신의 산물이라 평가하고 무시하는 일이 많다. 시간이 한참 지난 뒤에야 고양시키는 활력이라는 그 가치가 인정되는데, 평론가 바버라 헌스타인 스미스Barbara Hernstein Smith는 그것을 '노쇠한 숭고senile sublime'라 불렀다.[284] 또 모순적이지만, 자신만을 위해 일하는 이 화가, 작가, 작곡가들은 더욱 직접적이고 집중적으로 사람들과 소통한다. 남을 즐겁게 하거나 감명을 주거나 매력적으로 굴거나 확신시키거나 하려는 욕구가 전혀 없이도, 깊이 있는 것은 깊이 있는 것에게 적나라하고 절박하게 말을 걸 수 있다.

피카소의 최후 십 년간의 작품들, 즉 팔십대와 구십대 때 제작된 작품들은 모두 이런 성질을 갖고 있으며, 낯 뜨거울 정도로 에로틱하다. 죽어야 한다는 사실을 도무지 인정하지 못한 피카소는 육신의 낙원에서 떠난다는 사실을 견딜 수 없었고, 여성 누드, 서로 포옹하는 커플을 강박적으로 그렸다. 누드는 육중하고 거대한 사지, 크고 사납게 노려보는 눈, 양파 같은 발가락, 바나나 같은 손가락, 비틀리고 위치가 잘못된 젖가슴에 크고 검은 유두가 달려 있고, 낙서처럼 조야하게 그려진 벌려진 외음부가 항상 중앙에 자리 잡고 눈길을 끈다. 피카소는 충격 받은 예술애호가들이 그림 속 여성들의 겨드랑이 땀 냄새와 질의 냄새를 맡을 수 있기를 원했다. 그는 말했다, "조야해지려면 어찌 해야 하는지 알아야 한다. '제기랄fuck' 이라는 욕설로 그려야 한다."[285] 〈오줌 누는 여인Woman Pissing〉이라는 작품이 있는데, 이 그림에는 제목 그대로의 여성이 나오고, 또 한 여인이 양손으로 자위행위를 하고 있다. 남녀 커플을 그린 그림은 더 미친 것 같다. 눈을 더 크게 뜬 두상, 연인들의 몸뚱이는 서로 합쳐져서, 남자들이 마치 여자들을 잡아먹거나 목을 조르려 하는 것처럼 보인다. 성적 융합이 이토록 강렬하게 그려진 적은 없었다. 마지막으로, 피카소가 아흔 살이 넘어 죽기 직전에 그린 포옹하는 그림에는 사지가 너무나 뒤엉켜 있어서, 낙서처럼 그려진 성기 두 세트는 있지만 팔다리가 누구의 것인지 알아볼 수가 없다.

또 후기의 자화상도 있다. 하나는 팔십대 때 그린 웃통을 벗은 자화상이다. 상체는 마구 서두르는 듯 난폭하게 그려졌고, 물감을 잔뜩 묻힌 붓으로 마구 쳐 바른 듯한 줄 자국이 나 있어서, 물감이 제멋대로 튀고 흩뿌려지고 굴러가고 흘러가도록 한 것 같다. 두상은 음울하고 눈은 두 개의 검고 움푹한 구멍처럼 외부 세계는 감지하지 못하고 내면의 끔찍한 계시만 보고 있다. 그의 최후의 자화상에는 거대한 두상과 엄청나게 크고 사나운 눈이 무자비하게 접근하는 어떤 것을 공포감 속에서 노려보고 있다.

이 최후의 작품들이 전시되었을 때는 거의 만장일치로 조롱하는 분위기였다. 다들 이구동성으로 피카소의 경이적인 기술이 마침내 사라졌다고 말했다. 하지만 사실은 피카소가 그저 기술을 뛰어넘었을 뿐이다. 그 자신의 표현에 따르면, 기술이 너무 많아서, 그것들이 그저 존재하기를 멈췄다는 것이다.[286] 더 예리한 견해는 미술계 밖에서 나왔다. 예를 들면 멕시코의 시인 옥타비오 파스Octavio Paz는 말한다. "그는 절박한 필요성에서 그렸고, 그가 그리는 것은 절박성 그 자체이다. 그는 우리 시대의 화가이다."[287] 이는 후기 스타일의 핵심적 성질인 절박함을 확인해준다. 피카소는 "내게 시간은 점점 더 없어져 가는데 말할 것은 점점 더 많아진다"라고 말했다.[288]

클로드 모네의 최후작에는 누드도 인간도 없고, 똑같은 관능적인 광기만 펄떡펄떡 박동한다. 그는 물리적 세계를 떠난다는 사실을 견딜 수가 없었으므로, 점점 더 큰 화폭에다 수련을 강박적으로 그렸으며, 그 주제는 열정을 더해가면서 수없이 반복되었다. 그는 항상 오전 4시에 일어나서 하루 종일 작업했다. 이런 작품은 표상이라는 것을 거의 완전히 포기하고, 그 대신에 광란하는 듯한 추상적인 삐친 자국, 마구

덧칠한 부분, 회오리 무늬를 남겼으며, 군데군데 물감을 칠하지 않아 질감이 거친 캔버스 천이 드러나는 부분도 있다. 붓질 자국은 숨을 생각이 전혀 없고, 울퉁불퉁하고 고르지도 않으며, 풍부한 임파스토*로 굵게 한 번 휙 그으며 시작했다가 조각조각 부서지고 뿔뿔이 흩어져 긴 덩굴줄기처럼 사라진다. 그는 흔히 일부러 낡고 닳아빠진 붓을 써서 더 불규칙한 효과를 냈다. 회화는 물감, 덩어리, 점, 능선, 흐른 자국으로 존재함에 대해 환호한다. 거시적으로 보면 융합된 색채의 혼돈 속에서 모든 것은 다른 모든 것들과 충돌한다. 자신은 떠날 수밖에 달리 도리가 없는 이 세상의 굉장함이 그의 눈에는 그런 혼돈으로 보인 것이다. 이런 후기 작품 앞에 서서 최면술에 걸린 듯 고양되고 무서움에 질려 서 있다 보면 이런 늙은이가 얼마나 배짱이 두둑하면 이처럼 미치게 되는지 궁금해진다.

음악에서는 베토벤의 후기 현악사중주가 그런 작품이다. 이 작품들은 청중의 관심을 붙잡으려는 시도라기보다는 큰 목소리로 반추하는 것에 더 가깝다. 완전히 다른 시대 인물이며 스타일도 판이한 음악가인 재즈 피아니스트 얼 하인스^{Earl Hines}에 대해서도 같은 말을 할 수 있다. 하인스와 베토벤의 공통점은 그들이 피아노를 쳤고 하인스 역시 늙어가고 있다는 사실뿐이다. 유년 시절에는 갱들이 경영하는 시카고의 나이트클럽에서 쇼맨과 악단장 노릇을 하던 하인스는 중년에는 잊혔고, 생애 후반이 되어서야 재발견되었다. 뉴욕의 리틀 극장이 그에

◆ impasto : 캔버스나 패널에 물감을 두껍게 칠하여 집중적으로 빛을 받는 대상 표면의 매끄럽지 못한 질감을 주로 나타나는 기법.

게 단독연주회를 열어달라고 초청한 것이다. 그곳에서 그는 무대에 올라 청중들에게 말했다. 자신은 자기 거실에서 연주하고 있는 것처럼 연주할 생각이라고. 그런 다음 무한히 대담하고 충일한 음악으로 청중들을 놀라게 했다. 그 뒤로 그는 악단뿐만 아니라 소규모 그룹의 제의도 거절하고 거의 전적으로 피아노 독주만 했는데, 이는 재즈 음악인으로서는 매우 보기 드문 변신이었고, 아마 그가 유일할 것이다. 또 이런 길고 즉흥적인 독주 공연, 돌연히 템포가 바뀌고 요동치는 듯한 대위법을 쓰며, 양손이 서로 상관이 없을 뿐만 아니라 실제로 서로 싸워대는 음악을 음반으로 들으면, 그가 정말 자기 집 거실에서 자기 자신과 입심 좋게 논쟁하면서 연주하고 있는 것 같다.

하지만 후기 스타일에는 항상 개별적 특질이 있다. 하인스의 난폭함은 발라드와 블루스 곡목을 연주할 때도 터져 나오는 억누를 길 없는 약동이었다. 그는 다시 태어난 뒤 말했다. "사람의 얼굴에 주름살을 그을 수 있는 일 가운데 가장 큰 것은 걱정이다. 왜 나는 불행하고 얼굴을 찡그리고 발을 질질 끌고 다니며 주위의 모든 사람도 똑같은 기분이 들도록 해야 하는가? 당신 자신으로 살아가면 뭔가가 항상 나타난다. 햇빛은 항상 나오게 마련이다."[289]

문학에서 보는 후기 스타일의 예는 셰익스피어이다. 그의 후기 희곡은 연극 형태의 억압, 특히 시간과 공간의 억압을 터뜨리고 나온다. 후기의 작품, 즉 《겨울 이야기*The Winter's Tale*》, 《심벨리네*Cymbeline*》, 《템페스트*The Tempest*》, 《페리클레스:티레의 왕자*Pericles: Prince of Tyre*》, 《두 귀족*The Two Noble Kinsmen*》은 로맨스 희곡이라 알려져 있지만 소설이 누리는 자유를 갈망하고 있다. 그들의 언어도 똑같이 참을성이 없어졌다. 구문은 절박하고 축약되고 조밀하고, 낡은 사상에 밀어닥치는 새로운 사상의 압력에 의해 형태가 찌그러졌다. 셰익스피어는 문장을 늘리는 지루한 과정에 더 이상 신경 쓰지 않게 되었다.《겨울 이야기》에서 레온티스가 "별! 별이여! 다른 눈들은 모두 타버린 석탄이로군"[290]이라고 외칠 때, 우리는 그가 자기 아내의 눈을 별에 비유하며, 아내의 눈에 비하면 다른 모든 여성들의 눈은 불이 꺼진 석탄과 같다고 주장한다는 것을 안다.

톨스토이는 말기에 솟아난 절박성으로 인해 문학의 한계를 깨고 나가서《종교란 무엇인가》,《예술이란 무엇인가》,《무엇을 할 것인가》등 대담하게 물음을 던지는 제목을 붙인 작품들을 써냈다. 또 현대와 더욱 관련성이 큰《사람들은 왜 스스로를 마비시키는가》라는 작품도 있다. 그의 소설은 신랄하고 물음을 던지는, 그리고 소멸을 목전에 두고 우왕좌왕하는 캐릭터들로 가득 차 있다.《이반 일리치의 죽음*The Death of Ivan Ilyich*》은 죽음을 부인해온 결과에 관한 연구이다. 일리치는 지위와 안락만을 위해, 습관과 평범함에 의해 고립되고 '즐겁게', 그리고 '건전하게' 살아온 관리이다. 하지만 그는 예기치 못했던 치명적 병으로 쓰러지고 혼자서 죽어야 하는 처지가 되었다. 자신이 항상 옹호해온 관습적 삶에 의해 배제된 것이다. 아내와 딸은 자신들의 사회생활을 재개하기 위해 그가 사라지기를 초조하게 기다리고 있고, 동료들은 그의 죽음을 오직 자기들이 승진할 기회로만 본다. 내외를 막론하고 아무런 방도가 없는 상태에서 일리치는 '사흘 동안 계속 비명을 지른 끝에' 죽는다.[291]

시에서는 예이츠W. B. Yeats가 있다. 그가 후년에 쓴 시로는 〈미친 여자

A Crazed Girl〉, 〈저 거칠고 사악한 노인The Wild Old Wicked Man〉 등이 있는데, 노인들을 도발시켜 노래 부르게 만들 수 있는 것은 오직 탐욕과 분노 뿐이라고 주장했다. 그는 다음과 같은 수사학적 질문을 던졌다. "노인 은 왜 미치면 안 되는가?" 예이츠의 경우, 피카소와 마찬가지로 체력 이 하강하는 데 반비례하여 상상력은 더 상승하고 거칠어졌다.

> 이 부조리로 난 무얼 해야 할까.
> 아, 심장이여, 아 고통받는 심장이여, 이 캐리커처는
> 개의 꼬리가 붙어 있듯이
> 내게 묶여버린 쇠락한 연령은?
> 한 번도 이처럼 많이
> 흥분하고, 열정적이고, 환상적인
> 눈도 귀도 아닌, 상상이,
> 불가능한 것을 더 많이 고대한 적은 없었다.[292]

말년 시 가운데 최고 작품인 〈라피스 라줄리Lapis Lazuli〉에서 예이츠는 돌로 조각된 옛날 중국의 세 인물에 대해 깊이 생각한다. "수많은 주름 가운데 있는 그들의 눈, 그들의 눈,/ 그들의 오래된, 반짝이는 눈은 유 쾌하다."[293] 항상 엄숙하고 유머도 없으면서 예이츠 본인은 거창한 매 녀와 즐기는 생활방식을 끝내 포기할 수 없었지만, 즐거움이 동양 문화 의 영감 어린 특징임을 인정했다. 서구의 후기 스타일은 분노하고 불만 스럽고 신랄하며, 절망하기까지 하는 때가 가장 많지만, 동양식 버전은 관습을 단호하게 거부하고 독립성을 소중히 여긴다는 점에서는 마찬

가지지만, 서양식에 비해 유머와 열정과 즐거움을 더 선호한다.

호쿠사이葛飾北齋는 모네에게 큰 영향을 미친 일본 화가인데, 모네는 그의 작품을 한 점 소장하고 있었고, 한 가지 주제를 강박적으로 반복한다는 생각(가령, 〈후지산의 삼십육경富嶽三十六景〉 같은 작품에서)을 그에게서 따왔다. "일흔세 살에 나는 자연, 동물, 식물, 조류, 어류, 곤충류의 진정한 특성과 중요한 본질을 약간 이해했다. 따라서 여든 살이 되면 나는 조금 더 진전해 있을 테고, 아흔 살에는 사물의 신비를 깊이 통찰할 것이다. 백 살이 되면 나는 참으로 놀라운 경지에 도달해 있을 것이다. 백열 살이 되면 내가 찍는 점 하나하나, 내가 긋는 선 하나하나가 저마다 생생하게 살아 있게 될 것이다. 일흔다섯 살에 내가, 한때 호쿠사이였지만 오늘은 화광인畵狂人인, 그림에 미친 노인이 이 글을 쓴다."[294]

도전적이고 열정적이고 자기 충족적인 동양식 노년에 대해 인류학이 어떤 연구를 축적할 수 있겠는가! 예를 들면 두보杜甫의 〈늦은 귀환〉을 보라.

마당에서 촛불을 들고, 나는
횃불 두 개를 달라고 한다.
골짜기에 있는 긴팔원숭이가 놀라서 한 번 소리 지른다.

늙고 지치고 머리는 백발이 된 나는 춤추고 노래한다.
명아주 지팡이를 짚고 잠은 오지 않으니…… 잡을 테면 잡아보라![295]

chapter 14

해피 엔딩 : 부조리한 시대를 살아가기

시시포스가 지녔던 고전적인 용기와 겸손함을 되찾을 필요가 있다. 그는 만족감을 요구하지 않았다. 다만 신들이 명령한 것이 무엇이든 어찌 하면 그것을 이익으로 전환시킬지, 어찌 하면 모든 활동 자체를 보상으로 삼을 수 있는지를 알았다. 시시포스는 끊임없이 바윗덩이를 언덕 위로 밀어 올리는 부조리하고 무의미한 일을 하면서도 행복했다.

20세기의 수많은 불쾌한 발견들 가운데 삶은 본질적으로 부조리하다는 계시가 있다. 이런 생각을 처음 발전시킨 것은 카프카였다. 그의 탐구 여행 이야기에서 탐구의 주인공은 항상 좌절하고 항상 성이나 법원에 입장을 허락받지 못한다. 그러면서도 탐구를 포기하지도 못한다. 다른 말로 하면 의미를 찾으려는 시도는 절대로 의미를 찾지 못하겠지만 그럼에도 불구하고 계속되어야 한다.

또 카프카가 이 주제를 문학에서 발전시키고 있을 때 물리학자들은 분자 이하 층위라는 기묘한 차원에서는 관찰되지 않는 한 아무것도 존재하지 않는다는 결론에 다가가고 있었다. 실재의 본성을 찾으려는 노력이 오히려 알고 보니 실재란 존재하지 않더라는 사실을 밝혀낸 것이다. 불확정성 원리의 발견자인 베르너 하이젠베르크는 절망에 빠져 본성 그 자체가 부조리하다고 선언했다.

철학에서는 카뮈가 인간의 조건을 시시포스의 운명에 비유했다. 시시포스는 바위를 영원히 거듭하여 언덕 위로 밀어 올리는 형벌에 처해졌다. 부조리한 운명이다. 하지만 카뮈는 시시포스가 행복했을 수 있다고 주장한다.

그 다음에는 베케트^{Beckett}가 새로운 변형을 추가했다. 탐구 없는 탐구의 이야기이다. 《고도를 기다리며*Waiting for Godot*》에 나오는 방랑자 두 명은 현대인으로서, 의미를 찾으러 여정에 나서기에는 너무 게으르고 호기심이 없다. 대신에 그들은 그저 의미가 자기들에게 와주기를 기다리고만 있을 뿐이다. 고도가 곧 오기로 되어 있다고 그들은 끝없이 되풀이하여 말하지만, 마음속으로는 그가 절대로 오지 않으리라는 것을 알고 있다. 베케트에게 이 부조리는 우스꽝스럽다.

여기서 나올 수 있는 유일한 반응은 비꼬인 웃음뿐이다. 확실성, 단순함, 순진함으로 돌아갈 길은 없다. 오직 앞으로 나가 혼란, 불확실성, 지식으로 들어가는 길뿐이다. 경이驚異 앞에서 숨이 막히던 소리는 불신으로 인한 냉소적인 기침 소리가 된다. 부조리함이 새로운 숭고이다.

반가운 소식

다른 자원들은 줄어드는데 부조리는 증식하고 번성하여 지상을 가득 메운다는 것은 희소식이다. 고도를 기다리며 시간을 보내는 더·기괴한 방식도 있다. 가령 주차장 관리원인 밥 프라이어에게는 여가 시간에 라이스크리스피 포장지로 《스타트렉*Star Treck*》에 나오는 비행선과 캐릭터를 만드는 작업이 곧 집의 안락함을 박차고 떠나는 탐구 여행이다.[296] 포장지로 만들어진 세부 묘사를 보면 그의 작업이 숭고하게 느껴진다. 엘비스 흉내 내기 선수인 제임스 콜리는 흔히 보는 축소판 모형을 비웃으며 10년이라는 시간과 15만 달러를 들여 자기 차고에다 《스타십 엔터프라이즈*Starship Enterprise*》에 나오는 다리의 실물 크기 복제품을 지었다.[297]

직접 참여해야 하고 근사한 구경거리가 있어야 하는 운동 체질인 사람들을 위해서는 먹기 경쟁이 있다. 이것은 신종 스포츠이지만 공식적인 단체인 IFOCEInternational Federation of Competitive Eating도 있다. 그 단체는 세계 기록과 랭킹과 해외 경기를 등록하고, 삼키기의 반대 충동이 발동하여 먹은 음식을 토하는 선수들의 자격을 박탈한다. 브라질이 축구를 지배하듯이 먹기 경쟁을 지배하는 것은 일본이며, 현재 세계챔피언도 일본인 다케루 '쓰나미' 고바야시이다. 그는 12분 안에 핫도그 53개를 먹었다. (또 암소 뇌 18파운드를 15분 만에 먹었다.) 다른 먹기 경쟁의 최고 선수들로는 칼 '미친 다리' 콘티, 올레그 조르니츠키이, 돈 '모세' 러만 등이 있다. 칼은 10분 만에 굴 168개를 삼켰고, 올레그는 8분 만에 32온스짜리 마요네즈 4병을 해치웠으며, 돈은 4분의 1파운드짜리 버터스틱 7개를 5분 만에 먹었다. 보통 사람들은 이 마지막 업적에 대해 생각만 해도 구역질을 할지 모른다. 하지만 먹기 경쟁에도 모순이 있다. 최고위급 선수들은 모두 날씬하다는 것이다. 고바야시의 체중은 겨우 60킬로그램 정도이다.

예술적 기질을 가진 사람들에게 현대 예술은 대단히 부조리한 기회를 제시한다. 공공기금으로 운영되는 주요 기관들은 예술가들에게 기금을 주고 자기 여자 친구가 쓴 생리대를 전시하게 하고, 달리기 선수들을 고용하여 30초마다 미술관 안에서 이리저리 달리게 만들며, 어떤 화가는 벌거벗은 채 직장에 티타늄 얼음송곳만 끼운 채 자일을 타고 화실 벽을 내려오는 자신의 모습을 촬영하게 시키기도 한다. 테이트 미술관Tate Britain은 '단색 영수증(흰색)'을 구입하는 데 국민들의 돈 3만 파운드를 썼다. 그 작품은 봉지째 끓이는 쌀, 달걀 피클, 생리대, 스웡

빈 깔개 같은 것을 산 슈퍼마켓 영수증이다. 스윙빈 깔개는 화가가 재료로 쓰기도 했다. 이 화가가 만든 수수께끼 같은 예전 작품 중에는 공기를 불어넣은 검정색 스윙빈 깔개가 있는데, 아마 화가의 자화상인 모양이다.

정치 지향적인 사람들이라면 "저 사람들은 날 이해하지 못해"라든가 "날더러 우유부단하다고 하지만 난 그렇게 생각하지 않아," "같은 카드를 갖고 있는 사람들이 더 많으면 낼 수 있는 패가 더 강해지지", "난 사람들이 물고기와 평화롭게 공존할 수 있는 줄을 알고 있어," 따위의 말을 하면서도[298] 서구 세계의 지도자가 될 가능성이 있다.

그런 일이 가능한 세기에 살면서 기뻐하지 않을 사람이 있을까? 아, 세상에, 인간이란 얼마나 바보인가!

최소한 비즈니스라는 것은 치밀하니까 부조리를 허용하지 않겠지? 아니, 절대로 그렇지 않다. 주요 기업들은 '자랑할 마음은 없지만' '창의적 사고의 세계적 권위자' 라고 자칭하는 경영 도사에게 많은 돈을 낸다. 그가 만든 최신 시스템은 '여섯 가지 사고의 모자' 라는 것으로 '소크라테스, 플라톤, 아리스토텔레스 이후 2천4백 년 동안 최초로 개발된 새로운 사고방식' 이라고 한다. 이 시스템은 경영자들이 어떤 프로젝트를 제안하면 빨간 모자, 그 이점을 열거하면 노란 모자, 단점을 제시하면 검은 모자 등등을 쓰게 한다는 것이다. 하지만 색깔 모자뿐만 아니라 이 시스템의 투자자들은 소크라테스 이후 가장 위대한 사상가의 잠언들을 듣게 된다. 그 잠언이란 '다른 장소에 새 우물을 파겠다면서, 한 우물만 계속 깊이 파고 있으면 안 된다' , '문제가 생기면 여러분은 해결책을 찾는다' , '둘 다 공중을 날지만 새는 비행기와 다르

다' 같은 것들이다.[299]

  이 지혜에서 영감을 얻어 경영자들은 돈을 벌기 위한 여러 가지 부조리한 방법을 발견할 수 있다. 가령 흙을 파는 것이다. '쓰레기 같은 포르노그래피' 따위의 비유적인 의미가 아니라 실제의 흙 말이다. 미국에 사는 아일랜드 출신의 앨런 젠킨스는 비닐봉지에 담긴 12온스짜리 공식 아일랜드 흙을 팔아 억만장자가 되었다. 요령 좋은 사업가들이 그렇듯 젠킨스는 다량으로 구매하면 많이 깎아준다. 가령 갤웨이 출신으로 맨해튼에 사무실이 있는 어떤 변호사에게는 사람을 파묻고도 남을 만한 분량의 아일랜드 흙을 매우 합리적인 가격인 10만 달러에 팔았고, 아일랜드의 코크 출신 한 남자에게는 미국에 새로 지은 그의 집에 든든한 기초를 쌓도록 아일랜드 흙 여러 톤을 고작 14만 8천 달러에 팔았다. 20세기에는 이민자들의 경험에 새로운 단계가 추가된 모양이다. 자리를 잡고 가족들을 데려온 다음에는 고향의 흙까지 가져오는 것이다. 이제는 유대인들 중에서도 젠킨스와 같은 인물이 생겼다. '성지의 흙'이란 회사의 설립자인 스티븐 프리드먼은 예루살렘의 게울라 위원회 의장인 랍비 벨벨 브레브다의 공식 봉인까지 찍은 이스라엘 흙을 수입한다. 메카에서 이슬람 흙을 수입할 기회도 분명히 있다. 하지만 진정한 예언자라면 전 세계적으로 국제신성토양 회사를 설립하고 어디에서든 어디로나 수송할 가능성이 있음을 알아볼 것이다.

시시포스도 행복할 수 있다

명료한 머리를 가진 과학도 현실적인 비즈니스와 똑같이 부조리하다.

실재의 본성에 대한 탐구는 더욱 깊은 부조리에 빠져 있다. 이제는 어느 분야가 더 심하게 부조리한지 알기가 힘들다. 미시 세계인지, 거시 세계인지, 분자물리학인지, 우주물리학인지 어느 쪽이 더 부조리한지 알 수 없다.

처음에는 분자란 전자로 둘러싸인 핵일 뿐이고, 괴상하게 행동하는 것은 전자뿐이라고 여겨졌다. 현대의 양성애자들처럼 그것은 한때는 입자이다가 다음 순간에는 파동이 된다. 어떤 것이 그것을 관찰하는지에 따라 달라지는 것이다. 현대의 유명인사들처럼 아무도 보고 있지 않으면 그것은 존재하지도 않는다. 이는 신경 쓰이는 성질이지만, 적어도 핵은 시장이 서는 읍내의 일반 개업의들처럼 하나같이 지루하지만 든든한 것이라고들 생각했다.

그러다가 갑자기, 견실하던 핵이 온통 기묘한 입자 투성이임이 밝혀졌다. 그것은 입자들의 동물원이다. 아니, 이런 것들이 실제로는 모두 똑같은 입자, 쿼크quark였다. 그러니 기본 입자는 두 가지뿐이다. 전자와 쿼크. 그것을 제외하면 더 무거운 입자는 뮤온muon과 타우tau 둘뿐이며, 나머지는 쿼크의 여섯 가지 유형, 즉 위, 아래, 괴상한 것, 예쁜 것, 꼭대기의 것, 맨 밑의 것(가끔 진리와 미美라 알려진 것)들이다. 스쿼크squark라 불리는 슈퍼쿼크도 있다.

또 만물의 기초여야 할 분자는 우주의 고작 4%만 차지한다는 것이다. 다른 96%에 대해서는 알 수 없다. 하지만 아마 그중에서 암흑물질이 25%, 암흑 에너지가 75%일 것이다. 과학자들은 충분한 중력이 없다고 장중하게 설명한다. 암흑물질은 확실히 웃어넘길 문제가 아니다.

최후의 은둔처인 허공조차 더 이상 순결하지 않다. 무는 비어 있지도 않고 정적은 정지 상태도 아니다. 창공은 물질이 반물질로 전환했다가 다시 전환하며 끊임없이 부글거리는 상태이다. 물질 그 자체도 손쓸 수 없을 정도로 불안정하고 가만히 있지 못하며, 끝없이 그 반대가 되었다가 그것에도 만족하지 못한다.

기묘한 미시 세계는 양자 얽힘quantum entanglement이라 알려진 기묘한 현상 때문에 기묘한 거시 세계와 기묘하게 뒤섞인다. 이는 지상의 양자 차원에서 일어나는 일이 즉시 멀리 있는 어떤 은하계를 변화시킨다는 뜻이다.

하지만 은하계는 얽힘에는 별로 의욕이 있어 보이지 않는다. 별들은 점점 더 멀리 빠른 속도로 우리에게서 달아나고 있다. 우주에서 인간과 처음 접촉해보았으니, 달아난다고 해서 그것들을 탓할 수가 있겠는가? 인간 역사에서 가장 대단하고 부조리한 탐구 여행은 인간이 달에 내린 사건이었다. 카프카와 베케트가 힘을 합쳤다 하더라도 그런 숭고한 우화를 쓰지는 못했을 것이다. 이 사건으로 인해 발생한 그 시대의 특징적 현상은 무척 많다. 이미지가 내용에 우선하는 현상(달 착륙에서는 사진 외에 건진 것이 없었지만 그 사진은 월석보다도 더 귀중했다), 절대적 가치보다 차이가 더 중요시되는 현상(미국의 진짜 목적은 소련보다 먼저 달에 착륙하는 것이었다), 수단이 목적에 앞서는 현상(인간이 달에 간 것은 그저 달에 가는 것이 가능함을 보여주기 위해서였다)이 출현하게 된 원천인 것이다.

또한 그것은 전 세계 언론이 참여한 최초의 사건이었고, 현대 테크놀로지에 대한 신격화였다. 당시 거의 6억 명의 인구가 그 광경을 TV로 지켜보았다. 테크놀로지라는 것이 얼마나 빈약한지, 또 거의 실패할 뻔했다는 사실도 모르는 채 말이다. 달착륙선은 착륙 지점을 지나 쳤고, 용량이 요즘의 휴대폰에도 못 미치는 항법용 컴퓨터는 긴장감 때문에 배탈이 났다. 즉 오작동을 일으켜 1202라는 에러 메시지를 띄운 것이다. 그때까지 한 번도 나타난 적이 없는 메세지였다. 생각해보라. 달 표면 위를 헤매고 있는데 연료 계기는 거의 0에 다가가고 있고, 컴퓨터에게 해법을 물으니 1202라고 대답하니 말이다. 철학적 성향이 있는 사람이라면 이 메시지를 신의 유머감각이 대단하다는 결정적인 증거라고 해석했을 수도 있겠다. 하지만 우주인들은 그런 성향도, 시간도 없었다. 닐 암스트롱은 수동식 조작으로 전환하여, 연료가 다 떨어져가는 동안 엄청나게 울퉁불퉁한 바위투성이 표면이 휙휙 스쳐가는 것을 지켜보고 있어야 했다. 연료가 동나기 꼭 10초 전에 그는 착륙할 만한 평평한 지점을 찾았다.

6억 명의 인간이 지켜보고 기다렸다. 또 기다렸다. 닐은 지형을 살펴보고 있었는가, 장비를 점검했는가, 아니면 처음에 무슨 말을 할지 머리를 쥐어짜고 있었는가? 어쩌면 우주의 무의미함 때문에 공포에 떨고 있었는지도 모른다. 실은 모두 아니다. 닐은 설거지를 하고 주위를 치우고 있었다. 정리를 잘하는 사람이었으니, 그는 비행을 하기 전 주말에도 자기 집에서 식기세척기를 분해하여 재조립했다.

마침내 닐이 나타났고, 버즈 올드린이 뒤따랐다. 그들은 착륙선 사다리에서 잠시 머뭇거렸는데, 마치 영원처럼 느껴졌다. 버즈가 동료보다는 우주의 공포와 경이에 더 민감했는가? 아니, 그는 그저 오줌을 누느라 잠시 멈추었을 뿐이다. 이는 반항적인 행동이었을 수도 있다. 마치 수영장에서 일부러 오줌을 누는 것처럼 말이다. 원래는 버즈가

제일 먼저 나오게 되어 있었는데, 순서가 뒤바뀐 탓으로 기분이 좋지
않았으니까. 그래서 그가 마침내 달에 내려섰고, 닐의 사진을 찍으라
는 지시를 받자 거부했다. 그가 내세운 이유는 '너무 바빠서'였다.[300]
그래서 달 표면에 선 닐의 사진은 동료의 헬멧 유리에 비친 모습을 닐
자신이 찍은 것밖에 없다. 이는 차별화와 부정적 편견이 가지는 위력
의 또 다른 사례이다. 다른 동료 우주인의 말에 따르면 버즈는 자신이
제2의 우주인으로 뽑힌 데 대해 감사하지 않았고 첫 번째가 아니라는
사실을 원망했다고 한다. 실제로 그는 독특한 차별화를 달성했다. 그
는 달 위에서 발끈한 최초의, 그리고 아마 유일한 인간이다(게다가 그가
평정심을 깬 장소는 고요의 바다였다).

버즈는 원망을 품을 이유가 몇 가지 있었다. 가령 NASA가 제공한
멋없는 내의가 그랬다. 달에서 거의 죽을 뻔한 뒤 지상으로 돌아왔을
때 그가 아내에게 한 첫 마디는 "조안, 내일 아침에 팬티 좀 가져다주
겠소?"였다.[301] 또 NASA에 사흘 동안 보고하는 동안 우주인들은 언론
매체의 폭풍 같은 관심을 피했는데, 선견지명이 있었던 버즈는 언론이
진짜로 중요한 문제임을 알고 있었다.

언론매체의 흥분은 전례 없는 수준이었다. 테렌스 맨건 신부는 달에
세울 교회의 자세한 설계도면을 그려서 출판했고, 힐튼 호텔 그룹은
(얼마 안 있으면 달이 가장 인기 높은 신혼여행지가 될 것이라는 예견에 기초하
여) 달의 표면 하에 휴양지를 지을 계획을 검토했다.[302] 반면 네팔은 죽
은 이들의 영혼이 쉬는 장소가 침범당한 데 분노했으며, 페르시아 설
화 이야기꾼 연합은 설화가 다시는 예전과 같지 않으리라고 믿었다.

아폴로호가 찍은 사진은 지구가 얼마나 하찮은 것인지를 최초로 밝

혀주었다. 무한한 검은 바탕 위에서 떠도는 깨알 같은 돌멩이 하나. 달에서 암스트롱은 손가락만 쳐들어도 지구가 가려진다는 것을 알았다. 누군가가 물었다. "그래서 자신이 대단하게 느껴지던가요?" 그는 대답했다. "아니오, 제가 정말로 작다고 느껴지더군요."[303]

암스트롱은 달에 다녀온 뒤에도 안정된 상태를 유지했다. 하지만 버즈 올드린은 알코올중독과 우울증에 빠져들었다.

우울증은 현대적 인간형의 운명인 경우가 많다. 욕심이 많고, 사람들의 관심에 굶주려 있고, 원망이 많고, 항상 자신은 더 많은 것을 누릴 자격이 있다고 확신하고, 항상 다른 곳에서 일어나는 뭔가 더 좋은 일을 놓치고 있을지도 모른다는 생각에 시달리고, 항상 충분히 인정받지 못한다고 투덜대고, 항상 불만스러워한다. 시시포스가 지녔던 고전적인 용기와 겸손함을 되찾을 필요가 있다. 그는 만족감을 느껴야겠다고 주장하지 않았다. 다만 신들이 명령한 것이 무엇이든 어찌 하면 그것을 이익으로 전환시킬지, 어찌 하면 모든 활동 자체를 보상으로 삼을 수 있는지를 알았다. 시시포스는 끊임없이 바윗덩이를 언덕 위로 밀어 올리는 부조리하고 무의미한 일을 하면서도 행복했다.

물론 그도 이따금씩 투덜댄다. 바위가 좀 덜 울퉁불퉁했더라면, 언덕이 조금만 덜 가팔랐더라면 얼마나 좋을까. 반면 바위와 언덕이 더 심하게 울퉁불퉁하고 가파를 수도 있었다. 또 감사해야 할 것도 많았다. 그가 받은 선고에는 어느 특정한 길로만 가야 한다는 말은 없었으니, 그 과업의 영원성에 어울릴 만큼 무한히 많은 통로를 낼 수 있다. 그러니 그는 가장 완벽한 노선을 찾으려 하면서도 내심 끝내 찾지 않기를 바란다. 또 바위가 거의 저 혼자서 굴러갈 정도가 될 때, 그가 다른 동작을 하지 못하게 금지당한 것도 아니다. 또 견디기가 너무 힘들어지면 발을 헛디디거나 바위를 놓친 것처럼 보이게 하여 바위가 다시 굴러 내려가게 할 수도 있다. 그러면 신들이 불쾌해져 하늘은 어두워지고 찍찍 갈라질 것이다. 하지만 시시포스는 어깨를 한 번 움찔하고는 빈 손바닥, 거칠어진 손바닥을 내보이면 그만이다.

그는 걸핏하면 앞길이 막힌 척하고 바위에 등을 대고는 더 힘껏 밀어보려는 시늉을 한다. 하지만 사실은 바위와 인간이 서로를 떠받쳐주고 있는 것이다. 그럴 때 그는 회상에 잠긴다. 아내를 기억해내고, 살짝 발기하기도 한다. 또 갑자기 힘을 짜내어 바위를 떠밀고, 고함을 지르며 미친 듯이 돌진하여 단번에 꼭대기까지 밀고 올라가기도 한다. 신들은 그런 건방짐을 증오한다. 하지만 그들이 무엇을 할 수 있으랴? 또 물론 꼭대기에서 해방감을 느끼는 순간이 있다. 항상 고대해온 순간이며, 예상만큼은 황홀하지 않을지 몰라도, 그래도 음미할 만한 순간이다. 바위가 순식간에 굴러 내려갔다고 덩달아 서둘러 내려갈 필요가 있는가? 그는 이리저리 지그재그 길을 따라 도발적으로 태평하게 걸어 내려간다. 손쓸 길이 없는 신들은 화만 내면서 얼마나 붉으락푸르락하는지! 이 과업은 원래는 변화가 없는 것이어야 하지만 사실은 무한히 다양해질 수 있다.

설사 다양성이 금지된다 하더라도 여전히 바위와의 관계는 깊어질 수 있다. 그의 손이 바위의 모든 요철을 알게 되면서 바위는 점점 더 잘 반응하고 더 이해성 있고, 더 협조적으로 된다. 연약한 인간의 손이 그렇게 울퉁불퉁한 표면을 닳게 만들리라고는 누가 생각했겠는가? 물론, 바위가 고집스럽게 움직이지 않고, 시시포스는 저주하고 걷어차는 나쁜 순간도 있다. 하지만 바위가 나긋나긋하고, 심지어는 까불거리기까지 하여, 쉽고 장난하듯이, 마치 그를 놀리는 것처럼 굴러가는 때도 있다. 이런 때에 그의 손길은 따뜻하고 가벼운 애무가 된다.

　신들은 점점 더 불쾌해하면서 이 모든 것을 지켜본다. 그들 역시 교활하고 세심해질 수 있다. 어느 날 그들은 말한다. "시시포스, 우리는 네가 해오는 엄청나게 다양한 노동을 아주 감탄하면서 지켜보아왔다. 이제 너의 무거운 짐을 줄여주기로 결정했다. 여기 훨씬 더 나은 바위가 있다." 경악한 시시포스는 훨씬 더 작고, 너무나 부드럽고 완벽한 구체에 가까운 돌을 내려다본다. 바위를 밀어 언덕길을 쉽게 올라가는 동안 그 곡선이 그의 손바닥에 딱 들어맞는 것을 느낄 수 있을 정도다. 그는 입이 얼어붙었다. 신들은 사악한 확신을 가지고 기다리다가 약간의 만족감을 띠고 말한다. "영원한 노동이 너를 해방시켜주리라고 믿었더냐? 어떤 인간도 선택의 고뇌를 모면할 수 없느니라." 하지만 시시포스는 대답하지 않는다. 이제 그의 바위는 더 무겁게, 더 둔중하게 느껴지고, 그 괴상함과 불완전함과 덩치가 갑자기 그를 짓눌러온다. 그러다가 홀연 인간이라는 존재의 영광(고집)이 그의 영혼을 신랄함과 씁쓸함으로 가득 채워 중독되게 만든다. 그는 무시하고 도전할 수 있다. 그는 거부할 수 있다. 그는 아니라고 대답할 수 있다. 아니, 그보다는 거만하면서도 겸손하게, 반항하면서도 받아들이면서, 부조리하면서도 행복하게, 사랑스럽게 찰싹하고 바위를 치면서, "이건 내 바위야"라고 말할 수 있다.

감사의 말

　　처음에 이 책을 쓸 발상을 떠올리게 해준 제니퍼 아일스에게, 인용된 구절들에 관한 조언을 해준 에밀리 맥러플린에게, 귀중한 제안을 여러 가지 해준 제니퍼 크리스티, 케리 샤프, 커스티 애디스에게 감사한다. 또 역시 부조리에 대한 예리한 연구자이며 결정적인 연구를 많이 해온 아내 마르티나에게 고마움을 전한다.

　캠던 시의회 도서관에 감사를 표하고 싶다. 요즘 도서관에는 신간 도서들이 제때 갖춰지지 않는다는 불평이 많이 나오지만, 캠던 도서관은 내게 필요한 신간도서를 거의 다 갖추어놓았고, 수장고로 들어간 도서 가운데 오래된 책을 요청했을 때도 사서들은 기꺼이 창고로 달려 내려가서 책을 찾아다주었다. 이런 공공서비스는 길이 기억해둘 만하다.

역자 후기

　　　　　어느 시대이든 사람들은 항상 자기 시대가 그 전 어느 때
보다도 더 혼란스럽고 사람들은 욕망을 더 통제하지 못하고 신세대는
더 못돼먹은 망나니들이며 말세가 더 가까워졌다고 생각한다. 21세기
라고 다르지 않다. 그리고 그것에 대처하는 방안 역시 과거와 별로 다
르지 않다. 새로운 해법이라는 것들도 대부분 수백 년, 수천 년 전의 성
현聖賢들과 우화가 다양한 형태로 이미 말해온 것들이다. 현대의 우리
가 기껏 기대할 수 있는 것은 그런 역사를 공부한 입장에서 좀 더 초연
하고 객관적으로 자신의 위치를 인식할 수 있는 정도가 아닐까 싶다.
우리 이전에도 무수히 많은 사람들이 같은 문제로 시달려왔으며, 우리
가 기대할 수 있는 해법도 결국은 그들의 것과 별로 다르지 않다는 것
을 깨달으면 좀 더 편안한 마음으로 문제에 대처할 수 있지 않을까.

　　마이클 폴리가 쓴 이 책(원제 《부조리의 시대The Age of Absurdity》)의 용도가
바로 그러하다. 삶은 이 책의 원제대로 부조리함 투성이이며, 그것을 어
떻게 받아들이느냐에 인간의 행복이 달려 있다는, 어찌 보면 진부한 주
제를 다루고 있지만, 느긋하게 읽다가는 곳곳에서 허를 찔린다. 현대인
들의 온갖 부조리함을 워낙 예리하게 지적하고 있기 때문일까. 저자는
21세기 인간들의 적나라한 모습을 때로는 재치 있게, 때로는 냉소적으
로, 때로는 심히 노골적으로 묘사한다. 현대인의 내면을 들여다본 듯 신

랄하고 날카롭게 찔러오는 저자가 고마울 지경이다. 개인과 시대가 끊임없이 요구하는 욕망과 좌절감, 행복에 대한 무한한 착각, 그 속에서 희화화된 인간들의 모습들을 읽어나가면서 입가에 떠오른 비틀린 웃음이 이 책을 덮을 때까지도 사라지지 않는다.

이 책은 행복이 무엇인지 알려주는 책도, 행복해지기 위한 101가지 방법을 알려주는 책도 아니다. 그저 현대인의 행태를 무척 다채롭게 묘사함으로써 그들이 처한 상황의 부조리함이 저절로 드러나게 하고 무엇이 문제인지가 밝혀지게 만든다. 그들의 모습을 포착하는 렌즈는 합리적이고 회의적이고 냉소적이지만 차갑게 무관심하지는 않다.

저자가 볼 때 인간, 특히 현대인은 무수히 많은 분야에서 이율배반적으로 살아간다. 가장 대표적인 것이 행복해지고 싶은 열망이다. 행복에 대한 열망은 갈수록 더 커지는 것 같다. 사실 행복 자체가 어떤 완결된 상태로서 삶의 목표가 될 수는 없을 텐데도, 사람들은 마치 그런 것처럼 착각하고 산다. 저자는 왜 행복이 삶의 목표가 아니라고 말하는가? 그것은 직접적인 추구의 대상이 될 수 없기 때문이다. 즉 그것을 추구하는 사람은 얻지 못하고, 그에 대한 집착을 끊고 다른 일을 추구하는 과정에서 가끔 부산물로 얻어지는 것이 행복이다. 이것이 바로 행복의 부조리함이다. 그래서 자신은 행복해야겠다고, 행복해질 권리가 있다고 주장하는 인간은 사실은 행복해질 수 없다. 행복할 권리 따위는 없다. 인간 삶의 부조리함을 이해하지 못하는 사람에게는.

책 첫머리에서 저자는 만족한 정신 상태가 곧 행복이라고 잠정적으로 규정했다. 그렇다면 행복해지기 위해서는 인간은 욕망을 충족시킬 수 있어야 한다. 하지만 그게 도무지 안 된다는 게 문제다. 무엇 때문일까? 왜 사람들은 갈수록 더 많이 좌절할까?

자본주의가 욕망을 너무 심하게 해방시켰기 때문일까? 그래서 흔히 말하듯이 재화와 기회는 유한한데 욕망은 무한하기 때문에? "이렇게 많은 사람이 이처럼 많은 것을 이토록 심하게 원한 적이 없었다."

인간이 욕망에 붙잡혀 헤어나지 못하는 것은 단지 욕망이 많기 때문만은 아닌 것 같다. 그보다는 우선, 욕망을 대하는 태도에 문제가 있기 때문일 것이다. 욕망 자체가 수단이 아니라 목적이 되어버린 것이 주된 이유가 아닐까. 무엇을 하기 위한 과정으로서의 욕망이 아니라 욕망 그 자체가 추구되어야 할 목표가 되어버린 상태. 쇼핑 중독이라는 증세가 그 가장 흔한 형태인?

현대인들의 좌절감이 심해지는 또 다른 이유로 저자는 책임 회피를 든다. 즉 욕망의 충족은 원하면서 그에 필요한 의무는 기피하는 것이다. 현대 사회에서는 이런 태도, 의무에 대한 불충실이 지나친 권리 요구, 또는 뭔가를 누릴 자격의 요구라는 현상과 공존하고 있다. 현대인은 책임지기는 싫어하는 주제에 요구하는 것은 지독하게 많다.

저자가 볼 때 이런 현상은 현대를 휩쓰는 가능성에 대한 숭배 열풍과도 통한다. 현대 사회에서 가능성, 잠재력이라는 말은 대개 매우 긍정적인 의미로 쓰이지만 여기에는 큰 함정이 숨어 있다. 실현을 유보하고 책임을 회피하는 효율적인 수단으로 쓰일 수 있기 때문이다.

"가능성에 대한 숭배는 항상 뭔가 더 나은 것이 미래에 기다리고 있을 것
이라고 믿는 일종의 탐욕이다. 하지만 가능성의 마법은 미래에 마법을 거
는 대가로 현재에 대한 환멸을 요구한다.…… 진정으로 흥분할 만한 일은
오로지 다음번에 있을 큰 건수이다. 현재는 실망스러운 것이고, 다음번 연
인, 다음번 직업, 프로젝트, 휴가, 행선지, 식사가 무엇보다도 귀중해진다.
그리하여 문제가 생기면 도피하는 것이 가장 매력적인 해결책이 된다."

이처럼 현실 인식을 유보하고 책임을 회피하다 보니 현대인들은 응
석받이, 유아적 수준을 영구히 벗어나지 못하고, 그러므로 행복하기를
열망하면서도 행복해지기 위한 행동은 취하지 않는 채 그것이 자신에
게 주어질 것이라는 기대만 품고 있다. 이런 태도로는 문제 해결이 영
구히 유보된다.

저자가 볼 때 이런 문제를 해결하기 위해 필요한 것은 '생각하기'이
다. 그것은 단지 오성적인 사고 활동이 아니라 더 깊고 전면적인 이해
에 도달하는 강렬한 정신 활동이다. 그저 개인의 머릿속에서만 이루어
지는 과정이 아니라 자신의 행동이 타인에게 어떤 영향을 미치는지까
지 고려하는 그런 사유이다. 불교와 스피노자의 인식도 바로 그런 사유
를 가리킨다. 불교에서 지향하는 깨달음이란 실재實在의 인식, 자신이
놓인 존재 상황에 대한 전체적 인식이다. 따라서 그것은 곧 부조리한
인간 조건의 인식이기도 하다.

인식의 부재, '생각하기'의 회피에서 어떤 결과가 생기는지를 설명
하기 위해 저자는 나치 유대인 말살정책의 책임자이던 아이히만의 행

동을 예로 든다. 한나 아렌트는 아이히만의 재판을 지켜보면서 그의 악행의 원인이 바로 '생각 없음'에 있음을 깨달았던 것이다. 생각 없음은 자기 책임성의 포기라고도 할 수 있다. 자기 정당화의 논리로 흔히 은폐되곤 하는 책임의 포기가 얼마나 끔찍한 결과를 초래했는가? 현대에 그런 사태가 다시 일어나지 않는다고 자신할 수 있는가? 우리는 과연 생각을 하면서 살고 있는가? 우리 역시 '생각 없음'이 안겨주는 편리함의 함정에 빠져 있지는 않은가? '생각함'을 통해 인간으로서의 책임까지 다하고 있다고 과연 말할 수 있는가?

부조리에 처한 인간을 더 생생하게 묘사하기 위해 저자는 한물간 구식 사상으로 치부되어오던 실존주의, 특히 카뮈의 입장을 다시 부각시킨다. 실존주의에서 각각의 개인은 절대적인 고독자이며, 타인은 철저하게 생소한 존재, 소통이 불가능한 존재이지만, 인간은 자신이 이미 세계 속의 존재임을 깨달음으로써, 또 스스로의 결단에 따라 세계에 들어감으로써 타인과의 관계 맺음이 가능하다.

카뮈가 본 시시포스는 그저 무의미하게 바윗덩이를 밀어 올려야 하는 운명에 수동적으로 굴종하는 사람이 아니다. 그는 스스로의 선택에 의해 바위와도 연대감과 일체감을 느낄 수 있고, 바위를 미는 쳇바퀴 같은 행위 속에서도 다양성과 자율성을 찾아낼 수 있고, 그 시간을 그저 흘려보내는 것이 아니라 스스로 느끼면서 살아가는 존재가 될 수 있다. 굴종하는 인간을 보고 싶어하는 신 앞에서 자신의 행위를 기쁨의 원천으로 삼음으로써 인간의 존재 의미를 천명할 수 있는 존재라는 것이다. 그는 "거만하면서도 겸손하게, 반항하면서도 받아들이면서, 부조리하면서도 행복하게, 사랑스럽게 찰싹하고 바위를 치면서, '이건 내 바위야' 라고 말할 수 있는" 존재다.

시시포스가 느끼는 기쁨은 죽음 앞에 선 인간이 느끼는 시간의 귀중함과도 통한다.

> "죽을 수밖에 없다는 인식은 경험에서 흔히 누락되는 집중성과 강렬성을 제공하는 말년의 또 다른 선물이다.…… 내가 쓴 글귀 중에서 가장 가슴 저린 것은 '매시간이 마지막 시간일 수 있다면 그것은 최초의 시간만큼 아름다울 것이다' 라는 구절이다."

그러므로 삶이 유한하기 때문에 인간은 의미를 추구하고 연민을 느끼고 사랑을 하게 된다. 유한한 삶 속에서 인간은 비로소 한정된 것들의 귀중함을 깨닫게 되고, 주어진 것에 감사할 수 있게 된다.

21세기 인간들의 욕심 사납고 무책임하고 생각 없고 유치한 모습을 현란하게 묘사한 뒤, 결국 저자가 도달하는 곳은 삶에 대한 감사이다. 전생에 무한한 선업을 쌓아야만 인간으로 생명을 받아 태어날 수 있다고 하는 불교의 교리도 그와 같은 감사의 중요성을 강조하는 말일 것이다. 불교에서 말하는 사성제四聖諦는 곧 부조리한 인간 실존의 인식이다. 그 깨달음을 통해서만 자비와 연민과 사랑이 가능하다.

결국은 현재 주어진 것에서 긍정적인 것을 찾아내는 태도, 이것이 삶의 유일한 비밀이라는 말이다. 사실 까마득한 옛날부터 이 비밀을 말해온 사람들은 많다. 사람들이 그것을 깨닫지 못하고 제대로 실천하지 못했을 뿐이다. 실천이 문제라는 상황 역시 인류 역사 수천 년이 지나도록 변하지 않았다. 그러니 우리가 저자에게서 듣고 싶은 것도 왜 실천하지 못하는가, 실천하려면 어떻게 해야 하는가, 하는 점이다. 그리고 그 대답 속에서 저자의 글쓰기가 빛을 발한다.

저자가 소개하는 실천 방법은 거리 두기, 생각하기, 책임지기, 어려움을 피하지 않기, 노력하는 과정 그 자체에서 의미를 찾기, 주의력 기르기 등등인데, 주목할 만한 것은 이런 방법이 매우 구체적이고도 포괄적이라는 것 외에, 쉽게 만나기 힘든 깊이와 기발함이 동시에 엿보이는 문장으로 소개되고 있다는 점이다. 2천여 년간의 서양 사상사, 문학사, 불교에서 가져온 사례와 관련 내용이 일상적인 체험 내용과 함께 유연하게 글 속에 녹아 있어서, 학술적인 냄새를 전혀 피우지 않으면서도 상당한 수준의 사상사를 섭렵하게 해준다. 일반적인 행복론과는 다른, 쉽게 접하기 힘든 스타일이 아닐까 한다.

저자가 인정하는 유일한 대답은 처방을 기대하지 말라는 처방이지만, 저자의 결론은 그리 암울하지 않다. 오히려 찌푸린 구름 사이로 빙긋 웃어주는 태양 같다. 시시포스는 비극적 운명의 주인공이 아니라 바위를 밀어 올리는 온갖 다양한 방식을 실험하는 중이라고! 그래서 신들을 불쾌하게 만든다고! 정말 유쾌한 해석 아닌가! 상황은 암담하지만 태도는 그렇지 않을 수 있다고! 이것이 어쩌면 저자가 현대인의 특징으로 꼽은 쿨함의 최고 장점이 발휘된 경우라 할 수 있지 않을까. 유쾌한 쿨함이라고 할까. 현대적인 쿨함과 따뜻한 연민이 공존할 수 있을까? 힘들더라도 그것들이 공존할 수 있도록 노력해야 한다는 것이 저자가 독자들에게 하고 싶은 말이 아닐까? 현대인에 대한 저자의 진단은 예리하지만 시선에는 온기가 있다. 초연함과 관심이 절묘하게 균형을 잡고 있다. 이 책에서 역자가 높이 평가하는 것도 그런 균형 잡힌 태도이다. 긍정적으로 생각하기가 무척 힘든 세상에 살려면, 지치기 쉬운 세상에서 버티려면, 예리한 시선과 따뜻한 배려를 함께 갖고 있어야 하니, 참 힘든 세월인 것은 분명하다.

불안한 생각도 스쳐간다. 저자는 시시포스가 더는 바위를 밀어 올릴 힘이 없을 때를 예상했을까? 더 이상은 도저히 꼼짝 못하게 된다면 시시포스는 어떻게 해야 할까? 온몸에 힘이 다 빠져 움직이지 못하는 시시포스를 보며 신들은 통쾌하게 웃을까? 현실에서는 이처럼 탈진한 모습이 많지 않을까? 그렇다면 탈진한 사람에게 죽음이 아닌 어떤 길이 있을까? 저자 스스로도 겪었다고 말한 갱년기 우울증, 기타 온갖 우울증의 가장 큰 증세가 이처럼 더 이상 감당할 수 없다는 무력감일 텐데, 다들 저자처럼 이성적으로 대처하지는 못한다. 긍정적인 시선을 가질 필요는 분명히 있지만, 그렇게 하기도 힘든 상태라는 것이 얼마든지 있지 않은가? 그것이 더 큰 문제가 아닐까? 내전 중인 아프리카에서, 총알과 약물 속에 내던져진 아이들은 어떻게 하면 긍정적인 태도를 가질 수 있을까? 시시포스의 곁에 같은 운명에 처한 다른 사람들이 있었다면? 그런 동료들이 있을 때 시시포스는 어떻게 행동했을까? 탈진한 사람들의 연대는 과연 가능할까? 그 사람들은 행복할 권리를 어떻게 얻을 수 있을까? 저자는 이 물음에 어떻게 대답할까?

주석

1 Derek Mahon, *The Yellow Book*, Gallery Press, 1997.

2 *The New York Times*, Observer, 17 May 2009에 게재되고 인용됨.

3 Jean-Jacques Rousseau, *Collected Writings of Rousseau*, University of New England Press, 1994.

4 Hannah Arendt, *The Human Condition*, University of Chicago Press, 1958.

5 John Stuart Mill, *Autobiography*, Penguin, 1987.

6 Gustave Flaubert, *Extraits de la Correspondance*, Editions du Seuil, 1963.

7 앞의 책.

8 Immanuel Kant, *Groundwork for the Metaphysics of Morals*, Hackett, 1981.

9 Friedrich Nietzsche, *Also Sprach Zarathustra*, Ernst Schmeitzner, 1885.

10 Sally Brampton, *Shoot the Damn Dog*, Bloomsbury, 2008.

11 Erich Fromm, *The Fear of Freedom*, Routledge, 1942.

12 Henri Troyat, *Tolstoy*, Doubleday, 1967.

13 Inge Kjaergaard, 'Advertising to the Brain,' *Focus* Denmark, 2008.

14 Barry Schwartz, *The Paradox of Choice: Why More is Less*, HarperCollins, 2004.

15 Martin Lindstrom, *Buyology: How Everything We Believe About Why We Buy is Wrong*, Random House Business Books, 2009.

16 Plato, *Phaedrus*, John M. Cooper & D. S. Hutchinson eds., *Plato: Complete Works*, Hackett, 1997.

17 Marcus Aurelius, *Meditations*, Penguin, 1964.

18 Robert Bly, *The Sibling Society*, Hamish Hamilton, 1996.

19 Karen Armstrong, *Buddha*, Weidenfeld & Nicolson, 2000에 인용됨.

20 Sigmund Freud, *Collected Papers*, Hogarth Press, 1970.

21 Juan Mascaro (trans.), *The Dhammapada*, Penguin, 1973.

22 Karl Jaspers, *Socrates, Buddha, Confucius, Jesus: the paradigmatic individuals*, Harvest, 1966에 인용됨.

23 Armstrong(2000), 앞의 책에 인용됨.

24 Jaspers, 앞의 책.

25 앞의 책.

26 여기 나온 통계 수치는 John Micklethwait & Adrian Wooldridge, *God Is Back: How the Global Rise of Faith is Changing the World*, Allen Lane, 2009에 있는 것들.

27 Spinoza, *Ethics*, Hafner Publishing, 1966.

28 앞의 책.

29 앞의 책.

30 앞의 책.

31 Spinoza, *Ethics*, Everyman, 1993.

32 Antonio R. Damasio, *Looking for Spinoza*, Vintage, 2004에 인용됨.

33 Henri F. Ellenberger, *The Discovery of the Unconscious*, Penguin, 1970에 인용됨.

34 Arthur Schopenhauer, *The World as Will and Idea*, Dent, 2004.

35 Arthur Schopenhauer, *Essays and Aphorisms*, Penguin, 1970.

36 Nietzsche, (1885), op. cit.

37 앞의 책.

38 앞의 책.

39 앞의 책.

40 앞의 책.

41 앞의 책.

42 Joseph LeDoux, *The Emotional Brain*, Simon & Schuster, 1996.

43 Kenneth M. Heilman, *Matter of Mind: A Neurologist's View of Brain-Behavior Relationships*, Oxford University Press, 2002.

44 J. Cohen et al., 'Separate Neural Systems Value Immediate and Delayed Monetary Rewards', *Science*, 306, 2004.

45 Erich Fromm, *Marx's Concept of Man*, Ungar, 1961.

46 Fiona Macdonald, 'A Truly Captive Audience', *Metro*, 4 February 2009. 이 인용문은 Videogames Adventure Services의 설립자인 Felix Paus에게서 가져온 것. 이와 비슷한 업무를 시행하는 다른 회사로 Spy Games이 있다. 웹사이트는 www.semagoediv.com 과 www.spy-games.com이다.

47 *The New York Times*, 2007년 10월 28일자에 인용된 내용을 찾아보라.

48 Julian Baggini, *Complaint: From Minor Moans to Principled Protest,* Profile, 2008.

49 가령, www.unboxing.com 같은 곳.

50 Alain de Botton, *The Art of Travel*, Random House, 2004.

51 David Foster Wallace, *A Supposedly Fun Thing I'll Never Do Again,* Abacus, 1998.

52 이런 경향은 에리히 프롬이 처음 밝혀냈다. 그는 그것을 시장 지향성이라 규정했는데, 자신을 하나의 상품으로 취급하여 시장에 내놓으려는 성향을 말한다. "성공이란 자신의 인격을 어떻게 파느냐 하는 데 크게 의존하므로, 사람들은 자신을 상품으로, 혹은 상품인 동시에 판매자로 경험한다. 사람은 자신의 삶과 행복에 대해서가 아니라 판매 가능성에 대해 걱정한다." Erich Fromm, *Man For Himself*, Routledge, 1949에서 인용.

53 명성과 부를 얻는 이런 혁신적 방법을 찾아낸 세 사람은 William Burroughs, Damien Hirst, Ozzy Osbourne이다.

54 Seneca, *Moral Essays*, Loeb Classical Library, 1989.

55 Aurelius, op. cit.

56 Seneca, *Moral Essays*, Loeb Classical Library, 1989.

57 앞의 책.

58 앞의 책.

59 Aurelius, op. cit.

60 앞의 책.

61 Epictetus, *The Discourses*, Loeb Classical Library, 1989.

62 Aurelius, op. cit.

63 마태복음 10장 34절.

64 마태복음 7장 28절.

65 마태복음 12장 11절.

66 마태복음 22장 21절.

67 Fromm, (1942) op. cit.

68 Jean-Paul Sartre, *Being and Nothingness*, Routledge, 2003.

69 Søren Kierkegaard, *The Sickness Unto Death*, Princeton University Press, 1951.

70 Jean-Paul Sartre, *Being and Nothingness*, Philosophical Library, 1956.

71 Sartre, (2003) op. cit.

72 Albert Camus, *The Myth of Sisyphus*, Penguin Classics, 2000.

73 앞의 책.

74 Samuel Beckett, *Happy Days*, Faber, 1963.

75 Jonathan Haidt, *The Happiness Hypothesis*, Heinemann, 2006.

76 Nicholas Epley & David Dunning, 'Feeling holier than thou', *Journal of*

Personal and Social Psychology, 79, 2000.

77 가령, Richard Layard, *Happiness: Lessons From a New Science*, Penguin, 2005.

78 Walter Mischel et al., 'Predicting adolescent cognitive and self-regulatory competencies from preschool delay of gratification: Identifying diagnostic conditions', *Developmental Psychology*, 26, 1990.

79 Richard Easterlin, 'Explaining Happiness', *Proceedings of the National Academy of Sciences*, 100, 2003.

80 Schopenhauer, (2004) op. cit.

81 Leon Festinger, *A Theory of Cognitive Dissonance*, Stanford University Press, 1957.

82 Carol Tavris & Elliot Aronson, *Mistakes Were Made(but Not by Me): Why We Justify Foolish Beliefs, Bad Decisions and Hurtful Acts*, Pinter & Martin, 2008.

83 이 통계 수치는 믿기 힘들지만, 꼼꼼하게 연구된 책 두 권에 인용되어 있다. Carol Tavris & Elliot Aronson, *Mistakes Were Made(but Not by Me): Why We Justify Foolish Beliefs, Bad Decisions and Hurtful Acts*, Pinter & Martin, 2008; Francis Wheen, *How Mumbo-Jumbo Conquered the World*, HarperPerennial, 2004.

84 Susan A. Clancy, *Abducted: How People Come To Believe They Were Abducted By Aliens*, Harvard University Press, 2005.

85 Louis Menand, 'The Devil's Disciples', *New Yorker*, 28 July 2003.

86 Leo Tolstoy, *War and Peace*, Penguin, 1957.

87 가령, Daniel Nettle, *Happiness: The Science Behind Your Smile*, Oxford University Press, 2005.

88 Arthur Schopenhauer, *Parerga and Paralipomena: Short Philosophical*

Essays, Oxford University Press, 1974.

89 Nettle, op. cit.

90 D. T. Lykken & A. Tellegen, 'Happiness is a stochastic phenomenon', *Psychological Science*, 7, 1996.

91 J. B. Handelsman, *New Yorker*, 16 September 1996.

92 Steven Rose, *Lifeliness: Life Beyond The Gene*, Vintage, 2005.

93 David Blanchflower & Andrew Oswald, 'Is well-being U-shaped over the life cycle?', *Social Science & Medicine*, Vol. 66, Issue 8, 2008년 4월.

94 Richard Layard, *Happiness: Lessons From a New Science*, Penguin, 2005.

95 V. Medvec, S. Madey, T. Gilovich, 'When less is more: Counterfactual thinking and satisfaction among Olympic medalists', *Journal of Personality and Social Psychology*, 69, 1995.

96 Schopenhauer, (1974) op. cit.

97 William Shakespeare, *Henry VIII*, 4막 2장.

98 Aaron Beck, *Cognitive Therapy and the Emotional Disorders*, International Universities Press, 1976.

99 Albert Ellis & Windy Dryden, *The Practice of Rational Emotive Behavioural Therapy*, Springer, 2007.

100 앞의 책.

101 Oliver James, *The Selfish Capitalist: Origins of Affluenza*, Vermilion, 2008.

102 Jonah Lehrer, *The Decisive Moment: How the Brain Makes Up Its Mind*, Canongate Books, 2009.

103 Nettle, op. cit.

104 Schopenhauer, (1974) op. cit.

105 Damasio, (2004) op. cit.

106 Robert Nozick, *Anarchy, State, and Utopia*, Basic Books, 1974.

107 *The Times*, 2007년 8월 21일자.

108 Sigmund Freud, *Civilization and Its Discontents*, Penguin Books, 2002.

109 John Armstrong, *Conditions of Love: The Philosophy of Intimacy*, Penguin, 2002.

110 Jaspers, op. cit.

111 Christopher Peterson & Martin Seligman, *Character Strengths and Virtues: A Handbook and Classification*, Oxford University Press, 2004.

112 Haidt, op. cit.에 사례가 여러 가지 실려 있다.

113 Rainer Maria Rilke, *Briefe an einen jungen Dichter*, Insel Verlag, 1929.

114 Rainer Maria Rilke, *Letters on Life*, Modern Library, 2006.

115 Joseph Campbell, *The Hero with a Thousand Faces*, Fontana, 1993.

116 앞의 책.

117 앞의 책.

118 마태복음 10장 34절.

119 Jaspers, op. cit.에 인용됨.

120 Franz Kafka, *The Zürau Aphorisms*, Schocken Books, 2006.

121 Franz Kafka, *The Complete Short Stories*, Vintage, 2005.

122 Farid Ud-Din Attar, *The Conference of the Birds*, Penguin, 1984.

123 12세기 이슬람 세계에서 만들어진 시무르그 우화에 상응하는 것으로 1세기에 랍비 타르폰Rabbi Tarphon이 쓴 유대교 잠언이 있다. 이것 역시 카프카와 매우 비슷하게 들린다. "너희는 일을 완수하라는 요구를 받지는 않는다. 하지만 그것을 포기할 자유도 없다." 실존철학자 카를 야스퍼스는 말한다. "삶의 목표는 달성 가능하고, 또 일단 달성된 뒤에는 완벽해지는 하나의 상태로 규정될 수 없다. 우리의 존재 상태는 실존적 노력이나 실패의 표현일 뿐이다. 과정에 있는 것이 바로 우리의 본성이다." 실존철학의 아버지인 니체는 더 간명하게 말한다. "존재란 없다. 오직 생성이 있

을 뿐이다." 사르트르의 표현은 과장되고 모호하다. "실존이 본질에 앞선다." 불교식의 버전은 매우 흥미롭고 구체적이다. "여쭙겠습니다. 선이란 무엇입니까? 스승이 대답한다. 걸어라." 프루스트는 이를 소설로 표현했다. "우리에게 지혜를 주는 사람은 없다. 우리는 황야를 헤쳐나가는 여행을 한 뒤에 그것을 직접 찾아내야 한다. 아무도 우리를 대신하여 그 여행을 해줄 수 없으며, 그것을 모면하게 해주지도 못한다. 지혜란 우리가 마침내 그곳에 서서 세계를 바라보게 되는 관점이기 때문이다."

124 Constantine Peter Cavafy, *Poiemata*, Ikaros, 1963.

125 "하이테크는 우리 모두를 시간을 낭비하는 사람으로 만들어버린다," *Observer*, 2008년 7월 20일자.

126 Jerald Block, 'Issues for DSM-V: Internet Addiction', *The American Journal of Psychiatry*, 2008년 3월호.

127 "운전자가 주차위반 과태료로 인한 스트레스 피해에 대한 보상으로 2만 파운드를 요구하여 승소하다", *Observer*, 2009년 2월 8일자.

128 Jean-Paul Sartre, *Being and Nothingness*, Routledge, 2003.

129 "걱정 말게 우디. 불안은 유전자에 있는 것이니, 연구하면 밝혀진다네", *Independent*, 2008년 8월 11일자.

130 "애야, 그건 네가 아니라 바로 나야. 왜 어떤 사람은 태어나서 오로지 사기만 치는지를 설명해주는 유전적 원인 말이다", *The Times*, 2008년 9월 2일.

131 John Gray, *Straw Dogs: Thoughts on Humans and Other Animals*, Granta, 2002.

132 Antonio Damasio, *Descartes' Error: Emotion, reason, and the human brain*, Putnam, 1994.

133 LeDoux, op. cit.

134 Damasio, (2004) op. cit.

135 앞의 책.

136 Matt Ridley, *Nature Via Nurture: Genes, Experience and What Makes Us Human*, HarperPerennial, 2004.

137 Hilary Rose & Steven Rose (ed.), *Alas Poor Darwin: Arguments against Evolutionary Psychology*, Vintage, 2001.

138 Steven Rose, *Lifelines: Life Beyond the Gene*, Vintage, 2005.

139 이에 대한 완전한 설명을 듣고 싶으면 Norman Doidge의 *The Brain That Changes Itself*, Penguin, 2007을 보라.

140 D. A. Christakis et al., "Early television exposure and subsequent attentional problems in children", *Pediatrics*, 113, 2004.

141 William Shakespeare, *Hamlet*, 3막 4장.

142 *British Medical Journal*, 2001년 6월 2일자 논설.

143 *Guardian*, 2001년 12월 13일자에 인용됨

144 'Asleep at the Wheel', BBC 1 다큐멘터리, 2004년 10월 26일.

145 Muzafer Sherif, *Group Conflict and Co-operation: Their Social Psychology*, Routledge & Kegan Paul, 1966.

146 Don DeLillo, *White Noise*, Viking, 1984.

147 E. J. Langer & J. Rodin, 'The effects of choice and enhanced personal responsibility for the aged: A field experiment in an institutional setting', *Journal of Personality and Social Psychology*, 34, 1976.

148 S. E. R. Asch, 'Studies of Independence and Conformity: A Minority of one Against a Unanimous Majority', *Scientific American*, November 1955.

149 G. S. Berns, J. Chappelow, C. F. Zin, G. Pagnoni, M. E. Martin-Skurski, & J. Richards, 'Neurobiological Correlates of Social Conformity and Independence During Mental Rotation', *Biological Psychiatry*, 5, 2005년 8월호.

150 T. Blass, *Obedience to Authority: Current Perspectives on the Milgram Paradigm*, Lawrence Erlbaum Associates, 1999.

151 Philip Zimbardo, *The Lucifer Effect*, Rider, 2007.

152 Flaubert, op. cit.

153 Gloria Mark et al., '"Constant, Constant, Multi-tasking Craziness": Managing Multiple Working Spheres', *Proceedings of CHI*, 2004.

154 J. Rubinstein et al., 'Executive Control of Cognitive Processes in Task Switching', *Journal of Experimental Psychology: Human Perception and Performance*, 2001년 8월호.

155 Rene Marois et al., 'Isolation of a Central Bottleneck of Information Processing with Time-resolved FMRI', *Neuron*, 2006년 12월호.

156 Jonathan Sharples & Martin Westwell, 'The impact of interruptions from communications technologies upon the ability of an individual to concentrate upon a task', *Institute for the Future of the Mind*, 2007.

157 A. Newberg et al., 'The measurement of regional cerebral blood flow during the complex cognitive task of meditation: a preliminary SPECT study', *Psychiatry Research: Neuroimaging*, 106, 2001; & O. Flanagan, 'The Colour of Happiness', *New Scientist*, 178, 2003.

158 Meister Eckhart, *Die Deutschen und Lateinischen Werke*, Verlag, 1936.

159 Spinoza, *Ethics*, Oxford University Press, 2000.

160 Albert Ellis, *The Myth of Self-Esteem*, Prometheus Books, 2005.

161 R. F. Baumeister et al., 'Exploding the Self-Esteem Myth', *Scientific American*, 292, 2005년 1월호.

162 Oliver James, *Affluenza*, Vermilion, 2007.

163 Carol S. Dweck et al., 'Praise for Intelligence Can Undermine Children's Motivation and Performance', *Journal of Personality and Social*

Psychology, 75, 1998.

164 William Shakespeare, *As You Like It*, 5막 1장.

165 D. Kahneman et al., *Well-Being: The Foundations of Hedonic Psychology*, Russell Sage, 1999.

166 Bly, op. cit.

167 'Out of the Ether, Creating the Persona of Celebrity', *The New York Times, Observer*, 2007년 11월 4일자에 게재됨.

168 Rilke, (1929) op. cit.

169 T. S. Eliot, 'Ash Wednesday'; *Collected Poems*, Faber, 1974.

170 Hannah Arendt, *The Life of the Mind*, Harvest, 1981에 인용됨.

171 Charles Wright, *Negative Blue: Selected Later Poems*, Farrar, Straus and Giroux, 2000.

172 Jules Laforgue, *Selected Writings of Jules Laforgue*, Greenwood, 1972.

173 2008년 10월 11일자 Guardian 지 기사 'A Little Less Conversation'에서 보도됨.

174 Juan Ramón Jiménez, *The Complete Perfectionist*, Doubleday, 1997.

175 'Hard to eat oranges are losing a -peel', *Metro*, 2008년 6월 3일자.

176 'To Think or Not to Think, Ponder the Pensive French', *The New York Times, Observer*, 2007년 9월 29일자에 게재됨.

177 Pierre Bayard, *How to talk About Books You Haven't Read*, Granta, 2008.

178 Mascaro, op. cit.

179 전도서, 7장 6절.

180 Wheen, op. cit.

181 Gray, op. cit.

182 앞의 책.

183 앞의 책.

184 Arendt, (2001) op. cit.

185 Primo Levi, *The Drowned and the Saved*, Joseph, 1988.

186 Barry Schwartz, *The Paradox of Choice: Why More is Less*, HarperCollins, 2004.

187 Ben R. Newell, 'Think, Blink or Sleep on it? The impact of modes of thought on complex decision making', *Quarterly Journal of Experimental Psychology*, 근간.

188 장자, 《장자莊子》, 內篇: 齊物論.

189 Arendt, (2001) op. cit.

190 앞의 책.

191 Aristotle, *The Nicomachean Ethics*, Dent, 1949.

192 Anthony Storr, *Solitude*, Flamingo, 1989.

193 Jonah Lehrer, 'The Eureka Hunt—why do good ideas come to us when they do?', *New Yorker*, 2008년 7월 28일자.

194 Spinoza, *Ethics*, Heron, 1980.

195 Arendt, (2001) op. cit.

196 Kierkegaard, (1951) op. cit.

197 Andrew Smith, *Moondust: In Search of the Men Who Fell to Earth*, Bloomsbury, 2005.

198 R. Kubey et al., 'Television addiction is no mere metaphor', *Scientific American*, 2003년 2월호.

199 Richard E. Nisbett, *The Geography of Thought: How Asians and Westerners Think Differently ⋯ and Why*, Free Press, 2003.

200 Walter Benjamin, Hannah Arendt & Harry Zohn, *Illuminations*, Vintage, 1999.

201 앞의 책.

202 Marcel Proust, *Remembrance of Things Past*, Chatto & windus, 1981.

203 James Joyce, *Ulysses*, The Bodley Head, 1960.

204 William Shakespeare, *Henry IV:Part II*, 5막 5장.

205 Caleb Crain, 'Twilight of the Books', *New Yorker*, 2007년 12월 24일자.

206 Marcel Proust, *Against Sainte-Beuve and other Essays*, Penguin, 1988.

207 Jonah Lehrer, *Proust was a Neuroscientist*, Houghton Mifflin, 2007.

208 Maryanne Wolf, *Proust and the Squid: The Story and Science of the Reading Brain*, Icon, 2008.

209 Carl Landhuis et al., 'Does Childhood Viewing lead to Attention Problems in Adolescence? Results from a Longitudinal Study', *Pediatrics*, 120, 2007년 9월 3일.

210 Heather A. Lindstrom et al., 'The relationships between television viewing in midlife and the development of Alzheimer's Disease in a case-control study', *Brain and Cognition*, 58, 2005년 7월 2일.

211 Flaubert, op. cit.

212 자세한 내용은 Barbara Ehrenreich, *Dancing in the Streets: a History of Collective Joy*, Granta, 2007.

213 Peter Avery가 쓴 *The Ruba' iyat of Omar Khayyam*, Penguin, 1981의 서문에 인용됨.

214 Jelaluddin Rumi, *The Essential Rumi*, HarperCollins, 1995.

215 Spinoza, (1966) op. cit.

216 Susan Greenfield, *ID: The Quest for Meaning in the 21st Century*, Hodder & Stoughton, 2008.

217 Jill Bolte Taylor, *My Stroke of Insight*, Hodder & Stoughton, 2008.

218 앞의 책.

219 가령, A. Newberg et al., 'The measurement of regional cerebral blood flow during the complex cognitive task of mediation: a preliminary SPECT study', *Psychiatry Research: Neuroimaging*, 106, 2001; O. Flanagan, 'The Colour of Happiness', *New Scientist*, 178, 2003.

220 Mihaly Csikszentmihalyi, *Flow: The Classic Work on How to Achieve Happiness*, Rider, 2002.

221 Daisetz Taitaro Suzuki & Erich Fromm, *Zen Buddhism and Psychoanalysis*, Souvenir Press, 1974.

222 Nietzsche, (1885) op. cit.

223 앞의 책.

224 Friedrich Nietzsche, *Daybreak: Thoughts on the Prejudices of Morality*, Cambridge University Press, 1992.

225 Nietzsche, (1885) op. cit.

226 Friedrich Nietzsche, *Beyond Good and Evil*, Modern Library, 1968.

227 Suzuki & Fromm, op. cit.에 인용됨.

228 Friedrich Nietzsche, *Ecce Homo*, Modern Library, 2000.

229 William Shakespeare, *A Midsummer Night's Dream*, 3막 2장.

230 앞의 책.

231 Erich Fromm, *The Fear of Freedom*, Routledge & Kegan Paul, 1960.

232 'As Office Attitudes Shift, Love Blossoms in Cubicles', *The New York Times, Observer*, 2007년 11월 25일자에 게재됨.

233 Nicholson Baker, *The Mezzanine*, Granta, 1989.

234 앞의 책.

235 Joshua Ferris, *Then We Came to the End*, Viking, 2007.

236 앞의 책.

237 Adrian Gostick & Scott Christopher, *The Levity Effect: Why It Pays to Lighten Up*, John Wiley, 2008.

238 Stephen C. Lundin et al., *Fish! A Remarkable Way to Boost Morale and Improve Results*, Hodder & Stoughton, 2001.

239 'On Anger', Seneca, *Dialogues and Letters*, Penguin, 1997.

240 Frederick Herzberg, *The Motivation to Work*, John Wiley, 1959.

241 Edward L. Deci & Richard M. Ryan, *Intrinsic Motivation and Self-Determination in Human Behaviour*, Plenum Press, 1985.

242 E. Deci et al., 'A meta-analytic review of experiments examining the effects of extrinsic rewards on intrinsic motivation', *Psychological Bulletin*, 125, 1999.

243 마태복음 6장 25절.

244 Aleksandr Solzhenitsyn, *One Day In The Life Of Ivan Denisovich*, The Bodley Head, 1971.

245 Wim Meeus & Quinten A. W. Raaijmakers, 'Obedience in Modern Society: The Utrecht Studies', *Journal of Social Issues*, 51, 1995.

246 Fromm, (1960) op. cit.

247 Hannah Arendt, *On Revolution*, Faber & Faber, 1964.

248 Jeffry Simpson et al., 'The Association between Romantic Love and Marriage', *Personality and Social Psychology Bulletin*, 12, 1986.

249 Erich Fromm, *The Art of Loving*, George Allen & Unwin, 1957.

250 Stendhal, *De L' Amour*, Garnier Frères, 1959.

251 앞의 책.

252 Helen Fischer, *Why We Love: The Nature and Chemistry of Romantic Love*, Holt, 2004.

253 D. Marazziti et al., 'Alteration of the platelet serotonin transporter in romantic love', *Psychological Medicine*, 29, 1999.

254 Giuseppe Tomasi di Lampedusa, *The Leopard*, Collins Harvill, 1960.

255 Leo Tolstoy, *The Kreutzer Sonata and Other Stories*, Penguin, 2008.

256 Avner Offer, *The Challenge of Affluence: Self-control and Well-being in the United States and Britain Since 1950*, Oxford University Press, 2006.

257 Rilke, (2006) op. cit.

258 Fromm, (1957) op. cit.

259 James Gleick, *Chaos: Making a New Science*, Penguin, 1989.

260 John Milton, *Paradise Lost*, Wordsworth, 1994.

261 Rush W. Dozier, *Why We Hate: Understanding, Curbing and Eliminating Hate in Ourselves and Our World*, Contemporary Books, 2002.

262 Alex Comfort, *The Joy of Sex*, Quartet Books, 1972.

263 Alex Comfort & Susan Quilliam, *The New Joy of Sex*, Mitchell Beazley, 2008.

264 B. Whipple et al., *The G Spot and Other Discoveries about Human Sexuality*, Holt, Rinehart & Winston, 1982.

265 Macdonald, op. cit.

266 David Levy, *Love and Sex with Robots: The Evolution of Human-Robot Relationships*, Duckworth, 2008.

267 D. Read et al., 'Diversification Bias: Explaining the Discrepancy in Variety Seeking Between Combined and Separated Choices', *Journal of Experimental Psychology*, 1, 1995.

268 Rainer Maria Rilke, *Duino Elegies*, Carcanet Press, 1989.

269 Blanchflower & Oswald, op. cit.

270 'The Body May Age, But Romance Stays Fresh', *The New York Times, Observer*, 2007년 11월 25일자에 게재됨.

271 Douwe Draaisma, *Why Life Speeds Up As You Get Older: How Memory Shapes Our Past*, Cambridge University Press, 2004.

272 'A Rise in Midlife Suicides Confounds Researchers', *The New York Times, Observer*, 2008년 3월 2일자에 게재됨.

273 L. Carstensen & J. A. Michels, 'At the Intersection of Emotion and Cognition', *Psychological Science*, 14, 2005.

274 Howard S. Friedman, 'Psychosocial and Behavioural Predictors of Longevity', *American Psychologist*, February 1995.

275 George E. Vaillant, *Aging Well: Surprising Guideposts to a Happier Life from the Landmark Harvard Study of Adult Development*, Little, Brown & Co., 2002.

276 H. Van Praag et al., 'Functional neurogenesis in the adult hippocampus', *Nature*, 415, 2002.

277 William Shakespeare, *The Two Noble Kinsmen*, 5막 4장.

278 Rilke, (2006) op. cit.

279 E. M. Cioran, *The Trouble With Being Born*, Quartet Books, 1993.

280 Sigmund Freud, *The Complete Psychological Works*, Hogarth Press, 1970.

281 Homer, *The Odyssey*, William Heinemann, 1962.

282 Jaspers, op. cit.에 인용됨.

283 Aurelius, op. cit.

284 John Updike, *Due Considerations*, Hamish Hamilton, 2007.

285 John Richardson, *Late Picasso*, Tate Gallery, 1988에 인용됨.

286 앞의 책.

287 앞의 책.

288 앞의 책.

289 Whitney Balliett, *Collected Works: A Journal of Jazz*, St. Martin's Press, 2000.

290 William Shakespeare, *The Winter's Tale*, 5막 1장.

291 Leo Tolstoy, *The Death of Ivan Ilyich and Other Stories*, Wordsworth, 2004.

292 William Yeats, *Collected Poems*, Macmillan, 1939.

293 앞의 책.

294 J. LaFarge, *A Talk About Hokusai*, W. C. Martin, 1896.

295 Tu Fu & David Hinton, *The Selected Poems of Tu Fu*, Anvil Press, 1990.

296 Sarah Hills, 'It's time for snap, crackle and Spock', *Metro*, 2008년 2월.

297 Alex Godfrey, 'Enterprise Reprised', *Guardian*, 2009년 5월 2일자.

298 Jacob Weisberg, *The Deluxe Election-Edition Bushisms*, Simon & Schuster, 2004.

299 Wheen, op. cit.에 인용됨.

300 Smith, op. cit.에 인용됨.

301 앞의 책.

302 앞의 책.

303 앞의 책.

색인

행복할 권리

초판 1쇄 발행 2011년 4월 25일
초판 2쇄 발행 2011년 5월 16일

지은이 | 마이클 폴리
옮긴이 | 김병화
발행인 | 김형보
편집 | 이경란
마케팅 | 이상호

발행처 | 도서출판 어크로스
출판신고 | 2010년 8월 30일 제 313-2010-290호
주소 | 서울시 마포구 동교동 156-2 마젤란21 오피스텔 1803호
전화 | 070-8724-5871(편집) 070-8724-5877(영업) 팩스 | 02-6085-7676
e-mail | acrossbook@gmail.com

번역글 ⓒ김병화 2011
한국어판 출판권 ⓒ도서출판 어크로스 2011

ISBN 978-89-965887-1-9 03100

만든 사람들
편집 | 김형보, 이경란
교정교열 | 이원희
디자인 | 이석운, 최윤선